岩波現代全書

101

中国政治からみた日中関係

Gendai Zensho
岩波現代全書
101

中国政治からみた日中関係

国分良成
Ryosei Kokubun

まえがき――本書のねらい

「禍福はあざなえる縄のごとし」。この言葉は、物事には良いときもあれば悪いときもあり、表裏一体の関係だとの意味である。

一九七二年(昭和四七年)以来の日中関係を振り返ると、良いときもあれば悪いときもあった。概していえば、七〇年代から九〇年代前半までは比較的良好であったが、九〇年代後半以降とりわけ二一世紀に入ってからは関係悪化の傾向にある。もちろん良好なときでも問題が発生し関係が緊張することもあり、悪化している最中でも関係改善が見られることもあった。

本書のテーマは、日中関係の悪化と改善の変動要因を探ることにある。従来の研究はそれを主として日本外交の観点から考察するものが多かった。日本側に視点を置いたほうが資料も圧倒的に多く、多元主義的なアプローチが可能だからである。そのことから、日中間のいわゆる歴史問題に焦点を当てた研究が必然的に多くなる。そうした傾向は近年、特に欧米の研究者の間で多く見られた。歴史問題を中心主題に据えると、日本の歴史問題に対する姿勢に世界の関心が向かわざるを得ない。日本国内には極端な意見まで含めて多様な立場が存在し、それらがオープンに議論されているからである。それに比して、中国の対日姿勢は体制的要因もあり、表面的には一つに見える。そのため中国内部の分析は手薄となってきた。

日中関係の変動要因に関しては、それ以外にも中国のGDPが二〇一〇年に日本を凌駕し、アメリカに次ぐ世界第二位に上昇したことを背景にしたパワーシフト(power shift)、もしくはパワートランジション(power transition)などの議論、歴史問題とも関係するが、両国におけるナショナリズムの台頭に着目した議論、国際経済における景気の変動に着目した議論などが存在する。いずれも変動の背景を説明する状況要因としては理解できるが、政策担当者たちが決定する際の直接の要因であるとは言い難い。

本書の基本的なスタンスは地域研究(area studies)のアプローチである。地域研究は地域内部の個性を解明する中で、地域側の論理と機能のメカニズムを理解し、そこから現象の根源に迫る説明変数を抽出するのが基本的なアプローチである。国際政治や外交に現れるさまざまな状況に関しても、国内政治の要因を重視する立場である。

本書の主たる分析対象は、中国の国内政治である。本書は、日中関係の変動要因が主として中国の国内政治にあるとの仮説に立っている。中国は近年の経済成長と市場経済の展開により、たしかに社会は多様化・多元化し、人々の意識も大きく変化している。しかし政治体制についていえば、中国共産党による一党独裁体制に大きな変化はなく、政治の多元主義は排除されている。政治の基本は権力であり、中国では派閥間の激しい権力政治が奥底で恒常的に進行している。一般の国家や社会では、法治主義のもとで公開討論や選挙のルールにしたがって国民の意思がはかられ、そうしたプロセスを経て権力の継続や交代が決まる。選挙に敗れれば下野するのは当然のルールである。しかし権力交代のメカニズムやルールが存在しない中国において、共産党の下野はない。

中国政治を理解するうえで、最高指導者とその周辺の指導者たちの思惑、関係、行動は依然として決定的に重要である。「人治」と言われるゆえんである。そして、国内政治における権力ゲームの帰趨が外交、とりわけ対日政策にも相当な影響を与えるであろうことは想像に難くない。本書は、対日政策の場合、それが特に大きいと仮定している。中国共産党は権力の歴史的正統性を抗日戦争の勝利に置いており、日本との関係は微妙な要素をもともとそこに内包している。単純化していえば、党の歴史的正統性を強調する立場からすれば日中関係における原則性を重視し、党の正統性を現在の国民生活にあると主張する立場からすれば、日中関係をより現実主義の立場から考える。つまり、中国の対日政策は党の路線そのものにも関わるテーマである。

以上のような基本的な問題意識から、本書では、まず序章として、中国政治研究の現在的な位相をアメリカと日本の地域研究の歴史的発展を振り返るなかで確認する。それを踏まえて、第Ⅰ部においては、中国の政治体制の在りようを、改革・開放政策の本格化した一九八〇年代から現在にいたるまで年代ごとに分析することで明らかにし、第Ⅱ部においては、中国の国内政治と対日政策の密接な関連性を、各時代ごとに起こった日中関係における諸々の事案を取り上げて解明する。第Ⅰ部と第Ⅱ部は相互に有機的につながっており、最後にそれをまとめて終章としたい。

目次

第Ⅱ部　中国の対日政策――国内政治の延長

序章　地域研究としての中国政治

1　地域研究——アメリカから日本へ

地域研究(area studies)とは何か。その答えはそれを語る人によってそれぞれ異なる。大枠としての最大公約数はあるが、それぞれの研究者にそれぞれの思いとこだわりがある。また、その依って立つ学問領域、つまり文化人類学なのか社会学なのか経済学なのか政治学なのか、それによっても異なる。したがって定義も多様である。

もともとarea studiesは、第二次世界大戦中にアメリカで誕生したものであり、その後定義に関してはさまざまな議論があった。筆者も過去これに関して何度か論じたことがあるが、最大の問題は、結局のところこれは「学問」なのかという点に尽きる。(1) 一般には「学」がつく経済学や政治学あるいは社会学などと同様に、地域研究も地域研究「学」とするのが適切なのであろうか。しかし地域研究については、これまでdiscipline(学問)ではなく、「学」を支える一つの方法論で止まっているのではないのかとしばしば指摘されてきた。こうした部分こそが、地域研究が未だに社会的に十分に認知されていない原因でもある。

過去の多くの議論を集約すると、地域研究とは「世界各地の地域を切り取ってその個性を解明すること」である。その場合、世界のある一定の部分を切り取るというのは何を基準に切り取るのであろうか。国によって切り取るのか、地域によって切り取るのか、あるいは文化によって切り取るのか、宗教で切り取るのか、等々。これもそれぞれの地域研究者の問題意識によって異なる。一般には、切り取った世界のさまざまな部分の個性を解明していくのが地域研究であると理解されている。このように、地域研究は基本的に個性の解明という点に主眼が置かれるが、ではその場合、どの学問的アプローチを使うことになるのか。筆者の場合は政治学ということになるが、それがまたそれぞれの研究者によって異なることになる。

さて、地域研究の構成要素とは何かといえば、必ずその初めに現地の語学を習得すべきことが強調される。そしてそれを踏まえて、できるだけフィールドワーク(現地調査)を行うことが推奨される。文化人類学などではフィールドワークが最低限の条件だが、政治学などであるとフィールドワークはなかなか難しい。したがって、政治学ではインタビュー調査が多いが、それも中国のような政治体制ではかなりの限界がある。

地域研究で次に強調されるのは共同研究である。さまざまな学問分野との学際的な対話がなければ、地域の個性を真に解明することはできないからである。しかし大学は縦割り傾向が強く、自分の所属する以外の学部の教員を知らないことも多い。筆者がかつて所属していた学部一つにしても約五〇〇〇人の学生がいて、専任教員も約一二〇人にのぼる。一つの学部でそうだとしたら、他学部のことはもっとわかりにくい。これが地域研究が誕生した一つの背景でもある。そうした縦割りの壁を取っ払う必要性が生まれたのである。要するに、地域研究は学際的であり、総合的でなければいけないということになる。

しかし、地域研究には必ずその性格ゆえに一つの問題が付きまとう。地域研究が地域の個性を解明するのはよいが、それを全体として理論的にどのように位置づけるのか、あるいは大きな歴史のなかでそれをどのように位置づけるのかという作業が抜け落ちてしまう可能性がそれである。つまり、もし政治学者として地域研究を行っているのであれば、地域の個性を政治学という学問に引き寄せて考えなければならないが、これが非常に難しい。ここから、いわゆる学問(discipline)と地域研究はいつもライバル関係にあるといわれることになる。(2) ここをどのように融合して、大きく理論化していくのかという点が絶えず地域研究者に問われている。こうした問題については過去何十年も議論されており、現在でも依然として同じような議論が続いている。

国際関係論と地域研究の間にも同じような問題がある。ある意味で、この両者はもともと方向性が異なる。地域研究であれば、フィールドワークなどによって現場のなかに積極的に入ることになる。となると全体の国際システムや国家間の関係性のなかでとらえようとする国際関係論とは指向的には折り合いがつきにくい。ところが日本では国際関係論と地域研究の関係が比較的に密である。なぜそうなったのかについては、アメリカと日本の場合とでは歴史的に異なる。アメリカでは国際関係論の中に地域研究が入っていないのが普通であるが、日本ではそうならなかった。以下では、アメリカの地域研究の歴史をたどることで、そのことを確認してみたい。

アメリカにおける地域研究の特徴とその変遷

繰り返しになるが、地域研究はアメリカで第二次世界大戦中に誕生した。いわゆる area studies や regional studies がそれである。その時代の研究関心は特にドイツと日本であった。つまり、当時のアメリカの敵にどう打ち勝つべきかというきわめて現実的な要請に基づいていた。総力戦の中で、まさに敵の言語と文化を知れということであった。そのために文化人類学者などが集められ、敵国の状況を解明することとなった。これが地域研究の起源である。日本研究を始めるときに、ルース・ベネディクトの『菊と刀』が必読文献として引き合いに出されるが、これはその成果のひとつであった。

戦時目的あるいは戦争目的という部分はたしかにあった。戦後になると、地域研究の関心はソ連や中国に移っていった。それは冷戦状況の中で、アメリカの現実の関心が急激に動いたからであった。つまり冷戦体制の中で、アメリカの政策的観点に基づき、どう対応するかを考えるときに、仮想敵の相手を知るということでソ連研究に相当な資金が注がれていった。そして、一九四九年に中華人民共和国が誕生すると、今度は中国研究に資金が流れていった。その後、一九六〇年代のベトナム戦争期になると、東南アジア研究に大量の資金と関心が流れていった。このような意味で、アメリカの地域研究は現実の政治や政策との強い親和性をその出自から持っていたといえる。

アメリカの場合は資金が政府から財団に流れることが多いが、そのころ流れていた経費の総額は今日では考えられないほどである。アメリカの地域研究には、一九五〇年代から六〇年代にかけて莫大な資金が注がれたが、それ以後は削減傾向となり、今日に至るも削減され続けている。しかしアメリカの地域研究は単に政治や政策に応じてのみ盛んになったわけではなく、資金や人材が学界や大学に流れると、今度は学問としてこれをどう確立するかという学術界側の対応の問題となっていった。

そうした出自もあってか、アメリカの地域研究では学問分野からすれば特に政治学や歴史学や文化人類学などの分野に比重が置かれた。もともとの学問としての地域研究の起こりを振り返ると、それはそうした各学問分野のデータを提供するためのものであった。つまり、地域の個性を解明し、それを各学問(discipline)の世界に還元していくという、いわば資料・データ提供という補助的な役割が大きかったのが最初の段階である。したがって、地域研究は材料提供者としての地位からスタートしたために、もともとある種の上下関係がそこに存在していたことも事実である。

政治学の場合、各地域の分析の中で得られた知見を次にどのように理論化するかが重要になるため、地域研究は比較政治学の世界で認知・活用されることになった。そのときの関心の中心は、いうまでもなく発展途上国であった。つまり、アジア、アフリカ、ラテンアメリカなどで新興の独立国が誕生したときに、政策担当者であれ研究者であれ、アメリカではそうした国々がどこに向かうのかという点に関心が向いていった。当時の冷戦状況下で、新興国を共産主義に向かわせないためにはどうしたらよいか、といった政治的な問題意識がその背後にあった。

たとえばその典型として、W・W・ロストウ(Walt Whitman Rostow)の『経済成長の諸段階』という一世を風靡した著書がある。[3] ロストウの議論は、新興諸国をいかにしてアメリカ型社会のような形に引き上げていくかというプロセスを段階的に説明したものである。その意味で、当時の地域研究は一種の発展プログラムをどう作るかという現実の政策的含意をもっていた。これは冷戦体制の中でいわば自然な流れであった。

こうした思考に対しては、その後になって相当に激しい批判が登場した。それがいわゆる近代化論(modernization theory)批判である。一言でいえば、それはEurocentrism、つまり西欧中心主義であるということであった。それが登場した背景にはベトナム戦争があり、なぜアメリカの若者たちがベトナムで死なねばならないのかという素朴な疑問がそこにあった。ベトナムとはどこに存在して、どういう状況なのか、そもそもベトナム研究すらないのではないか、と。ここから従来の地域研究のあり方に対する痛烈な批判が現れた。それが近代化論批判であった。近代化論においては、世界のすべての新興諸国がアメリカ型社会のような方向に向かっていくという予定調和的な発展段階論を前提にしていた。それがベトナム反戦運動の中から、それぞれの地域にはそれぞれの発展様式があるのではないかというような議論が台頭した。こうした批判は一九七〇年代後半まで続いた。

ベトナム戦争が終わるとアメリカは疲弊していった。そして外部世界に対する関心を急速に失い、国内では一九八〇年代にかけて深刻な経済停滞と失業に悩み始めた。ちょうどその頃筆者もアメリカに留学中で、ベトナム戦争に対する当時の雰囲気は鮮明に記憶している。ベトナム戦争については誰もあえて語らずという雰囲気があり、若者も何も知らないという状況であった。一九八四年、筆者の所属していたミシガン大学で初めて「ベトナム戦争」という講義が始まったが、教室は学生であふれかえった。それは大人が語りたがらないベトナム戦争について、当時の若者たちは心のどこかに好奇心を抱いていたのであった。

ベトナム戦争後の一九八〇年代、アメリカは経済停滞に悩んだが、そこから少しずつ回復傾向を見せ始めていった。しかしながら、地域研究に対する関心はこの頃から低下し、なおかつ近代論批判も小さくなっていった。また、地域研究に対する各種の研究経費も減少していった。その傾向は九〇年代に入るとグローバル化が進み、経済の回復とともにいわゆるアメリカ一極集中の時代が進むにつれて明確になっていった。この時代、フランシス・フクヤマ(Francis Fukuyama)の『歴史の終わり』が時代の一つの潮流を表していたが(4)、まさにそうしたグローバル化の流れの中で、世界は一つに収斂していくとの観点から、アメリカにおいて個別の地域を研究する必要がなくなったのではないかといった風潮が強くなったのであった。

その結果、世の中では内向き傾向が強まり、地域研究者が大学等の研究職に就職できないような状況が一九九〇年代に出現した。つまり、理論に精通していないと就職ができないということになり、特に経済学などでは、中国経済の先端を走っていた優秀な学者が大学に残れない等の話題が大きく取り上げられた。政治学やその他の学問分野でも同様の傾向が見られた。たしかに二〇〇〇年代に入ると、九・一一同時多発テロやイラク戦争、それに中国の台頭などもあり、一部の研究資金が中東研究や中国研究にも流れるようになったものの、かつての五〇年代、六〇年代の輝きに戻ることはないように思われる。アメリカの地域研究には、そうした現実的な時代状況との関係性が一貫して付随していたことを忘れてはならない。

日本における地域研究の歩み

アメリカの地域研究の系譜と日本における地域研究のそれとはかなり異なる。戦後日本の地域研究はアメリカから導入されたが、戦前にもそれに類したものはあった。たとえば、戦前の上海には高等教育機関として東亜同文書院があったが、これこそが世界の地域研究のモデルだと論じたアメリカの研究者もいる。(5) 語学習得、フィールドワーク、学際的研究等、地域研究を特徴づけるこれらがそこにはあったというのである。その点でいえば、満鉄調査部もそうした研究機関として認知できるかもしれない。

筆者は長年慶應義塾に勤務したが、戦前の慶應にもそうした地域研究に似た研究機関が存在した。亜細亜研究所がそれであり、太平洋戦争の末期に数年間の活動が記録されており、当時の時代背景を強く反映していた。また同時期、東京帝国大学に東洋文化研究所が設立されたが、その際の設立趣意書を見ると、当時の戦時下の雰囲気を色濃く反映したものであった。歴史は時代の反映であり、そこから逃れることはできない。前述の東亜同文書院にせよ、満鉄調査部にせよ、いうまでもなく当時の日本の政策的方向性と合致しており、アメリカにおける地域研究の起こりと類似したところがある。この時代にはまだ地域研究(area studies)という概念は存在していなかったが、日本においても地域研究と呼びうる分野は以前から実質的に存在していたといえよう。

しかし、地域研究は戦後になってアメリカからはじめて日本に入ってきたというのが一般的な理解である。たとえば慶應義塾の場合は、一九五〇年代末に、アメリカ留学から帰国した石川忠雄が area studies の隆盛を見て、地域圏研究と題する講座を政治学科に導入した。これが現在まで政治学科のコア科目として存続している。慶應以外でも、たとえば東大のアメリカ研究なども同様であり、やはりアメリカ留学から帰国した若手研究者たちが研究センターや研究所、あるいは講座を設置した。

その後、一九五八年にはアジア経済研究所、五九年には日本国際問題研究所がそれぞれ通産省、外務省の管轄のもとに設置された。大学でいえば、六三年に設立された京都大学の東南アジア研究センターが重要である。これらの機関の当時の設立趣意書を見ると、興味深い共通点がある。それは、いずれも実際の政治との距離をいかに保つかという非政治的性格を基本方針の中に盛り込もうとする傾向があった。おそらくそれは、学問を含めた戦前の日本の体制に対して否定の意志を明確にするためであったと思われる。つまり、戦前の学問が戦争目的に使われたとの判断がそこにあり、それから戦後がいかに決別したかを明確にしようとする傾向が強かったのである。戦後アメリカから地域研究が入ってきた際に、政治性を排除した形の地域研究を日本に根づかせようとする暗黙のコンセンサスが研究者の間に存在したのである。

日本の地域研究における傾向性はともかくも、地域研究そのものは日本の知的風土に溶け込んでいった。慶應義塾では、一九五〇年代末に石川を中心に地域研究が導入され、その後六〇〜七〇年代になると、学内の地域研究グループで共同研究の成果を出版したこともある。そのような発展の中で、七〇年代以降は日本の急激な台頭があり、世界が日本研究そのものに大きな関心を持ちはじめた。その意味で、世界の地域研究の中心の一つが日本研究になったともいえる。このように日本において地域研究それ自体が大きく伸びたのが八〇年代であり、その理由は主として日本の「国際化」の必要からであった。

「国際化」、この言葉が日本で頻繁に使われるようになったのは一九八〇年代で、この時期は国内でのコスト上昇と円高ドル安傾向の中で日本企業も一挙に海外に進出していった。ハーバード大学のエズラ・ヴォーゲル(Ezra F. Vogel)教授の『ジャパン・アズ・ナンバーワン』が出版されたのが一九七九年、戦後日本の奇跡的な復興がなぜ起こったのかが世界の関心となった(6)。一九八〇年代は、アメリカにしても中国にしても、世界のどこでも多くの優秀な人材が日本研究に飛び込む時代となった。

こうした国際化の波の中で日本の世界的存在感が高まった結果、日本においても世界にいかに向き合うべきかが大きなテーマとなり、そのことから国際関係論や地域研究の必要性が声高に語られるようになった。慶應に東アジア研究所の前身の地域研究センターができたのが一九八四年、時代状況としてはそうした諸条件を反映していたといえる。この場合、国際関係論と地域研究がいわば同義のようなかたちで定着していったが、これは後述するように、アメリカの場合とはやや異なる部分であった。

以上のように、戦後日本の地域研究は、戦前のそれと一線を画すために政治と一定の距離を保とうとする傾向が強かったといえる。この点がアメリカの場合と異なる点であった。もちろんその後の経緯を見ても、日本の地域研究も政治的あるいは政策的な側面と歩調を合わせていた部分も否定できないが、少なくとも研究者の側ではそれらとの一定の距離感を保とうとする傾向が強かった。中立性を担保するというのは、要するにできるかぎり実証分析に専念するということでもあった。

その点で、日本の地域研究は理論化への志向がやや弱かったともいえる。

史資料を駆使した実証研究は日本の研究者の得意芸であり、日本の学問風土には事実を一つ一つ丁寧に積み重ねていくことに最大の価値を見出す傾向がある。細かい部分を徹底的に照射して、そこを子細に解明していく。こうした傾向が日本の学問におけるお家芸でもある結果として、理論化へ向けた姿勢への比重が相対的に落ちていかざるをえない。発展途上地域研究では、従来通説といわれる既存の理論がいかに地域の現実と合わないかを論ずるのが地域研究であるといった感覚が根強い。だが、既存理論を覆してどのような新しい理論を構築するかというところまではたどりつかない。つまり、地域研究は地域研究として存在し、一定の地域の個性を徹底解明したら、それで十分になってしまうところがある。

もう一つの特徴は、日本の地域研究の場合、地域研究と国際関係論が一体化する傾向があることである。それに比してアメリカの場合、地域研究は国際関係論ではなく、むしろ比較政治学に親和性を見出していった。それは、国際間の「関係」よりも、むしろその個性をアメリカ政治や他の諸国と比較することにより、理論化を目指すことに、より関心を示す傾向があったからである。政治学との関連でいえば、アメリカの地域研究は比較政治学と親和性を持ち、日本の場合はむしろ国際関係論と親和性を持つことになった。

2 戦後の中国政治研究——アメリカと日本

戦後アメリカの研究動向——中国革命をめぐって

戦後日本の中国政治研究の展開過程を振り返るために、まずアメリカの中国政治研究がどのように推移したのかを考えてみたい。このテーマについては、筆者自身もアメリカ留学の研究成果の一環として長編の論文を書いたことがある(7)。

中華人民共和国が誕生した当時は冷戦下にあり、アメリカにとってそれは「共産中国」(Communist China)であり、いうまでもなく敵対国家であった。当初学界では、この新生中国がいかなる性質の国家であるのかという部分に関心が集中した。このとき中国はソ連との間に同盟関係を形成したが、中ソは実際にどのような関係にあり、まったく同質的な体制なのかどうなのか、これが共産中国をめぐる重要な論点の一つとなった。

現代中国研究の最高の権威季刊誌 *The China Quarterly* が発刊されたのが一九六〇年、その刊行当初を飾った誌上論争は、ハーバード大学のベンジャミン・シュウォルツ(Benjamin I. Schwartz)とカール・ウィットフォーゲル(Karl A. Wittfogel)の間で展開された(8)。ウィットフォーゲルといえば「東洋的専制主義」の議論が有名であり、東洋(中国)社会が水の社会で、農耕のための水利をどう管理するかで歴代王朝が交代してきたというのがその持論であった。このシュウォルツ—ウィットフォーゲル論争とは、要するに中国はソ連と同質かどうかという点にあった。そのときの最大のテーマは毛沢東革命の性質に関するもので、それはソ連の経験をコピーしたものかどうかが論点であった。シュウォルツは、中国共産党は民族主義者の集まりでナショナリズム的色彩が濃く、ソ連とは性質が異なると主張し、ウィットフォーゲルは中国はまさしく共産主義者であり、ソ連と同質であるとの立論を展開した。結果として、その直後に顕在化した中ソ対立により、シュウォルツの主張の正しさが証明された。

戦後アメリカの中国研究が大きく変化する契機となったのはベトナム戦争であった。それが前述した近代化論批判である。つまり、すべての国がアメリカと同じ道を辿ると想定された従来の思考パターンに対するアンチテーゼであり、それぞれの国にはそれぞれの発展の形がありうるとの批判であった。こうしてベトナム反戦運動の中から若い研究者たちがエスタブリッシュメントの研究者たちを批判対象としたが、当時中国はまさに文化大革命の真最中であり、彼らは近代化論批判の裏返しとして文革を無条件に讃美してしまった。当時の若い研究者たちは文化大革命下の中国を実際に旅し、中国の中から中国を理解すべきだと主張するようになり、その一部のリーダーたちは周恩来に会って感動し、中国の言動のすべてを評価するまでになった。つまり、近代化論批判が今度は逆に行き過ぎて、中国の公式説明をそのまま鵜呑みに受け入れてしまうような傾向が現れたのであった。

この頃の最大の論争は、中国革命つまり毛沢東革命の本質とは何かという点であった。一言でいえば、その本質は共産主義であったのか、あるいはナショナリズムであったのか、要するに旧農村には明確に階級社会が存在し、それを壊すために農民は土地革命に立ち上がったのか、あるいは抗日戦争というわばナショナリズムに共鳴したのか、という論点であった。カリフォルニア大学バークレー校のチャルマーズ・ジョンソン（Chalmers A. Johnson）は中国革命の本質をナショナリズムと捉え、若手研究者から相当に激しく批判された。(9) 土地革命つまり共産主義革命の観点を強く打ち出したのがマーク・セルデン（Mark Selden）であり、当時はアメリカの中国研究学界のなかで寵児となった若手研究者である。(10)

実はこの時代、日米の中国研究の交流は比較的頻繁に行われた。なぜそうした機会が多かったかといえば、当時はまだ日米の研究者が容易に中国に入国できなかったことが大きい。中国はいわば「竹のカーテン」に覆われており、その内部の評価をめぐって日米の研究者間の交流は多かったのである。しかしその後、中国が海外に開放されるにつれて、フィールドワークもさかんになり、中国社会と直接対話ができるようになったことで、日米間の交流はむしろ減少していった。

中国革命の本質をめぐる議論に関連した別の論争もあった。アメリカは第二次世界大戦中に共産党サイドとも多くの関係を築いており、その事実からその後誕生した中華人民共和国とも良い関係を築く機会があったのではないか、つまり「ロストチャンス」だったのではないかとの論争がそれである。『中国の赤い星』に象徴されるエドガー・スノー（Edger P. Snow）だけではなく、(11) 国務省や軍の中にも中国共産党との良好な関係を作り上げていたアメリカ人がかなりいたのも事実であり、なぜこれらの交流を無視してしまったのかといった議論がそれである。やや後知恵の感を拭えないが、今日では考えられないようなこうした論争が一九七〇年代後半から八〇年代にかけてかなり真剣に行われていたのであった。

天安門事件後の中国研究動向

そうした議論を一蹴したのが、一九八九年の天安門事件であった。学生の民主化要求を無残にも人民解放軍の戦車が押しつぶした瞬間を世界のテレビが実況中継し、それにより中国の人権・民主化が最大のテーマとなり、中国をいわば偶像化していたそれまでのイメージが一挙に崩れたのであった。中国共産党はなぜ勝利したのか、あるいはアメリカはなぜ新中国を承認できなかったのかなどの、それ以前にあったような議論も一挙に吹き飛んでしまった。

天安門事件後、世界の中国研究は民主化の出現を期待した形での比較社会主義論、市民社会論、権威主義体制変容論などにその関心を移していった。しかしいくら民主化を期待しても、それがなかなか出現しない現実を目の当たりにして、国家コーポラティズム論へと研究の視点は移動していった。つまり、なぜ中国共産党はこれほどの強靭性を維持できているのかといった問題意識である。共産党はうまく人民を体制の側に抱き込んでいるのではないか、といったようなコーポラティズム論が多くの研究者から援用されるようになった。しかしそれで現実を説明することはできても、それでは将来予測の視座が弱く、最近ではむしろ中国社会の現状を国家との距離から考察するような国家社会論が主流になっている。

このように歴史を振り返ると、その時々の時代状況に中国政治研究も大きく影響を受けてきたことは明らかで、そうした中で一貫した問題意識と視点を持ち続けることの難しさがにじみ出ているといえよう。それがまさに現代史研究の難しさでもある。

一九八〇年代以降、中国が開放されるにしたがって、アメリカのなかでもフィールドワークを行っていない論文は評価されなくなったが、しかし依然として大学の就職に関していえば、それ以上に比較政治学などを駆使して理論化を目指した内容でないと評価されない傾向が強まった。つまり、それだけ地域研究がアメリカのなかで弱体化しつつあるように見うけられる。それはかつてのような世界の警察官としての立場に陰りが見えはじめ、より内向き傾向を示すようになったアメリカ社会の現実を反映しているのかもしれない。日本では理論化の傾向はかつてよりは強くなったとはいえ、依然として地域の実証分析の完成度に研究者の真価を見出そうとする傾向が強いといえよう。

戦後日本の中国政治研究——文革と天安門事件の衝撃

日本の場合を振り返ってみよう。前述したように、戦後の日本の中国政治研究は基本的に戦前の学問を否定するところから始まった。要するに、戦争目的のための学問として位置づけられた過去の日本の地域研究と、どのように距離を置くかというのが戦後研究者の一つの課題となった。したがって戦後は意識的に政治から距離を置こうとする傾向が強くなったのは事実だが、ある意味ではその反動として逆に政治化されてしまったのが中国政治研究であったともいえる。そこに一定のイデオロギーや政党の影響力が大きくなったからである。

戦後日本の学問風土を考えるうえで、マルクス主義の影響を無視することはできない。今ではあまり語られなくなったが、おそらく社会科学者・人文科学者のかなりの部分がそうであったといえるほどにその影響を受けていた。中国は共産革命によって成立した社会主義体制であり、このことからも当然にマルクス主義者にとっては近づきやすい研究対象であった。したがって戦後の中国研究の世界では、マルクス主義もしくはそれに共鳴する立場の研究者が多く関わっていた。

中国研究においてマルクス主義者が分裂したのは文化大革命のときであった。それは同時に中国とソ連の対立を反映したものでもあった。毛沢東革命はただの農民の土着革命であって、正統的マルクス主義からはほど遠いのではないかといった議論がソ連寄りの研究者から提起されたのに対して、他方ではソ連社会主義こそ修正主義で、社会主義の理念からほど遠いとの議論が中国寄りの立場から提起された。このような違いから、毛沢東中国で進行中の文化大革命の評価をめぐって大論争が起き、一時は日本国内でも暴力事件が発生するほどであった。それが一九六〇年代後半から七〇年代の前半にかけての状況であったが、こうした事態は紅衛兵運動をいわば模倣した国内の学生運動と並行していた[12]。

この間、アメリカ型の地域研究をベースに中国政治研究に従事してきた研究者は、そうした政治運動やイデオロギー論争に大きく加わることはなかった。たしかに彼らも「反動」や「体制派」として批判されることもあったが、文革中はマルクス主義内部の論争が熾烈で主たる批判の対象となることは比較的少なかった。その結果、地域研究として中国政治研究に専念していたこうした研究者たちは、文革の政治的雰囲気から離れて比較的冷静に分析を続けることができたように思われる。石川忠雄のほか、衞藤瀋吉、宇野重昭、岡部達味、中嶋嶺雄などがいわば地域研究型中国研究の中心的存在であった。

日本の中国研究においても天安門事件の衝撃は大きかった。それまで見ていなかった、あるいは見ようとしなかった中国の政治体制の底流にある厳然とした一つの現実を、映像を通して同時進行的に目撃してしまったのである。それまで日本では、中国に対して批判的な言説を語ることを控えるような社会的雰囲気が戦前との関係であろうか、どこかに存在していたが、事件後はそうした空気も一挙に消え去ってしまった。その意味で、冷戦終焉と天安門事件はそれまで暗黙に覆っていた中国に対する政治的・イデオロギー的なヴェールを解き放つことに大きく寄与したのであった。以前の傾向に対するこうした反動からか、あるいは日中関係の悪化のためか、今日では中国の否定的な側面ばかりを照射する傾向が逆に強まっているように思われる。いずれにせよ、このような現実の推移の中で、戦後日本の地域研究型の中国政治研究の意義も自然と大きくなり、方法論として一つの市民権を得るようになった。

天安門事件後、アメリカがそうであるように、日本の中国政治研究も民主化論にもとづく政治体制論、あるいは国家社会論というような形で研究が深化してきている。しかしながら、日本の地域研究のお家芸である理論より歴史実証性を重視する傾向は本質的に変わっていない。同時に、比較政治学よりもむしろ国際関係論に親和性を持つ傾向も変わらない。ただ、最近の若手の現代中国政治研究を見ると、単に実証分析だけでなく、より比較政治学にも接近しようとする野心的なチャレンジも始まっている。

3　中国政治研究の課題

中国政治研究における第一の課題は、現実的な諸問題にどう接近し、対応するかという点である。現実の中国はあらゆる分野において課題が山積みであり、日中関係も厳しい緊張の中にある。こうした現実に研究者はどう向きあえばよいのか。政治的な言説に走る、あるいは何らかの政治的行動に走ることは学者の仕事ではない。

しかしわれわれが研究を通して、理論的あるいは歴史的な視座を提供することで何らかのメッセージや方向性を示唆することは可能であり、必要である。それを使うのは学界以外の政治家や政策担当者であるかもしれない。現実の政策担当者たちは日々忙しく、日常に追われており、長期的な視点を持ち続けることは難しい。そこに学者の研究成果が提供されることは意味のあることである。ただ、そのために学者の側はより平易な言葉で現実的な観点を提供するよう努力しなければならないし、政策担当者など現実の課題に追われる人や組織の側も、こうした大きな視座にアンテナを張り続ける意思と努力が必要である。

いまや、中国問題は専門家の独占物ではなく、どこでも日常のテーマとして普通の人たちが議論している。日本国民すべてがあたかも疑似専門家のように中国論を交わしている。そうした状況で、われわれのような専門家は何をどう語るべきなのか。時には「世論」に背くような立論を展開しなければならないこともあり、相当な意志と覚悟をもって臨まなければならないこともある。外務省の中国専門家を「チャイナ・スクール」と呼び、中国好きで中国の擁護ばかりしている人々との先入観ができあがっている。中国研究者に関しても、そのようなイメージで語られることがある。もちろんそれ自体は偏見であるが、われわれは今日のような情勢の中で、大きな試練にさらされている。

第二の課題は国際的発信力である。現在では、若手の中国研究者は中国留学の経験があり、中国語の能力は以前に比べて飛躍的に向上している。かつて研究者が中国に入国できなかった時代はアメリカなど海外の研究者との国際交流も多くあり、ややもすれば中国語よりも英語のほうが有用なことすらあった。今後の研究者には、いうまでもなく中国語と英語の両方の語学能力が求められる。中国研究は現在では社会からの需要もあり、国内市場だけでも十分な原稿や講師などの依頼が舞い込んでくるので、国内だけで活動を展開していればそれですむことになる。それ以外の多くの地域研究は国内需要が中国研究ほど多くあるわけではないので、世界水準を絶えず考慮しながら研究を進めざるをえない。

この点で日本の中国研究者にはどこかに甘えがあるのかもしれない。すべての研究を英語で発表することはできないし、その必要もない。しかしそうした志向性を失わず、研究の一部でもエッセンスでも英語や中国語で発信する努力を失うべきではない。日本には日本が培ってきた実証主義に徹した中国地域研究があることに自信を持つべきであり、その成果を世界に向けてもっと発信すべきである。

第三の課題は理論化へ向けた志向の必要性である。地域研究者はややもすると、「おたく」になりがちである。地域を深く研究すればするほどその中にのめり込み、そこに地域研究特有の面白さを感じはじめる。それ自体は悪いことではないが、やがて全体像が見えずにその深みにただはまり込み、自分の世界にのみ閉じこもることにもなりかねない。ここで必要なのは実証と理論のバランスである。学問の本来の目的に立ち返れば、研究者に求められるのは一定のテーマに対する科学的な説明である。であるとすれば、それぞれの地域研究をより大きな理論や歴史の中で再構成する努力を怠るべきではない。中国政治研究についていえば、今後は比較政治学などの分野とのさらなる対話が必要である。

最後に、第四の課題は最近の中国政治研究において権力中枢分析が縮小し、政治社会状況など権力や体制の周辺の分析が主流となり、研究におけるいわばドーナッツ現象が起こっている点である。かつて中国政治の研究は、共産党の指導部だけを見ていればそれで十分な時代が長く続いた。強固な一党独裁があり、しかもフィールドワークもできないような資料的制約から、研究の中心は中枢権力であり政治体制そのものであった。しかし現在では、一党独裁が緩み、フィールドワークもできるようになり、社会の多様性や多元性も明らかになるにつれて、研究の幅が大きく広がっていった。そうした部分への広がりがなければ、学位をとることも難しくなった。

このような中で、共産党中央の最高指導部などの分析は新聞記者や評論家の仕事であるとのイメージが学界にも広がっていった。その結果、権力構造の分析が研究の世界から抜け落ちはじめ、本来政治社会の状況と結びつけた形で展開されるべき研究の厚みが薄くなっていった。今後、そうしたドーナッツ現象を排して、権力中枢と政治社会状況、そしてその中間領域の政治構造を詳細な実証研究を通していかにえぐり出していくのか、ここが課題である。

さらにもう一つ付け加えるとすれば、史資料に飲み込まれないことの重要性である。最近の若い研究者が新たな史資料を発掘することに努力を傾注するのは良いことだが、そればかりに関心を注ぐとかえって研究の本筋を見失うことにもなりかねない。新たな資料や史料を発掘するのは、新たな解釈を求めてのことである。しかし、新たな解釈は従来使われていた基本文献を読み返すことでもある程度可能である。従来の研究が見逃してきた部分に意外性があるかもしれないのである。

第I部

中国の政治体制

迷走する正統性

普通の国家では、法治主義のもとで公開討論や選挙のルールにしたがって国民の意思がはかられ、そうしたプロセスを経て権力の継続や交代が決まる。選挙に敗れれば下野するのは当然のルールである。しかし権力交代のメカニズムやルールが存在しない中国において、共産党の下野はない。であるがゆえに、中国共産党の奥の院では想像を絶する熾烈な権力闘争が絶えず繰り返されている。

習近平政権は反腐敗闘争を威圧的に展開することで、腐敗にまみれた政治体制を浄化しようと試みるが、ほんらい政治の目的は豊かで平和な国民の生活であって、共産党の権力維持ではない。共産党は権力の正統性を求めてナショナリズムに出口を見出そうとするかもしれないが、それは問題の本質的解決ではない。大胆な政治改革なしに中国の将来はない。

第1章　政治改革の展開と挫折——鄧小平・胡耀邦・趙紫陽時代

今日の中国において政治改革の議論は忘れ去られたかのようである。それが正面から議論されることはほとんどない。だがそれは忘れ去られたのではなく、中国の最高指導者層が意図的に避けているのである。中国共産党の一党支配による中華人民共和国体制の存続にとって、最も危険な政策であるとの点で認識が共有されているからである。共産党政治は絶え間ない派閥闘争の連続であるが、この一線だけは踏み越えてはならないとの暗黙の合意があるかのようである。であるがゆえに、反腐敗闘争などを展開することで、腐敗にまみれた政治体制を浄化しようと試みるが、その餌食となるのは権力闘争の敗者ばかりであって、勝者はどんなに腐敗していても生き残る。これが中国政治の現実である。

しかし、中国において政治改革がさかんに議論された、今から振り返れば政治が光を放ちかけていた時代があった。それはいうまでもなく文化大革命が終結した一九七〇年代末から一九八〇年代にかけてである。改革・開放政策が強い抵抗を受けながらも、社会が最も躍動していたいわゆる鄧小平時代がそれである。

だが、その雰囲気は一九八九年の天安門事件と九一年のソ連崩壊により一挙にしぼんだ。一九九〇年代から二〇〇〇年代にかけても政治改革という言葉が消えたわけではなかったが、急速な経済成長路線のなかで、中国のみならず世界の目もまばゆいばかりのカネとモノの世界に惹きつけられていった。その陰で、共産党独裁のもとでの市場経済は政治体制を腐食させていった。そして二一世紀の時間の経過とともに、「政治改革」は言葉のうえでも現実の政策のうえでも徐々に立ち消えとなっていった。

本章は、政治改革がまだ光を放ちかけていた時代に立ち戻る。その原点に回帰することで、政治改革に関して何がどのように議論されていたのかを整理してみたい。結論を先取りしていえば、中国の政治体制にかかわる諸問題とその改革論はこの時代にほぼすべて出尽くしていたが、結局は党支配を脅かす可能性を警戒する中でそれに踏み込むことなく先送りされることになった。

1　政治体制改革の起源

中国において政治体制の改革に関する構想がはじめて提起されたのは、現代化路線に全面的に歩みだすことを宣言した一九七八年一二月の中国共産党第一一期中央委員会第三回全体会議(一一期三中全会)以後のことであった。この会議のコミュニケのなかで、すでに党と行政部門との不分離や行政機構の肥大化などの問題が指摘され、マルクス主義において経済構造を意味する「下部構造」だけでなく、政治や法律などの「上部構造」も現代化を実現するにふさわしいかたちに改革すべきであることが説かれていた。「四つの現代化の実現には、生産力の大幅な向上が要請され、また必然的に多方面から生産力の発展に照応しない生産関係と上部構造を変え、照応しないすべての管理方式、活動方式、思想方式を変えることが要請され、したがってそれは幅広い、深刻な革命である」[1]。

しかし一般に政治体制改革の最初の問題提起として考えられているのは、一九八〇年八月の鄧小平による「党と国家の指導制度の改革について」と題する講話である。この中で鄧は、権力の過度の集中、兼職や次席ポストの過多、党務と政務の混同、指導者交替・後継の非制度化などの問題を指摘し、これら人事・行政問題の改革の必要を促した[2]。こうした問題の提起は、明らかに毛沢東指導権下の文化大革命時代に生起した弊害の除去を意図していたと同時に、鄧小平にとっては当時の華国鋒による党と政府の最高ポストの兼任という現実の状況に対する批判をも含んでいたと思われる。事実この講話の直後に開催された第五期全国人民代表大会第三回会議において、華国鋒は総理の座を追われた。

政治指導のあり方を改革しようとするこうした動きと、三中全会直後の時期の「思想解放」と「三信危機」(社会主義、共産党の指導、マルクス・レーニン主義と毛沢東思想に対する信念の危機)の雰囲気のなかで生まれた、政治的民主化・自由化を求めたいわゆる「北京の春」とはどのような関係にあったのであろうか。少なくとも鄧にとって、上からの改革が直接に民主化や自由化につながるものとしては考えられていなかった。すなわち歴史が証明しているように、鄧は中心人物の魏京生を逮捕するなど「北京の春」に対して強硬な措置をとることにより、下からの民主化の動きを「反社会主義」として断固封じ込める政策をすでに打ち出していた。

そしてそれを理論化するかのように、一九七九年三月に彼は政治・思想面における実質的な枠として、①社会主義の道の堅持、②プロレタリアート独裁の堅持、③共産党の指導の堅持、④マルクス・レーニン主義、毛沢東思想の堅持、という「四つの基本原則」を定式化していた[(3)]。鄧の脳裏にあった論理は、要約していえば、経済の現代化達成のために「安定」と「団結」が必要であり、そのために下からの「異議申し立て」は切り捨てるということであった。また彼の脳裏には、文化大革命時代の「大民主」による社会的混乱に対する恐怖が蘇っていたことも事実であろう。

このような政治的限界線は引かれたものの、三中全会以後の「思想解放」と政治改革の提唱という現実の要請は、これまで未成熟であった政治学の発展と政治改革についての学問的議論を活性化させることになった。一九八〇年一二月には、建国以来はじめて中国政治学会が正式に成立し、マルクス・レーニン主義、毛沢東思想の学習を目的とした従来の「政治課」とは別に、政治学を学問として位置づける作業が始まった。またこれに先立つ一〇月には、中共中央党史研究室の廖蓋隆が、党と国家の民主化のプランを構想したいわゆる「庚申改革案」を提出していた。この中で廖は、憲法改正を行って全国人民代表大会を地域の利益を代表する地域院と、各階層・企業の利益を代表する社会院の二院に分けるべきこと、党の指導を前提として大衆による党と国家機関に対する批判を制度的に保証すべきであること、などの政治構造内部のかなり大胆な改革の必要を提案していた[(4)]。今日からみても、これはかなり画期的な政治改革案であった。

さてこの時期の政治改革に関する議論として注目すべき重要な点は、当時はまだ「政治体制改革」という名称が定着していなかった事実である。すなわちこの時期はむしろ「政治制度改革」という言葉が多用されていた。たとえば八〇年一〇月に『光明日報』編集部は、北京において「政治制度と経済体制改革の問題についての討論会」を主催した。この中で当時まだ社会科学院哲学研究所の助理研究員で、のちに天安門事件時の民主化の理論的リーダーとなる厳家其は、文化大革命時代の最高指導者による「個人集権制」や「終身制」に見られるように、中国の国家制度の中に封建主義的な性格が根強く残存していることを批判し、これらの根本的改革を力説した。また当時群衆出版社の編集長で、八九年の天安門事件以後その発言内容に関連して公に批判の矢面に立たされた于浩成は、このときすでに「政治制度改革の目標は民主化を実現することである」と明確に言い切っていた(5)。

中国語において「政治制度」と「政治体制」の意味は異なる。その後の整理によれば、前者は国家の基本的な性質を意味し、中国の場合は具体的には共産党指導下の労農同盟を基礎とした人民民主独裁や、国家組織では人民代表大会制度を指す。後者は既定の政治制度を前提としてそれを支える骨組み、具体的には行政・司法機構、公務員制度、選挙制度などを指す(6)。つまり「制度」の改革は社会主義政治制度の根本にメスを加えることを意味し、「体制」の改革は主として組織や人事の問題であって基本的な部分にはメスを加えないことを意味する。これは日本語とほぼ逆の意味に近い。今日でも中国の公式文献は、「社会主義政治制度」や「社会主義経済制度」を不変のものとして、そして「社会主義政治体制」や「社会主義経済体制」を可変のものとして区別しているようである。

しかしこの時期は、政治の改革に関してまだ確固たる概念が存在しなかったのが現実であろう。経済についてはすでに「体制改革」として定着していた。すなわち経済の社会主義制度は不変のものとして位置づけられ、改革はそれを支える仕組みの部分にはっきりと限定されていた。それではなぜ政治についてては「制度改革」として提起されたのであろうか。そのひとつの理由は、マルクス主義の基本原理にもとづいて、経済的下部構造が政治などの上部構造を規定すると考えたからではないか。つまり、政治についてはたとえ「制度改革」と銘打っても、経済制度が社会主義である限りその枠を逸脱することにはならないという判断があったと思われる。

もうひとつの現実的な理由は、このような政治と経済の区別を踏まえてか、鄧小平自身が「党と国家の指導制度の改革」という言い回しを実際に使ったことであろう。この段階で鄧が「指導体制」ではなく「指導制度」と呼んだことは、彼が当初は「北京の春」のような民主化要求とは明確に一線を画しながらも、政治構造の基本の部分の改革を意識していたことを暗示しているのかもしれない。廖蓋隆、厳家其、于浩成らの過激ともいえる議論はその要請の延長線上に展開されたものと考えられる。とはいえ、政治の「制度」を改革するとなれば、いずれ「四つの基本原則」と抵触する素地をも内包しており、こうした問題を生じさせないためにも、政治についても「体制改革」という表現に定着化させる努力が徐々に始まった。

中国において「政治体制改革」という名称が完全に定着したのは、その後一九八六年に鄧小平がこれを繰り返し述べるようになってからである。しかし「政治制度改革」に代わって「政治体制改革」がむしろ多用されるようになったのは一九八二年頃からであり、この年の九月の中国共産党第一二回全国代表大会(一二全大会)の胡耀邦報告では、「国家の政治体制と指導体制の改革」と表現された。また八三年一〇月の中共第一二期二中全会の鄧小平演説のなかでも、「政治体制改革」という言い回しが使われた。こうして政治の改革も「体制改革」として統一され、根幹の「政治制度」には触れないことが徐々に明示的に表現されるようになった。

ところで一九八〇年に指導制度に関する改革の議論が鄧小平を中心に出されてから、現実の政策はどのように推移したのであろうか。八〇年代前半は経済体制改革の時代であり、まず農村における生産責任制にはじまり、都市における工場・企業管理体制改革へと移行していった。したがって政治に関する部分の改革は後回しにされる傾向が強かったが、それでも一部の政策は実行された。たとえば、一九八二年から八三年にかけて総理の趙紫陽を中心として国務院の機構改革が実施され、部・委員会・直属機構の一部削減、副総理の削減、国務委員の新設などが行われた。

しかし機構の簡素化は現実には代わりのポストの新設など、さまざまなかたちをとって再び肥大化現象を生み、加えて党組織との分離が遅々としていたため国務院自体の機能を向上させることもできなかった。また八二年九月の中国共産党一二全大会では党主席のポスト廃止決定や幹部の若返りが謳われ、その直後の全人代で採択された新憲法では国家機関の主要ポストの終身制廃止が盛り込まれた。しかし、その後の革命第一世代の長老たちの権力への居座り現象に見られる「人治」支配の現実は、政治体制改革の前途にたちこめる暗雲を象徴していた。

2　八六年学生運動と民主化問題

前述したように、一九八〇年代の前半は経済改革に主眼が置かれ、政治改革についての議論はその初頭に行われた以外はほとんど表舞台には登場しなかった。さらにこの背景には、八一年の作家白樺の文芸作品『苦恋』に対する批判をはじめとした一連の「ブルジョア自由化反対」の闘争や、八三年秋の「西洋化」に対して向けられた精神汚染一掃キャンペーンのような、王震、胡喬木、鄧力群らの党内保守派主導の政治的な引き締めと「四つの基本原則」の強化などの影響もあったと思われる。こうした過程の背後で、言論界のある程度の「自由化」に比較的寛容であった胡耀邦中国共産党総書記はしばしば保守派の攻勢に対して異議を唱え、彼らからさまざまなかたちの批判を受けていた(7)。

政治の改革についての議論が息を吹き返すのは、一九八六年の春以後、特に六月頃から鄧小平が「政治体制改革」についてさかんに語りはじめた前後の時期からである。たとえば六月一〇日に鄧は、「政治体制の改革をやらなければ、情勢に適応できそうにない。改革には政治体制の改革を含むべきであり、政治体制の改革は改革の一つの目じるしとなるべきである」と語り、六月二八日には、「われわれのすべての改革が最終的に成功するかどうかは、なんといっても政治体制の改革にかかっている。というのも、物事は人間がやるのだ」と語った(8)。この頃から鄧の発言には、これに関連した内容が急速に多くなった。

なぜこの時期に政治体制改革が議題として登場したのであろうか。その第一の背景は、鄧自身も語っていることであるが、経済改革が農村から都市に移行し進展する過程で幾多の障害に直面し、その除去のためには政治体制改革が必須となったことであった。すなわち「重要なのは、政治体制が経済体制改革の要請に適応していないことです。そのため、政治体制を改革しなければ、経済体制改革の成果を保証することはできず、経済体制改革をひきつづき前進させることもできません」と[9]。

第二の背景は、これも鄧自身が認めていることであるが、一九八〇年に指導制度の改革について問題提起したものの、前述した国務院の機構改革のように、その後これが効果的に実施されなかったことであった。すなわち鄧によれば、「政治体制の改革は、早くも一九八〇年に提起したが、具体化しなかった。いまは日程にのぼせるべきとき」であった[10]。

それではこの時期、鄧は政治体制改革の中身として具体的に何を考えていたのであろうか。約言すればそれは、第一に効率を高めるために党と政府の役割を分離すること、第二に行政権限を下放して地方の積極性を促進すること、第三に肥大化した組織・機構を簡素化すること、第四に幹部の若返りと専門化を図ること、などであった。要するに彼にとっての政治体制改革は、経済体制改革を促進するのに関連した政治的部分のいわば行政改革に限られていた。

しかし現実の状況はこれらの枠を越えて進展した。全面的な改革に積極的な意欲を示していた胡耀邦は、まず一定の自由化を含む中国の民主化に寛容な態度を示すとともに、大胆な老幹部の引退勧告案と指導部の若返り政策を立案し、さらに高級幹部の子弟の不正問題にメスを加える必要性を促したといわれる。こうした過激な胡の発案に対して、ただでさえ改革それ自体の急進展に懐疑的な保守派長老たちは強く反発し、「四つの基本原則」や「ブルジョア自由化反対」を繰り返し訴えた。鄧小平にしても胡の過激なやり方に警鐘を発する意味からか、九月頃から政治体制改革は安定・団結のために西洋的な自由化を行わないこと、つまり「四つの基本原則」を順守すべきこと、またこの改革は急ぎ過ぎず慎重に進めるべきであること、などの点を強調するようになった。

政治体制改革の再提唱は、政治学者を中心とした知識人に刺激を与え、これについての活発な議論を呼び起こした。早くは四月末に『中国社会科学』雑誌社が政治体制改革についての学術座談会を主催していた。ここでは、政治体制改革の目標が政治発展すなわち民主化の過程であり、具体的には参加の拡大やチェック・アンド・バランス機能の導入を目指すことである、というような大胆な議論がすでに出されていた[11]。七月に開かれた中央党校主催の「政治体制改革理論討論会」においても、経済体制改革と同等に政治体制改革は重要であり、その目標は「高度な社会主義民主の新体制」の実現と位置づけられた[12]。このように学術界は、経済体制改革の付属物でない政治体制改革それ自体の重要性と、その目標としての民主化を訴える傾向が強かった。

こうした議論の活発化は、「政治体制」を跳び越えて「政治制度」それ自体の変革を直接要求するような、きわめて大胆な主張を生み出すことになった。たとえば中国社会科学院マルクス・レーニン主義、毛沢東思想研究所長の蘇紹智は、この時期、中国の政治体制改革の主たる目標として、閨閥主義、特権濫用、官僚主義に特徴的な封建専制主義の徹底的な清算、民主集中制の再検討、立法・司法機関の党からの独立、などを主張した。そして結論として彼は、「われわれが追求するのは上から下への恩恵的な『民主主義』ではなく、社会主義的民主主義であり、真の人民民主主義である。改革とは一人一人の才能、創造性、進取の精神を解放することにほかならない」と論じた[13]。なお蘇も天安門事件後、中国を離れ海外亡命生活を余儀なくされた人物である。

またこの時期、最も大胆に論陣を張った代表的人物として、安徽省合肥にある中国科学技術大学の副学長で物理学者の方励之をあげることができる。彼は八六年一一月の上海交通大学と上海同済大学での講演のなかで、民主は上からの「恩賜」ではなく闘いとるべきもの、権力を分散して多元的な政治システムをつくるべき、マルクスから毛沢東まで社会主義運動は失敗した、などの点を力説した(14)。

その直後に中国科学技術大学ではじまり、上海そして全国へと飛び火した学生の民主化要求運動は、方励之のこうした言動が直接の引き金となったともいわれる。上海での学生運動の拠点はまさに彼が講演を行った二大学であった。合肥の中国科学技術大学での学生デモは、地区の人民代表大会の代表選出方法についての不満や生活待遇改善要求であった。しかし運動が全国の大学に拡散・深化するにつれて、概していえば社会主義や共産党の指導に正面から対決するものではなかったが、争点は言論の自由などの「民主化要求」に絞られていった。

一二月一九日には、上海で一万人を超す学生デモが、そして二三日には北京でも四―五〇〇〇人規模の学生デモが起こった。中国全体から考えればこれらのデモはまだごく少数であったが、自発性をもった運動が拡散したことと、民主化の担い手が「北京の春」の時代に比べればより社会的基盤をもつようになったことは注目すべきであろう。

これに対して当局は態度を硬化しはじめ、一二月二五日には『人民日報』に「政治体制改革は党の指導下でのみ可能である」と題した論文が登場し、三〇日には鄧小平自らの「ブルジョア自由化に反対せよ」との談話が伝達された(15)。

こうして翌一九八八年一月はじめには学生デモに対する規制強化が開始された。そしてさらに事態は思いがけない方向へと進んでいった。一月一六日には、政治局拡大会議において胡耀邦が党総書記の地位を辞任し、代わって趙紫陽が総書記代行に就任したのであった。その最大の理由は胡が学生の民主化要求デモに対して寛容な態度をとったことであるとされたが、その伏線には政治体制改革をめぐる鄧小平を含めた長老・保守派との確執、さらにさかのぼれば、一九八〇年代前半の「自由化」をめぐる保守派との対立があった。

これと前後して、方励之をはじめ彼と同じような言論活動を行った作家の王若望と劉賓雁のあわせて三人は、結果として共産党員の資格を剝奪される処罰を受けた。さらに前述の蘇紹智も、その後一九八七年八月には党を除名され、すべての職を失った。

以上のように、一九八六年末からの学生デモと八七年一月の胡耀邦辞任へいたる政変劇の背景には、政治体制改革が大きな要素として存在した。すなわち政治体制改革の問題提起が、当局の設定した枠をはるかに超えて一人歩きしはじめ学生の民主化要求デモを引き起こし、そのオピニオン・リーダーであった方励之らが党を除名され、これに理解を示した胡耀邦が総書記の地位を追われることになった。ここにおいて重要なことは、「体制改革」の枠を超えた学生たちの言論の自由などの民主化要求に対して、方励之らのインテリ共産党員をはじめ胡耀邦党中央総書記までが同調的態度を示したという党自体の変質である。

3　一三全大会の政治体制改革案

一九八六年末から八七年はじめにかけての学生デモから胡耀邦辞任への一連の事件以後、中国において政治体制改革の動きは長く停滞するかに思われた。しかし八七年七月一日に再び鄧小平の一九八〇年講話「党と国家の指導制度の改革について」が各紙に掲載されるなど、政治体制改革についての議論がはやくも復活した。そして一〇月末から一一月初頭にかけて開催された中国共産党第一三回全国代表大会（一三全大会）において、政治体制改革についての全体構想が趙紫陽総書記の政治報告の中で明確に示された。それは鄧小平の意を受けて、趙自らが中心となって、彼のブレーンでその後八八年二月に新設された党中央政治体制改革研究室主任に就任した鮑彤や、中国社会科学院政治学研究所長の厳家其らとともに練り上げられた。

ここで政治体制改革が再び議題として登場したのは、これを実行しない限り経済体制改革の行き詰まりを打開することができないとの判断があったからであった。党務と政務の混同、官僚主義、機構の肥大化、「人治」に支配された人事、などの行政管理上の非効率問題が経済体制改革の障害として立ちはだかっていたのであった。要するに、一三全大会で提起された政治体制改革は経済体制改革を促進するためのものであり、いわんや民主化や自由化の問題は、「基本的な政治制度は正しい」という前提で素通りされていた。

しかしこの時点において、中国社会は経済改革にもとづく現代化と対外開放を深化させたことですでに構造的変化を見せていた。世界的水準ではまだ低いものの以前に比べ生活の質は飛躍的に向上した。アジアや東欧などでの民主化の動きを含めた情報の拡大と海外交流・接触の著しい発展によって、都市を中心とした人々は中国を世界のなかで相対化して見る目をもつようになった。その結果、政治体制改革にしても、一三全大会で出された当局の構想と下からの社会的需要とのあいだにはすでに一定の溝が存在していた。つまり都市のインテリを中心とした比較的広範な社会層は、社会主義それ自体の是非はともかくも、一党独裁や人民民主独裁などのより根本的な「政治制度」の改革の必要を感じていた。

とはいえ、一三全大会の政治改革案は、改革それ自体にも反発する勢力が存在した当時の党内事情を考慮すれば、趙紫陽らの執行部としてはギリギリの線であったのかもしれない。またそれが効果的に実施されれば、改革全体の一定の前進をもたらすであろうことも事実であったし、大衆の側も不満ながらも一部の期待は抱いていたはずである。一三全大会で提出された政治体制改革の具体的な中身は、①党政分離、②権限の下放、③政府の機構改革、④幹部人事制度の改革、⑤協議対話制の確立、⑥社会主義民主政治の一部制度の整備、⑦社会主義法体系建設の強化、の七項目であった(16)。以下において、それぞれの具体的内容とその後の実施状況について簡単に検討してみよう。

党政分離は一九八〇年の鄧小平講話以来、一貫して政治体制改革の最重要課題として掲げられてきたテーマであった。基本としてはあらゆる単位や機関における党務と政務を分離することにより、従来の党の政策決定への過度の干渉を軽減しようとするものであった。一三全大会以後、党政分離に関しては国務院内部で経済関連の部や委員会での党組織を段階的に解消することなどが決定された。しかし現実には、各レベルで党幹部の既得権益を手放すまいとする抵抗に直面した。また「官倒」と呼ばれる党・政府の中の役人ブローカーの汚職の蔓延は、党政分離以前の問題を露呈した。

権限の下放は経済体制改革の進展にともなって行政権限をも下放する必要が生まれたところから

提起された。特にここでは企業の管理経営権を保証することが意図されていた。しかし官倒などは、権限の下放によって温存される危険性が内包されており、当局は実施の過程で中央のマクロ統制の必要性とのあいだで板挟みとなってしまった。

政府の機構改革は組織の簡素化と人員の削減をめざしたものであった。これにしたがって一九八八年春には国務院内の部・委員会が一部新たに編成しなおされ、また国務院職員全体の約五分の一にあたる一万人の人員削減が決まった。しかし機構改革後の管理能力や、削減後の人員とくに幹部の配置転換などが現実に大きな問題として持ち上がった。

幹部人事制度改革の目玉は国家公務員制度の導入であった。これは従来の人間関係学が支配した国家幹部に代えて、試験制度を採用することでより合理的な官僚機構を構築することであった。一三全大会後この改革が最も注目され議論された構想の一つであったが、現実には従来の国家幹部の抵抗からか暗礁に乗り上げ、正式にスタートするまでにかなりの時間を要した。

協議対話制は各級の幹部が積極的に大衆のなかに入り、直接生の声を聞こうとするいわば中国共産党の伝統としての大衆路線であった。実際に一部の地域で単位の代表を集めて「対話」の機会が導入されたようであるが、結局はそれぞれの利害の表出というよりは、党の政策の宣伝に終始したのが現実のようであった。

民主政治の一部制度の整備としては、全国人民代表大会の活性化のために常務委員会の若返りを図ることがそのひとつの課題であったが、一九八八年春の全人代で選出された常務委員会の委員長・副委員長の多くが老人ばかりであった。また選挙制度において、候補者の数を定員よりも一定数増やす差額選挙が導入されたこともその「一部制度の整備」であった。こうして差額選挙は定着しつつあるかにみえたが、各地域では候補者についての情報不足、候補者選出過程における党の過度の干渉などの問題が未解決であったようである。

社会主義法体系の整備は、経済改革関連の行政立法の制定を柱として「人治」に代わる「法治」の実現をめざすことであった。しかし党の指導を原則としている中で、司法権や法治支配の確立がほんとうに可能なのかという問題は未解決のまま残された。

以上のように一三全大会において提出された政治体制改革案は、結局は現実の政策過程の中でさまざまな困難に直面し停滞状況に陥った。こうした困難は実施上の技術的問題もあろうが、結局は政治体制改革自体の限界を意味していた。つまりこれらは、一党独裁や基本的人権などの根本の政治制度の問題を避けて通ろうとしたがために発生した側面が大きい。当時、経済体制改革も社会主義の根本問題である所有制の変革の可否にまで行き着いており、その意味で中国の体制改革それ自体がひとつの限界点に達していたことを示していた。いいかえれば、中国の改革は経済面でも政治面でも、社会主義制度そのものに挑戦状を突き付けはじめたのであった。

4　八九年民主化運動と政治体制改革

一九八八年秋に開催された党第一三期三中全会は、インフレ圧力の前に経済体制改革を一時棚上げにして経済調整に乗り出すことを決定した。政治体制改革も前述したような困難に直面して、そしてもともと経済改革に「奉仕」するものであった以上、その足踏み状態とともに、当局側から議論されることはほとんどなくなった。

その代わりに登場するようになったのは、官倒の問題に触発されてか党風の是正や幹部の綱紀粛正を訴えるものばかりであった。これは改革の全面的な見直しの風潮の中で、党中央指導権の強化により政治・思想教育の徹底を図ろうとする保守的な勢力の巻き返しと見ることもできよう。しかし八八年一〇月に、鄧小平の息子の経営する康華発展公司の不正にメスが入れられたものの、頂点にはそれが及ばないなど、小悪は退治できたとしても巨悪は退治できない状態は温存された。

中央によるこうしたマクロ統制が強化される情勢下で、八八年末頃から中国のあるべき統治スタイルとして「新権威主義」という概念が趙紫陽系のブレーンから打ち出されはじめた。これを積極的に主張したのは党中央調査研究室の呉稼祥であり、この立場を支持したのが経済体制改革研究所長の陳一諮らのいずれも趙紫陽ブレーンと目される理論家たちであった。

この概念は中国において民主化を実施する社会的条件が未成熟であるため、当面は開明的なストロング・マンによる統治が必要であると考える、NIES（新興工業経済地域）諸国を模倣したいわば中国版の開発独裁であった。たとえば呉稼祥は、新権威主義を伝統的な専制権威から自由で民主的な社会への過渡期としてとらえ、ここでは権威が個人の自由を剝奪するのではなく、権威が個人の自由の侵害をくい止めることに「新」の意味がある、と主張した。とはいえ呉がここで論じた新権威主義における個人の自由とは、主として経済の自由のことであった[17]。

これに対して、前述の于浩成は次のように反論した。すなわち「新権威主義者は民主・自由を無政府主義と混同し、民主を実行すると安定・団結に影響すると心配しているが、実際には民主が実行されてこそ安定・団結がつくりだされる」と。さらに加えて彼は、「われわれは民主的な権威や法的な権威を樹立せねばならず、いかなる個人の権威や専制主義の権威であってもならない」と論じた[18]。

中国社会科学院マルクス・レーニン主義、毛沢東思想研究所の副研究員の王逸舟なども、新権威主義が個人の権威に中国の改革の行方を託し、経済的な価値ばかりを重視して政治的価値を軽視しているとして、断固この概念に反対した[19]。また趙のブレーンであった厳家其ですら、これには批判的であった。たとえば彼は八八年一一月の中国科学技術大学副教授温元凱との対話の中で、「中国の第一にやるべきことは憲法の至上の権威を樹立することであり、これ以外の新権威なるものを樹立することではない」と述べ、新権威主義を暗に批判した[20]。

新権威主義にみられる政治的民主の棚上げ案の出現に反発するかのように、方励之は八九年一月、鄧小平に宛てて、建国四〇周年、五四運動七〇周年、フランス革命二〇〇周年に際して魏京生ら政治犯を釈放するよう訴えた書簡を送った。これを受けて二月中旬には、蘇紹智を含む北京の文化界の知識人三三人が連名で方励之を支持する書簡を党中央と全人代に向けて送った。さらに二月末には、今度は于浩成らを含む北京の四二人の特に科学界の知識人が、中央の各機関と指導者に対して、「政治の民主化」としての「政治体制改革」を断行し、言論の自由などの基本的権利を認めるよう要求した連名書簡を送った。三月中旬にも、厳家其を含む北京の四三人の文化人の連名による政治犯釈放要求が、まさに開催されようとしていた第七期全人代第二回会議に向けて送られた[21]。

しかしこの過程で、鄧小平は趙紫陽に対して、安定と団結のために人権や魏京生らの問題を今取り上げない、「四つの基本原則」を順守すべきである、この一〇年間政治教育が充分でなかった、「新権威主義」の考え方に同意する、などの諸点を指示し、文化人や科学者たちの要求を断固拒否する姿勢をとるよう促した[22]。

以上のような政治的に緊迫した雰囲気の中で、四月一五日、学生の民主化要求に寛容な態度をとったために総書記を解任された胡耀邦が突然死去した。その後、学生のみならず市民までを巻き込み空前の規模の民主化運動を生み出す契機となったのは、まさに彼に対する追悼と名誉回復へ向けての学生たちの実力行動であった。

四月二六日の運動を「動乱」と規定する決定、五月一三日のハンスト突入、一六日のゴルバチョフと中国首脳との会談、一七日以後の天安門広場での鄧小平や李鵬の退陣を要求しての一〇〇万人規模のデモ、二〇日の北京市での戒厳令公布、そして六月四日の武力制圧へとつづく激動の過程、これがいわゆる天安門事件への一連の流れである。

運動の中で学生たちは民主化と自由化を求めた。学生たちの要求には不明確さや未熟さがあったとはいえ、それは明らかに権力に対する異議申し立ての権利を確保しようとする闘いであった。学生たちのこうした要求は、政治体制改革の不徹底という問題と関連があった。学生たちは「官倒」批判を大きく掲げたが、改革の過程でこれに対して徹底的なメスを加えることはできなかった。

学生たちが報道の自由や言論の自由を要求したのは、汚職幹部の摘発が不充分であり、それが特に巨悪であればなおさらである現実を反映していた。また権力に対するチェック・アンド・バランス機能のない共産党の一党支配は幹部の不正を生む温床となっていたが、このことは学生たちが党の絶対的指導に対して異議申し立てを慎重ながらも掲げた一つの理由であった。すなわち彼らは、従来の政治体制改革では本質的問題を変革できないと考えたからこそ直接行動に訴えたのであり、そして単なる「体制改革」ではないより根本的な「制度改革」を要求したのであった。

「新権威主義」の問題も学生たちの直接行動の背景にあったと思われる。この概念は政治的民主の実質的な棚上げと党の指導の強化を意図した構想であっただけに、情報や知識の拡大により、民主化や自由化に対して熱い希望を抱くようになっていた学生たちにとって許容しがたい発想と映ったことは否定できない。しかし皮肉なことに、これはもともと趙紫陽系のブレーンたちがつくりだした理論であったが、運動の過程で彼自身が党内の政治の論理を反映してか民主化勢力を支持するようになり、この時点で彼はこの構想を放棄したとみるのが妥当かもしれない。

まとめ――「政治体制改革」と「政治制度改革」のあいだで

以上の分析により、一九八〇年代を通して政治体制改革に関して、大別して次の三つの立場が見出しうるように思われる。

第一の立場は、政治体制改革を経済体制改革に「奉仕する」ものとしてとらえ、「安定・団結」のために政治的民主化は将来的な課題として棚上げにする考え方である。これはつまり、改革が中国において党の一元的指導や人民民主独裁などの国家の基本的構造を意味する「政治制度」ではなく、それを支える行政管理機構、人事制度、立法などの「政治体制」の部分に限られる。したがってこの発想では党の指導は弱体化させないことが前提であり、「新権威主義」に好意的な姿勢を示す。鄧小平や趙紫陽、知識人では鮑彤、陳一諮、厳家其らの趙紫陽ブレーンがこの立場にいたと思われる。厳家其はこの中でも最も急進的であり、第二のグループに入れても不思議ではない。また八九年の民主化運動の過程で、鄧は第三に論ずる保守的な立場へ、そして趙は民主化推進の第二の立場に転じた。

第二の立場は、「政治体制改革」ではなくより根本的な「政治制度改革」が必要だと考える急進的な考え方である。要するに、これは政治的民主化・自由化を緊急の課題としてとらえ、言論の自由などの基本的人権や、最も急進的な場合は複数政党制の導入をも含めた共産党指導の相対化を求める政治的多元主義の立場である。彼らは、権力に対する批判の許されないところに政治発展はないと主張する。この立場からすれば、中国は根底から政治制度を改革しなければならないことになる。ここには、知識人では方励之、于浩成、蘇紹智らが、指導者では胡耀邦らが想定できよう。

第三の立場は、政治体制改革ひいては改革そのものに対して疑問を抱く中央集権指向のマルクス・レーニン主義の理念に比較的忠実なグループで、共産党の指導強化を最優先に置こうとする考え方である。したがってこれは、党内外での政治思想教育を通して幹部の綱紀粛正を図ると同時に党の指導を徹底しようとする立場である。ここには王震、胡喬木、鄧力群らをはじめ陳雲や李先念、それに李鵬もこの立場にあったように思われる。

現代化路線以後の政治体制改革と民主化運動との相関を考えると、政治体制改革の提起が民主化要求を醸成させた側面と、政治体制改革の不徹底やそれ自体の限界が民主化要求に拍車をかけた側面の両面が見られた。そこには一九八〇年代を通して、時の経過とともに前者から後者へ移動する傾向が見られた。これを別の表現を使えば、現代化路線の中で、社会的要求が政治体制改革を必要とし、その後政治体制改革が社会的要求を拡大し、最後に社会的要求が政治体制改革を追い越していったのである。

第2章　天安門事件とソ連解体の衝撃——鄧小平時代

後世の歴史家が二〇世紀を振り返ったとき、一九八九年という年をどう位置づけるであろうか。いうまでもなく冷戦の終焉、これがまず最初に想起されるであろう。当時のアメリカのブッシュ大統領とソ連のゴルバチョフ書記長が、この年の一二月、地中海のマルタ島で冷戦の終結を確認しあった歴史的な首脳会談がそれを象徴している。ちなみに翌年、ソ連は共産党の一党独裁を放棄して大統領制を導入し、ゴルバチョフが初代大統領に就任した。しかし、九一年八月の保守派クーデターの失敗を機にソ連共産党が消滅し、同年一二月にゴルバチョフも大統領を辞任に追い込まれ、ソビエト連邦共和国自体も解体の道を余儀なくされた。

一九八九年はそれだけに終わらない。東欧各国は冷戦の固い殻を側面から打ち砕く役割を果たしていた。それまでいわばソ連の衛星国でしかなかった東欧の人民民主主義国家が、つぎつぎと民主化への道を歩みだしたのであった。その頂点を成したのが、東西ドイツ分断の象徴ともなっていたベルリンの壁の崩壊であり(一一月九日)、翌九〇年一〇月三日の東西ドイツの統一達成であった。

このような華々しいソ連や東欧の民主化への挑戦とは対照的に、同じ八九年には中国でひとつの惨劇が生まれた。六月四日の天安門事件である。この事件に関しては、資料の未公開もあり依然として不透明な部分が大きい。しかし結果として、中国が世界的な民主化の波から取り残されたことだけは明確である。このことは、外部の観察者をして中国の「保守性」や「封建性」をことさら強調させる結果をもたらした。

ただ今日の視点で振り返れば、八九年に最初に民主化の巨大なうねりを経験したのは実は中国であって、東欧やソ連の動きにむしろ先行していたにもかかわらず、それが天安門事件という最悪の結末に終わってしまったことに気づく。ソ連や東欧の民主化は天安門の悲劇を脳裏に刻みながら展開されており、その意味で、中国の悲劇がなければ、ベルリンの壁の崩壊やソ連解体があのように一挙に起こりえたかという疑問すら浮かびうる。もちろんこれは結果論にすぎない仮説だが。

いずれにせよ、ソ連・東欧と中国という同じマルクス・レーニン主義を国是とする政治体制において、一九八九年というこの一年に積年の機能障害が噴出したことは共通している。それはいうなれば、一党独裁を基礎とした権威主義体制の限界であった。ソ連や東欧はこれにより独裁体制からは脱したが、それ以後政治と経済のビッグバンを経験し、長い紆余曲折の時代を経験している。が、基本的な民主体制そのものに大きな揺らぎはない。

反面、中国は経済面の市場化のみを認めることで国民の目を経済成長に向けさせ、政治に関してはむしろ旧体制を温存・強化させる方向へと歩みだした。そしてしばらく急速な経済成長がつづき、ときには二一世紀は「中国の時代」とまでもてはやされるようになり、天安門事件の記憶も成長の勢いの中で風化しはじめた。ところが近年、中国の経済成長も鈍化の兆しが明らかとなり、その結果として成長の陰に隠れていた政治や社会の問題も同時に頭をもたげつつあり、明確に体制疲労を露見させつつある。

本章においては、天安門事件の経緯と実相、東欧の民主化やソ連解体などが中国にもたらした意味、その後の中国による社会主義市場経済の本質と限界、などを歴史に即して具体的に論じつつ、共産党一党独裁を前提とした「中国的社会主義」の現実と限界を考えてみたい。

1　天安門事件の経緯と実相

一九八九年六月四日未明、世界の目は北京の天安門広場に注がれた。世界はテレビというメディアを通して、そこで起こった惨劇を目撃した。この天安門事件を世界は「虐殺」と呼び、中国当局はこれを「反革命暴乱」と呼んだ。現在でも、事件における死者の数ひとつとっても確定していない。数百から数千までさまざまである。

犠牲者数にかぎらず、天安門事件に関しては不透明な部分が多すぎる。いずれ中国が民主化されれば、現段階では封印されたままの資料、あるいは口封じされている秘密事項などが一斉に白日のもとにさらされることになろう。そのときまで「事実」を確定することはできない。したがって以下に描写する事件の全容は、現段階において使用可能な資料にもとづくより手立てがない。

まず天安門事件そのものを語る前に、その引き金となった学生・知識人による民主化運動について述べなければならない。前章で論じたように、それは四月一五日の胡耀邦元中国共産党総書記の死に端を発していた。その二年前の一九八七年一月、現職の総書記であった胡耀邦は突然に解任された。それは彼が前年暮から盛り上がっていた全国主要都市での学生たちの民主化要求に対して、寛容な態度を示したことに党内の保守強硬派から反発を浴びたためであった。この運動は、安徽省合肥の中国科学技術大学の副学長であった方励之による民主化の訴えに学生たちが呼応し、それが全国の大学に伝播したのであった。しかし運動は結局、「西洋ブルジョア自由化」として葬り去られた。

胡耀邦の死は学生たちを落胆させた。北京の大学生たちは彼の名誉回復を求めて街頭にくりだしたが、四月二二日に開かれた胡の追悼大会で、八七年の解任事件に関してだけは名誉を回復されなかった。これによりさらに不満を強めた学生たちは、授業をボイコットして民主化要求を前面に掲げて天安門広場を中心に街頭行動を展開した。このような学生の動きに対して共産党中央は二六日、『人民日報』紙上にこの運動を「動乱」と規定してその即時中止を訴えた。この間、学生たちは自らの運動を「愛国運動」として対抗し、北京市大学学生自治連合会の結成などを通じて組織化をはかった。この過程で、北京師範大学のウアルカイシや柴玲、北京大学の王丹などが学生リーダーとして先頭に立つようになった。

「動乱」社説が出されたさい、胡耀邦解任の後を継いだ総書記の趙紫陽は北朝鮮を訪問中であったが、帰国とともに「大動乱が起こることはない」などの発言で学生との距離を縮めるような姿勢を示した。趙は八八年以来、経済インフレへの対応に手こずるとともに自ら主要課題として掲げた政治改革も頓挫しはじめており、党内で孤立化していたことが今日わかっている(1)。

学生運動は五月四日の五四運動七〇周年記念日には一〇万人規模に盛り上がり、一五日からのソ連のゴルバチョフ書記長の訪中に照準を合わせてか、一三日からは一〇〇〇人ほどの学生が民主化を求めてのハンストに突入した。このため一五日のゴルバチョフ大統領歓迎式典は天安門広場から急遽北京空港に変更された。ゴルバチョフとの会見で、趙紫陽はすべての重要事項が最終的に鄧小平の指示を仰ぐよう党内で決定されていることを暴露した(2)。趙紫陽がこのとき党内で完全に浮き上がっていたことを示す発言であった。

この段階から天安門広場のデモは一〇万のオーダーから一挙に一〇〇万の規模に膨れ上がったが、それは趙紫陽が運動に対する共感を自らのチャンネルを使って流した結果であると言われている。一八日には趙紫陽と首相の李鵬がハンスト学生らを見舞うが、趙が涙を流して学生に同情したのに対して、李は対照的にクールな態度をとった。

五月二〇日、北京市の一部に戒厳令が公布され、軍事支配下に置かれた。にもかかわらず学生たちはデモとハンストを続けた。これに対して軍は威嚇する気配もあまり見せず、市民と軍人が談笑するなごやかな風景もしばしば見られた。この段階の兵士は地元の出身者が多いために強硬になれず、その後になって地方から兵士を呼び寄せ入れ替えたとも言われる。この間、二七日に学生たちはいったん広場からの撤退を決めるが、このころ地方から上京した学生たちが運動に合流しており、来たばかりで撤退することには承服せず、結局運動の継続を決定してしまった。とはいえ危険と疲労を感じはじめた学生は徐々に自主的に撤退を開始し、広場の凝集力も弛緩しだした。

六月三日午後、業を煮やした党中央は戒厳部隊に市内の鎮圧を命じるが、各所でバリケードを築いた市民・学生と衝突を繰り返す。夜に入ると部隊の進軍は急進化し、同時に天安門広場の学生たちに撤退命令がくだされた。しかし学生たちは動かなかった。そして三日夜中から四日未明にかけて戒厳部隊はついに天安門広場に突入した。このとき天安門前の長安街にいた群衆は、学生とともに部隊に抵抗した。とはいえ装甲車を含めた部隊の優勢な武器により、彼らは一挙に逃げ出した。この間の惨劇に関しては、われわれはテレビの映像を通して鮮明に記憶している。

その後広場を制圧した戒厳部隊は、学生側と交渉を開始した。このときウアルカイシは心臓発作を起こして担架で広場から運びだされ、強硬路線の柴玲も当局と撤退交渉する柔軟方針に怒って広場を立ち去った。王丹は撤退を主張し、柴玲と対立したという。直接の交渉に当たったのは、北京師範大学講師の劉暁波と台湾から来ていたシンガー・ソングライターの侯徳健らであった。そして彼らと軍部隊との交渉の結果、残留していた学生たちは四日明け方、広場東南部から「平和裡」に全員撤退し、各人学校に戻った。つまり、最後の撤退そのものは「無血開城」であったといわれる(3)。

六月二三日、中国共産党第一三期四中全会が開催され、趙紫陽の総書記解任が正式に決議され、代わって上海市長から中央に抜擢されていた江沢民が総書記に任命された。この間、ウアルカイシや柴玲などは地下ルートで海外に亡命したが、王丹、劉暁波、侯徳健らは当局に逮捕された。運動中からアメリカ大使館に匿われていた方励之は、天安門事件後はそのまま大使館で生活を続け、翌九〇年六月に「病気療養」を理由にアメリカへの出国が認められた。これは実質的に、七月のヒューストン・サミットで中国非難の決議が出されないための切り札ともいうべき中国の西側への譲歩策であった。

同年一〇月、チベットの指導者でインドに亡命中のダライ・ラマ一四世がノーベル平和賞を受賞し、中国に対する国際世論の圧力はさらに強まった。もちろん中国はこれに強く反発した。一一月に開催された中国共産党第一三期五中全会では、鄧小平が中央軍事委員会主席を辞任し、江沢民にポストを譲りわたした。これは鄧によれば、できるだけ早めに次の世代に権力を委譲して、彼らが体制の基盤を固めるのに十分な時間的余裕を与えるためであった。軍事委員会主席のポストを譲り渡したことで、鄧小平はほぼ完全引退することになる。いうまでもなく、これは形式上にすぎない。

運動はなぜ弾圧されたのか。つまり、なぜ天安門事件は起きたのか。最も大きな要因にはいうまでもなく共産党指導部の体制崩壊に対する危機意識があげられる。この場合、党内では多くの論争があったと言われるが、圧倒的なリーダーであった鄧小平がその最終決定者であったことは疑いない。要するに、党指導部にとって学生たちの要求は到底受け入れられないものであった。学生たちは共産党や社会主義そのものを正面から否定していなかったが、「新聞の自由」や「言論の自由」はやがて共産党指導の原則と齟齬をきたすことは必然で、結局体制の根本的転換を迫るにちがいない、彼らはそう考えた。しかも党の中枢部に学生運動に同情的な姿勢を示す趙紫陽のような存在があったことが、彼らの危機意識を増幅させたのであった。

2　ソ連解体と中国の「和平演変」批判

天安門事件後、それを反面教師とするかのように東欧とソ連は民主化の歩みを急いだ。東欧では一九八九年九月、民主化の急激に進むハンガリーが西ドイツへ逃げる東ドイツ難民の経由を認め、その流れは東ドイツのホーネッカー議長の退陣を導き、一一月九日には東西ドイツ分断の象徴であるベルリンの壁を崩壊させた(九〇年一〇月東西ドイツ統一)。その直後三五年にわたってブルガリアを支配したジフコフ首相も退陣し、民主化の潮流に突入していった。

一二月には民主化の勢いが増していたチェコスロバキアで、かつての「プラハの春」で失脚したドプチェク元共産党第一書記が国民議会議長に、反体制作家として投獄されていたハベルが大統領にそれぞれ就任し、これとともに一党独裁制も廃止された。同時期、ルーマニアでも反政府デモが最高潮に達し、チャウシェスク大統領夫妻は銃殺され、「社会主義共和国」の名称を放棄した。ポーランドでも憲法が改正され、統一労働者党の解散が決定されるとともに一党独裁が放棄され、国名もポーランド共和国となった。一年後の九〇年一二月、八〇年代初頭からヤルゼルスキ政権に対抗してきた労働組合組織「連帯」のリーダーのワレサが大統領に就任した。

このような東欧の急進的な民主化の流れを受け、前述したように八九年一二月二日、アメリカのブッシュ大統領とソ連のゴルバチョフ書記長がマルタ島で首脳会談を行い、冷戦の終結を確認しあった。冷戦はヤルタではじまり、マルタで終わった。一般に東欧革命と呼ばれるこうした一連の民主化実現は、ゴルバチョフというソ連指導者と彼の政策である「ペレストロイカ」や「新思考」外交なしには不可能であった。なぜなら東欧はそれまでソ連の衛星圏として位置づけられてきたが、それは制限主権論(ブレジネフ・ドクトリン)と呼ばれる、社会主義圏団結のためには国家主権すら制限されるとの立場をソ連が放棄してはじめて可能だったからである。

東欧革命はソ連における民主化の急進展をもたらした。九〇年二月、ゴルバチョフはソ連共産党中央委員会総会で一党独裁の放棄と複数政党制の導入を決定した。続く三月の人民代議員大会では、党から国家・政府機関への権力委譲を実現するために憲法を改正して大統領制を導入し、最高会議議長であったゴルバチョフが初代大統領に選出された。これ以後、共産党書記長のポストに代わり、大統領がソ連の最高権力ポストとなった。中国で挫折した党政分離が、ソ連においてはこのように一挙に進められることとなった。

しかしソ連の急激な民主化は「帝国」の解体をもたらしはじめた。九〇年三月にはいわゆるバルト三国のリトアニアとエストニアがソ連邦からの独立を宣言し、五月には残りのラトビアも独立宣言を行った。もちろんソ連はこれを容認せず、バルト三国とのあいだで一触即発の状態にまで陥ることもあった。バルト三国は、一九三九年のナチス・ドイツとソ連とのあいだで結ばれた独ソ不可侵条約によって、秘密裏にソ連への併合が認められた地域であり、ここでの独立宣言はそれを無効とすることを意味した。

九一年八月一九日、ソ連の保守派はゴルバチョフを軟禁して辞任を迫るクーデターを起こしたが、二一日には何らの支持も得られぬままに挫折し、逮捕されるにいたった。これによりゴルバチョフは共産党の解体を宣言し、一挙に全面民主化の道を歩みだした。この間、ロシア共和国の大統領に当選し、ゴルバチョフと反目していたエリツィンはクーデター処理でリーダーシップを発揮し、その後の政局の指導権を掌握するにいたった。またこの過程でバルト三国は再び独立を宣言し、ウクライナ共和国もソ連邦からの離脱を宣言した。

そして一二月、ついにソビエト社会主義連邦共和国は一九一七年以来の歴史を閉じ、代わってバルト三国とグルジアを除く一一の共和国により独立国家共同体（ＣＩＳ）が創設された（アルマアタ宣言)。こうして体制内改革に失敗したゴルバチョフは表舞台から去り、旧ソ連を実質引き継いだロシア共和国のエリツィンが指導権を獲得した。

さて、このような東欧とソ連の急速な民主化の動きに中国はどのように対応したのであろうか。周知のように、蘇東坡は北宋時代の有名な詩人である。中国語で「蘇東」はソ連・東欧を意味する。ソ連と東欧の激変をもじって中国では「蘇東波」と呼ばれた。

しかしソ連と東欧の急激な民主化を中国が歓迎するはずはなかった。一九九〇年二月にソ連共産党の一党独裁放棄が宣言されたとき、中国は表面的には「内政不干渉」を掲げていたが、内部ではこの事態がゴルバチョフの責任であると判断し、彼に対する批判を浴びせたといわれる。そして国内では政治思想教育の徹底を図るため、文化大革命以前に軍内で毛沢東思想の浸透のために展開された「雷鋒同志に学ぶ」運動が再び宣揚されるにいたった。また大学などではカリキュラムに軍事訓練が取り入れられるなど、愛国主義教育の徹底が図られた。

とはいえ中ソ関係について言えば、実際面ではゴルバチョフとの衝突を避ける努力を払った。というのも、八九年五月にゴルバチョフ訪中があり、三〇年以上にわたった中ソ対立にようやく終止符が打たれたばかりだったので、再びソ連と敵対関係に突入するのは得策ではないと中国は判断したのであった。

この間、中国は九〇年一月一〇日に北京市の一部に適用されていた戒厳令を解除し、一八日には拘束されていた民主活動家五七三人を釈放した。そして五月一日にはチベットのラサにも出されていた戒厳令を解除し、六月には、前述したように北京のアメリカ大使館に匿われていた方励之のアメリカへの亡命を黙認し、七月のヒューストン・サミットで中国が非難決議の対象とならないよう措置を講じた。このように中国は、事件以後国内的には政治学習を強化することで引き締め、国際的にはアメリカの人権外交を批判しつつも孤立化を回避するためにしばしば妥協的な政策を打ち出していた。

九一年八月の保守派クーデターを中国はいうまでもなく内部で歓迎したが、それは一瞬の糠喜びに終わった。「十月革命の砲声がとどろいて、われわれにマルクス・レーニン主義が送り届けられた」、これは毛沢東の「人民民主主義独裁論」(一九四九年)の有名な一節である。彼自身も明確に認めたことだが、ロシア革命なしに中国革命もなかった。それだけにソ連共産党とソ連邦の解体が中国に与えた衝撃は絶大であった。鄧小平がこの機におよんで党内に与えた内部指示は、一般に「二十四文字方針」と言われる。これも出所によって若干の相違があるが、香港では「冷静観察」(冷静に観察し)、「穏住陣脚」(足場を固め)、「沈着応付」(落ち着いて対処し)、「韜光養晦」(でしゃばらずに力を蓄え)、「善於守拙」(分相応にふるまい)、「絶不当頭」(絶対にリーダーにならない)、と伝えられた(4)。

中国は「蘇東波」に対して、理論面では「和平演変」批判で対抗した。「和平演変」とは、武力や戦争によらずに、民主化圧力や人権外交、あるいは市場圧力などを通して平和的に相手の政権を転覆させることを意味する(「平和的転化」とも訳される)。それはいわば内政干渉と宣伝戦の組み合わせである。中国によれば、はやくは戦後の冷戦初期にアメリカは社会主義陣営に対抗する手段として「和平演変」を考えていたという(5)。

中国はソ連や東欧が「和平演変」の前にあえなく降参してしまった理由を、「国際大気候」と「国内小気候」というフレームのなかで説明する。「国際大気候」は民主化圧力や市場化圧力であり、国際社会の趨勢がこうした方向に強く傾斜することを指す。「国内小気候」は「国際大気候」に連動して、国内の隠れた支持者が経済危機などの状況を利用して「和平演変」を画策することを意味する。この両気候が合体したとき、政権の危機が訪れる。中国の解釈では、ソ連の場合、ゴルバチョフやエリツィンあるいは経済困難といった「国内小気候」が、アメリカを中心とした民主化攻勢の前に屈服してしまったことになる。天安門事件においても、趙紫陽や経済困難という「国内小気候」が存在したがゆえに巨大な動揺を起こした、これが中国の考えである。

もちろんこれにはより客観的な分析が必要である。国内要素こそが大気候で、国際要素は小気候にすぎないとも考えられる。少なくともソ連や東欧の場合はその傾向が強い。でなければ、「帝国」の完全な崩壊などありえなかったのではなかろうか。

さて、「和平演変」に対する中国の策は何か。鄧小平の結論は明確であった。改革・開放を継続し、「総合国力」の向上をはかる、これである。「総合国力」とは何か。政治力、軍事力、経済力、技術力、構想力などいろいろあるが、鄧にとっては何よりも経済力が重要であった。前述のように、彼によればソ連の解体にせよ天安門事件にせよ、「国内小気候」の主な根源のひとつはそこにあったからである。

しかしここに重要な疑問が残った。改革・開放を継続し、「総合国力」の中で最も重要な経済力を強化する場合、アメリカを含む西側との経済や文化の交流により必然的に中国社会に流入し、そのことで徐々に受ける浸透圧力とそれによる社会変動をどう評価するかという点である。これは「和平演変」なのかどうか、鄧小平は悩んだ。

それに対する結論は、一九九二年初頭、鄧小平自身が中国の南方を視察する中でくだされた。それがその後の「社会主義市場経済」の原型となる鄧の一連の講話である「南巡講話」であり、一般に改革・開放の大号令と言われるものである。

3 「南巡講話」と「社会主義市場経済」

「南巡講話」は鄧小平が武昌、深圳、珠海、上海などを視察したさいに、各地で談話のかたちで語った要点をまとめたものである。この中で彼はまず、「改革・開放で大きく足を踏み出せず突き進む勇気がないのは、とどのつまり資本主義のものが増え、資本主義の道を歩んでいるのではないか、と恐れているからだ。その理由は、資本主義のものか、それとも社会主義のものかという区別ができないことだ。これを判断するとき、主として社会主義社会の生産力の発展に有利かどうか、……をその基準とすべきである」と語る(6)。つまり、彼は改革・開放で最も重要な基準が、生産力の向上に有利かどうかであると断言する。

そのうえで彼は大胆にも、「計画が多いか、それとも市場が多いかどうかでは、社会主義と資本主義の本質的な区別にならない。計画経済イコール社会主義ではなく、資本主義にも計画はある。市場経済イコール資本主義ではなく、社会主義にも市場がある。計画と市場はともに経済手段である」と述べる(7)。それまで中国の公式見解で社会主義経済とは「計画を主とし、市場を従とする」ものであったが、鄧はここにきて計画と市場をいわば同格に扱い、しかも社会主義と資本主義の区分基準ではないとしたのであった。

つづけて鄧小平は、「改革・開放を、資本主義を導入し発展させるものといったり、平和的転化（和平演変）の主な危険は経済分野からくると考えることは、ほかでもなく極左派のものである」とも語っている(8)。つまり改革・開放によって社会に流入し、影響を受けるものを排除することはできず、それはまた「和平演変」でもないということになる。

要するに、鄧にとって生産力を発展させるものであれば、計画であろうが市場であろうがかまわず、しかもそれは「和平演変」ではないということになる。一九六〇年代前半の経済が最悪の状況下で、彼は「白猫（原文では黄猫）でも黒猫でも、ネズミを取る猫はよい猫だ」と発言し、資本主義的政策を導入して経済を活性化させたのは有名な逸話である。彼はその後の文化大革命でこのあたりの発言を批判されるが、結局彼の本質は一貫していたということでもあろう。ただし「南巡講話」でも明確にしていたが、彼は「ブルジョア自由化」には今後も二〇年は反対しなければならないとクギを刺している。

「南巡講話」以後、「和平演変」批判は公の文献から消えはじめた。代わって中国の新たな方向性を象徴する言葉は「社会主義市場経済」となった。これが正式に定式化されたのは、一九九二年一〇月の中国共産党第一四回全国代表大会（一四全大会）においてであった。もちろん「引退」した鄧小平がこの大会で前面に出ることはなく、すべては総書記の江沢民により取り仕切られた。江は報告の中で多くを社会主義市場経済の説明に費やし、一三全大会で大きく取り上げられた政治改革についてはほとんど言及せず、この面では大きく後退した。

ここで提起された社会主義市場経済とは、中国の「総合国力」の向上をめざすために何よりも市場経済を充実させることが重要であり、そのためには大胆な改革と開放が必須だということである。この場合の「社会主義」はいかなる意味をもつのか。それは要約して言えば、経済的には公有制の維持であり、政治的には共産党の指導を意味していた。共産党の指導という原則を実質的に支えるのは公有制であり、この二つは密接に関連している。換言すれば、これは共産党指導の公有制を前提とした市場経済ということになる。市場経済であるからにはたしかに株式制や土地のリースなども認めるが、株の主要部分を国家(党)が保有し、土地のリースも認めるが使用権を与えるのであって所有権を手放すわけではない、というのがその含意である。

このとき鄧小平が頭に描いていた中国の発展は、NIESと言われる韓国、シンガポール、台湾などの東アジアの新興経済地域が、経済成長の中で展開した国家主導型の発展モデルであった。発展の過程で民主化を棚上げにして、政府が中心となってまず輸入に力を注ぎ、それで先進的な技術を習得するとともに、政府の産業政策にもとづき優秀な産業を育成して工業化を図り、やがてその製品を輸出に回すことで外貨を獲得して新たな産業を開発する、これが中国の発展の見取り図として鄧小平の脳裏にあった。

そこで中国は「南巡講話」と社会主義市場経済の宣言をテコにして、外資優遇策を積極的に導入して海外資本を引き付け、また株式制や土地リースなども積極的に導入して国内市場の整備を開始した。これにより、中国に対する海外からの直接投資は一九九二年以後、契約ベースで見るとそれまでの数倍の額に一挙に急増した。経済成長率も九二年一四・二%、九三年一三・五%と一挙にはねあがり、これを見たIMF(国際通貨基金)や世界銀行などは、中国の成長がこのまま維持されれば二一世紀のある時点で日本、そしてアメリカをも凌駕するであろうと予測した報告書を出すようになった。

以上のように、ソ連解体という衝撃を目にした鄧小平の決断は、「南巡講話」から「社会主義市場経済」へと突き進んだ。政治改革や民主化を棚上げにして経済力をつけ、そのことで足腰を鍛えてソ連の二の舞を踏まないこと、これが中国の最大の眼目であった。つまり経済成長こそが政権の正統性であり、同時に政治の安定につながると考えたのであった。

まとめ

「南巡講話」から「社会主義市場経済」への動きは、中華人民共和国の歴史におけるひとつの巨大な政策転換であった。それは、天安門事件の悲劇と東欧・ソ連の社会主義圏の解体を逆手に取るような大胆な政策転換であった。振り返れば、それは実際のところ、鄧小平という稀有なまでにフレキシブルな思考をもった人物の存在なしには不可能であった。こののち鄧は実際に表舞台から消えはじめ、一九九七年にこの世を去ることになる。そのときから現在にいたるまで、この社会主義市場経済は続いている。

社会主義市場経済は、その当初から「社会主義」に力点を置くのか、「市場経済」に力点を置くのかという点においてジレンマが残らざるをえなかった。最終決定権限が共産党にある市場経済では、政治権力の経済への介入を制度的に保障しているのと同じであり、政治腐敗の温床となるのはいわば必然である。その後の現実を見れば、それはもとより明らかであった。海外資本にしても、中途半端な市場経済のままで、不透明な政治介入がしばしばあるとしたら、市場として魅力を感じなくなるはずである。しかもその前提であった成長神話に陰りが見えはじめたとしたらなおさらである。

経済成長の鈍化は、共産党権力の正統性の問題に直接結びつく。社会主義市場経済の生みの親である鄧小平はすでにこの世にいない。この政策の限界をいかに乗り越えるかはそのあとの世代に託された。鄧小平は社会主義市場経済を進めた先に抱えるであろうジレンマに気づいていたはずである。彼は将来の中国像そして中国共産党の行く末をどう描いていたのであろうか。

いずれ中国の政治体制が民主化すれば、天安門事件の関連資料も公の目に触れることになるであろう。天安門事件において学生・市民に銃口を向けた最高実力者としての責任が問われるのか、あるいは大胆な社会主義市場経済へと踏み出すことを決断した勇気あるリーダーとして位置づけられるのか、それは歴史の判断を待つ以外にない。

第3章　正統性としての経済成長——鄧小平・江沢民時代

一九四九年の建国以来、中華人民共和国の政治は変動の連続であった。振り返ると、現実の中国政治の絶えざる振幅に対して、研究者の側もそれにしばしば振り回されてきた。それは長い間自由に現地に足を踏み入れることができなかった資料的限界にひとつの原因があるが、同時にしばしば観念的・政治的に中国をとらえ、分析力や視点に弱さを抱えていた研究者側の問題もあった。改革・開放や天安門事件などを経て、たしかに研究者はより客観的で冷静な目で、しかも実際のフィールドワークを通して手堅い実証分析を行うようになった。

ただ過去の経緯がそうであるがゆえに、近年の中国研究はできるかぎりミクロのテーマに拡散するという傾向があり、かえってマクロの分析や観点が見失われやすいといった問題も生まれている。中国というひとつの巨大な国家の帰趨を分析するにあたって、なにより重要なことは中国の全体像を見失わないことである。個別の事例を実証的に研究することは基本である。しかしその作業の過程で、中国像の検証というより大きなテーマとの関連性を見失わないことが必要である。

こうした観点から、本章においては、これまですでに論じていて繰り返しになる部分も多々あるが、改革・開放政策以後の現代中国を考えるさいの筆者なりの全体的な鳥瞰図を示してみたい。すなわち、ここではグローバル化時代における中国の政治・経済・外交政策のそれぞれの相互関連性を、現在にいたる中国の全般的な政策の基本路線が形成された一九八〇年代から、天安門事件を経て二〇〇〇年代初頭にかけての時代状況、つまり指導者でいえば鄧小平から江沢民にかけての時期を中心に論じてみたい。ここでいう政策の主体は基本的に中国共産党、より正確にいえば、党中央指導部である。つまりここで再構成する政治・経済・外交の政策連関とは、中国共産党中央指導部の認識と現実の政策過程を含意している。

論理の展開を明確にするために、ここでの仮説を示しておきたい。それは次のように要約できる。中国において基本は政治であり、中国共産党の権力維持、換言すれば中華人民共和国の保持こそが核心的利益である。しかしその最終目的のために必要な条件は権力の正統性を確保することであり、その要諦は経済成長の継続にある。では経済成長を確保する要件は何か。世界経済との相互依存を深化させた中国にとって、それは貿易と直接投資の堅調な伸びであり、そのための平和な国際環境であり、全般的に協調的で全方位的な対外姿勢である。

約言すれば、政治を究極目的とし、そのための経済成長と、さらにそれを実現するための外交努力、といったかたちの関係構図となろう。しかしその論理が現実の政策展開において真理となり続けるかは、中国の政策決定者たちが一般的な意味での合理的行為者(rational actor)であるかどうかであり、党内事情やさまざまな状況的要因によって非合理的な行為が行われる可能性を排除することはできない。特に、中国のように閉鎖的な一党独裁の政治体制においては、公開化・制度化の度合いが低く、われわれの「合理性」が必ずしも彼らにとっての「合理性」であるとはかぎらないからである。

1　究極目的としての政治権力

党指導の原則

中国における究極の政治目的は国家と体制の維持である。より正確にいえば、それは中国共産党を事実上唯一の執政党とする中華人民共和国という国家と体制の維持である。中華人民共和国の現行憲法は、その前文の中で「中国の各民族人民はひきつづき中国共産党の指導(原文、領導)のもと、……わが国を富強・民主・文明の社会主義国家に築きあげていくであろう」と規定し、「党指導」の原則を政治体制の基本的な前提として掲げている。これはもちろん、建国から現在にいたる中華人民共和国建国の基本原則でもある(1)。

中華人民共和国はまた、中国共産党の指導を前提とした「人民民主主義独裁」を政治理念として掲げている。「人民」に対する「民主」と「敵」に対する「独裁」、これが含意である。ただ誰が「人民」で誰が「敵」か、その区分は従来、基本的に階級区分にもとづいてきた。プロレタリアート(労働者)階級の指導的役割を前提に、それと農民との労農同盟を「人民」の中心に据え、共産党を彼らの「前衛」もしくは「代表」と位置づける。建国当初はこうした階級だけでなく、旧時代からの民族資本家や共産党に政権協力した八つの民主諸党派や知識人なども形式的に「人民」に含めてきた。これに対して、「敵」とは階級区分からいえば「封建地主」や「官僚資本家」ということになるが、毛沢東時代において、その現実の運用はきわめて恣意的であり、政治的であった。

これとの関連で重要な概念が、新政権の構想として毛沢東自身が提起した「連合政府」である。共産党は国民党との内戦の過程で、前述の八つの民主諸党派から支持をとりつけた。そのため建国後も、これらの政党は共産党体制において「連合政府」あるいは「統一戦線」の枠組みの中で生き延び、政府においても一定のポストを与えられた。ところが共産党は政策と指導を徹底するために、全国の各単位に党委員会を設置するとともに、政府・国家機関にも党の細胞組織を埋め込んでいった。建国直後の一九四九年一一月に設置が決定された党グループ（党組）と呼ばれる機関がそれである。

こうして民主諸党派の人々は地位があっても権限が形骸化し、これに対する不満を「百花斉放・百家争鳴」の呼びかけのもとに率直に語った「整風運動」の結果が一九五七年の反右派闘争というかたちで跳ね返ってきた。それ以後彼らは口をつぐみ、すべては党指導のもとに一元化されてしまった。それは新中国における連合政府の失敗であり、民主主義形成の失敗であった。同時にこの失敗は、「人民」と「敵」との区分の恣意性を明確にさせるものであった。現在でも、こうした諸党派との「多党合作、多党協商制度」を政策として掲げてはいる。しかしそれが微々たる前進を別として、党指導の大原則の前に形骸化したスローガンであることはいわば自明の理である。

このプロセスを党の外の民主主義（党外民主主義）の喪失ととらえれば、党内民主主義が完全に失われたのは、大躍進政策の失敗を告発して毛沢東の逆鱗に触れ、失脚の運命をたどった一九五九年の廬山会議における彭徳懐国防相の事件であり、またその後の文化大革命における劉少奇国家主席の永久追放であったといえよう。

政治改革の試みと限界——天安門事件とソ連解体の教訓

政治体制に関する改革の必要が語られはじめたのは、一九七六年に毛沢東が死去し、七八年一二月の中国共産党一一期三中全会において鄧小平が実権を掌握し、改革・開放路線へと踏み出してから後のことである。しかも本格化したのは、第1章で詳しく論じたように、まず八〇年代前半に農村と都市での経済改革が先行し、それがある程度軌道に乗った後の八〇年代後半になってからであった。

もちろん一一期三中全会直後から、政治改革に関連するさまざまな動きがすでに起きていた。この会議の直後に発生した「民主の壁」を中心に展開されたいわゆる北京の春では、たとえば民主活動家の中心的存在であった魏京生は四つの現代化(工業・農業・国防・科学技術)に加えて「政治」を五つ目の現代化として据え、その民主化の徹底を訴えた。結局こうした動きは「西欧的ブルジョア民主化要求」として葬られ、鄧小平は七九年三月に政治・思想面における限界枠としての「四つの基本原則」を明らかにした。社会主義の道の堅持、プロレタリアート(人民民主主義)独裁の堅持、共産党指導の堅持、マルクス・レーニン主義と毛沢東思想の堅持がそれである。もっともこれとて、限界を決める基準は明確でなく、結局は上からの恣意的・主観的な判断に委ねざるをえない。

ただ鄧小平の名誉のためにひとつ敷衍しておけば、彼は文化大革命時代の毛沢東個人独裁と終身制の反省から、思想解放のもとでそれを批判する道を現実に切り開いているし、八〇年八月には党と国家の指導制度に関する提案を行っている。後者に関していえば、権力の過度の集中、兼職の過多、党務と政務の混同、指導者交替・後継などの問題を指摘するとともに、幹部の若年化・知識化・専門化を主張した(2)。そして鄧小平自身も、中央軍事委員会のポストを保持した以外には、党と政府の要職を辞退し、後進に道を譲った。

鄧小平時代に政治改革が正式に議題に上ったのは、一九八六年以後のことである。それも突如として鄧小平によって提起されたものであった。その直前には、フィリピンでマルコス政権が民主化運動により転覆され、台湾で突如として国民党が民主化を語りはじめ、ソ連ではゴルバチョフのもとでペレストロイカに着手していた。中国の唐突な問題提起が、こうした世界の動きと無関係であったとは考えられない。鄧小平の政治改革の核心は、簡単にいえば経済改革のための政治改革であった。とはいえそこには斬新な発想も含まれていた。党務と政務を分離する「党政分離」の考えがそれである。なぜなら、こうした政策は党の役割の相対的低下を招く可能性が高いからである。

その後八六年末に学生の民主化要求運動が発生し、当時の党最高指導者であった胡耀邦総書記がこれに同調して八七年一月に解任される事件が起こった。それにより政治改革は大幅に遅れると予想されたが、世界の民主化潮流の中で、新たに党総書記となった趙紫陽は、鄧小平の支持のもとに八七年一〇月の中国共産党第一三回全国代表大会(一三全大会)において再び政治改革を取り上げた。その中には国家公務員制度の導入や権限の大幅な下部への委譲などが謳われたが、その柱は何といっても「党政分離」であった。その方針のもと、一部では政府機関内の党グループが廃止の方向へ動き出したとも伝えられた。

しかし、このような党指導の相対化に象徴される民主化への緩やかな兆候は、このあとの政治展開で一挙にしぼむこととなる。一九八九年の胡耀邦の死去を追悼するかたちではじまった学生の民主化要求運動と、その後の戒厳令の公布、六月四日の軍事鎮圧による天安門事件、さらにこれに絡む趙紫陽の失脚という一連の衝撃がそれである。この部分については前章で詳しく論じたとおりである。天安門事件後、「党政分離」は党の指導力を緩める可能性が高いとして議論から外される運命をたどる。さらにそれを助長させたのが、ペレストロイカにより党から政府・国家への権限委譲を実施し、やがて下からの民主化要求に屈して一党独裁放棄へと進み、一九九一年には国家そのものを解体させてしまったソ連の教訓であった。

「十月革命の砲声がとどろいて、われわれにマルクス・レーニン主義が送り届けられた」と語ったのは毛沢東であった(3)。ソ連の経験がなければ、中国革命の成功もありえなかったのは真実であろう。それだけに中国にとって、ソ連解体は巨大なショックであった。悩みぬいたあとに鄧小平が下した結論は、天安門事件とソ連を反面教師にして、経済生活を豊かにする、そのために市場経済に積極的に参入するというものであった。一九九二年初頭、鄧小平は南方視察の過程でつぎつぎと講話を行い(南巡講話)、その中で大胆な改革・開放の必要を訴え、同年秋の党一四全大会で正式に採択される社会主義市場経済路線へとつなげていった。

社会主義市場経済は基本的に市場経済化を標榜する。では「社会主義」は何を意味するのか。ひとつは土地と資本の公有(国有)化であり、もうひとつは共産党の指導である。実質的に前者は後者の政治的担保でもある。その意味で、根本には中国共産党の指導という政治目的がある。周知のように、この直後から年率一〇%を超える中国の経済成長がはじまった。市場経済化が前提となっただけに、海外企業が一挙に直接投資を開始したことがその原動力であった。

社会主義市場経済のもとで市場化が現実の目標となると、その過程における政府の役割について議論が高まった。計画から市場への全面転換、それはつまり「小さな政府」への道であり、具体的には機構の簡素化と政府人員の削減ならびに国有セクターの縮小化となる。この方向へと議論が向かったのは必然の成り行きであった。ところがこの過程で党の存在と指導はむしろ再認識され、拡大・強化される方向へと進みだした。それが天安門事件とソ連解体からの教訓であった。

しかし党指導を前提にした市場経済では必然的に政治腐敗を生むことになる。そのため政治腐敗は、九〇年代を通して改善されるどころか、かえって悪化の道をたどることとなった。その傾向はその後も減少することなく、恒常化してしまった。二〇世紀に入った後の二〇〇三年の全人代での報告によると、過去五年間の汚職犯罪に関して、立件されただけで二〇万七一〇三件、つまり年間約四万件、このうち有罪判決を受けたのが九万九三〇六件(八万三三〇八人)にのぼった[4]。それにもかかわらず、政治改革については必要性が語られるだけで、本格的に着手される兆候は見られなかった。たしかに農村の基層レベルや都市の最末端では住民による現場指導者の直接選挙も導入されていたが、それらがより上部の政治体制に影響を与えることはなかった。

共産党の性格変化——「三つの代表」との関連で

天安門事件直後から政治権力は上海を基盤とする江沢民に受け継がれた。党総書記のみならず、党中央軍事委員会主席のポストもやがて鄧小平から譲り受け、軍権も掌握するにいたった。もちろん一九九七年の死去まで、鄧小平は陰に陽に政治的影響力を行使したことは十分に考えられる。しかし九〇年代を通して、時間を経るにしたがって、実質的な政治権力はかなりの部分が江沢民によって担われるようになった。この間、彼が専念したのは鄧小平の教え通りに経済成長を維持することであったが、党に関してはその存在と権限の強大化を許すのみで、党の問題を正面から取り上げる政治改革については棚上げにしたままであった。

とはいえ共産党自体の性格変化は著しかった。「労農同盟」の階級政党として出発した共産党は、急速な市場経済化にともなう脱国有化と民営化・私営化の中で、その性格を変えざるをえなくなっていった。二〇〇〇年に江沢民が語りはじめた「三つの代表」の議論は、もともとこうした状況変化を敏感に反映した政策であった。これは鄧小平の南巡講話を模倣するかのように、同年二月に江沢民が広東省を視察したさいに発表したもので、共産党は「先進的生産力」「先進的文化」「最も広範な人民の利益」の三つを代表すべきだというのがその内容であった(5)。

「三つの代表」の力点は、最後の、党が「最も広範な人民の利益」を代表する、という部分である。なぜなら、「労農同盟」を代表すべき共産党が、ここでは「人民」というより広く曖昧な概念に置き換えられているからである。見方を変えれば、これは実質的にプロレタリアート独裁からの離脱を示唆しており、共産党の性格変化の可能性を暗示したものである。「三つの代表」はその後しばらく水面下に眠ることになる。しかし翌二〇〇一年七月の中国共産党創立八〇周年以後、この理論は再び江沢民によって喧伝されるに至り、彼のいわば総書記引退式典となった二〇〇二年の党一六全大会においては、「三つの代表」の大合唱となった。

党創立八〇周年のひとつの目玉は、江沢民演説の中に盛られた入党条件についての重大変更であった。この中で彼は、市場化の過程で国有セクターに替わって経済主体となりつつある私営セクターに出現した新たな社会層、とりわけ私営企業経営者、外資系企業ビジネスマン・エンジニアなどの社会エリート層を「人民」の範疇に入れることで、実質的に共産党への入党を許容する方向へと動いたのであった。そしてこの方針は党一六全大会において採択された新党規約の中で、中国共産党は「プロレタリア階級の前衛」であるとともに、「中国人民および中華民族の前衛」であると拡大解釈されるにいたった(6)。最近では「階級」という概念に代わって「階層」の概念が多用される方向にあるが、それはこうした背景にもとづいている。

このようにして、中国共産党は「階級政党」から「国民政党」への道を歩みだしたが、その分だけ本来力を入れるべき労働者と農民に対する配慮が相対的に低下したことを意味している。従来から共産党が「階級政党」であったかどうかについても綿密な検証が必要だが、いずれにせよ今日では「エリート政党」への道を歩んでいることは間違いない。政治と企業とのさらなる癒着を進めることで、ほんとうに党の指導が強化されるのか、大いに疑問に残るところである。「腐敗を断固として処罰しなければ、党と人民大衆の血肉の結びつきは大きく損なわれ、党は執政の地位を喪失する危険があり、自滅の道を歩む可能性がある」、これはこうした政策を進めた江沢民自身の言葉である(7)。

この「三つの代表」に関しては、次章で改めて掘り下げることでその問題点をより詳しく明らかにしたい。

2　正統性のための経済成長

「計画」と「市場」をめぐる論争

中国で改革・開放政策が開始されたのは、党第一一期三中全会から後のことだが、とはいえそれ以後しばらくの間、主体は社会主義理念にもとづいた計画経済であり、市場は補助的な役割を果たすと思われていたにすぎなかった。一九七九年から八〇年にかけていわゆる経済特区などが導入されるようになったが、当初の基本は外資との「接触」とその「利用」を目的としたもので、必ずしも中国全土に展開させるための準備措置ではなかった。にもかかわらず、八〇年代前半には西側諸国から物と情報が大量に流入したため、これを警戒する保守派は「ブルジョア思想」を排除するための「精神汚染キャンペーン」などを積極的に展開した。

先行研究によれば、世界市場が資本主義を主体に形成されていることを中国が実際の発言と行動の中で認めたのは一九八四年前後であった(8)。たしかにこの年、中国では経済改革が農村から都市に舞台を移し、大幅な自主権の付与を目的とした国営企業改革に着手するとともに、天津・上海・大連・広州などの沿海一四都市の対外開放を宣言することで、対外貿易と海外からの直接投資を促進するための優遇措置を積極的に導入しはじめた。さらに、香港の中国への返還が決定したのもこの年であった。中国国内では耐久消費財ブームが巻き起こり、海外とりわけ日本からのテレビ、冷蔵庫、洗濯機などの電化製品の輸入が急増しはじめた。

こうして中国は開放政策に拍車をかけるとともに対外依存度を高め、同時に国内的には「計画」への比重を減らし「市場」への比重を増大させていった。八〇年代後半に趙紫陽党総書記のもとで打ち出された「沿海地区経済発展戦略」は、沿海経済を世界市場と結合させることで輸出志向型の経済体系を確立し、それを徐々に内陸に展開させることをねらっていた(雁行型発展)。社会主義の理念からすれば、これらは「後退」であったが、八七年秋の党一三全大会において、現段階を「社会主義初級段階」と位置づけることで正当化をはかった。

ところがその後、中国で危機が起こる。一九八九年の天安門事件である。さらに東欧諸国の民主化とソ連の解体がその危機に拍車をかけることとなった。これらが中国に与えた影響の大きさについては前述した通りである。このとき欧米諸国は中国に対して経済制裁を科し、海外企業も政情不安から一時撤退を余儀なくされた。

中国はこの一連の危機を通じて、党と国家の体制維持に対する重大な挑戦を感じた。どうすればこのような党と国家の崩壊危機を回避できるのであろうか。その解答は東欧やソ連の崩壊の教訓を真剣に学ぶことであった。そしてひとつの結論がそこから導きだされた。改革・開放の進展にともなう西側文化の流入によって形成された国内的な「小気候」が、民主化を声高に主張する国際的な「大気候」と連動して体制の危機が生まれるというのがその説明である(前章で論じた「和平演変」)。こうした傾向は、従来の市場化一辺倒ともいえる経済運営に対する警戒心を一部に生み出し、「計画」の重要性を指摘する声も登場させるにいたったが、現実に形成されていた経済体制はそうした動きを認めることはなかった。八〇年代の経済改革を通して、中国は国際経済に大きく依存する経済構造となっていたのであった。

成長路線とその原動力

党と国家の体制を安定させるにはどうしたらよいのか。中国の決断は早かった。経済成長路線がそれである。つまり経済の安定により政治の安定をはかる策である。中国は鄧小平のもとで、南巡講話から社会主義市場経済へと突き進むことで、全面的に市場路線を拡大させることになる。すなわち彼はこの一連のプロセスで、「計画」と「市場」が社会主義経済と資本主義経済を区別する基準ではなく、いかなる手段であれ生産力さえ向上すれば社会主義の目的に合致するのだと断言するにいたった。またこのとき鄧小平の発想には、「先富論」と呼ばれる、まず豊かになれるものが豊かになり、そのあと先進地域が後進地域を引きあげていくとの考えが前提にあった。雁が群れを成して飛んでいく「雁行型発展」がそのモデルであったと思われる。

鄧小平は南巡講話の中で、「外資が増えるとそれだけ資本主義のものが増え、『三資』（外資企業との出資比率に応じて分担する合資、外資企業との契約による合作、一〇〇％外資の独資――筆者注）企業が増えると資本主義のものも増える。つまり、資本主義を発展させることになる、と考える者がいる。だが、これらの人は基本的常識さえ持ち合わせていない」と喝破し、「政権をわれわれが握っていること」が究極の条件であると結論づけた(9)。

この思考にもとづいて提起された理論が前述の社会主義市場経済であり、一九九二年の党一四全大会においてそれが正式に公式路線として認められた。「社会主義」の枕詞を冠したとはいえ、共産党の指導を前提としながらも市場化を最終目標としたことにこの路線の新しさは存在した。こうした変化を敏感に察知した海外企業は一斉に中国への直接投資を開始した。

一九九〇年に中国が受け入れた直接投資は契約ベースで約六六億米ドル、実行ベースで約三五億米ドルであったが、九二年にはそれぞれ約五八一億ドル、約一一〇億ドル、九三年には約一一一四億ドル、二七五億ドル、九四年には約八二七億ドル、約三三八億ドル、九五年には約九一三億ドル、約三七五億ドルと、一挙に一〇倍以上に跳ね上がったのであった。日本企業との直接投資を契約ベースだけで見ても、九〇年に約四・六億米ドルであったものが、九二年には約二一・七億ドル、九三年には約二九・六億ドル、九四年には四四・四億ドル、九五年には七五・九億ドルへと異常なほどの伸びを示した。これに比例するように、中国の経済成長も急激であった。一九九〇年の経済成長率(GDP)は三・八%であったが、九一年九・二%、九二年一四・二%、九三年一三・五%、九四年一二・六%、九五年一〇・五%と軒並み一〇%を超える数字を記録した。[10]

ところが一九九〇年代後半、中国経済は減速傾向を見せはじめた。成長率だけを見れば、九六年九・六%、九七年八・八%、九八年七・八%、九九年七・一%と年率一%程度の急降下を繰り返した。そしてその背後には、直接投資の逓減傾向が存在した。九六年には契約ベースで約七三三億ドル、実行ベースで四一七億ドルであったものが、九七年にそれぞれが約五一〇億ドルと約四五三億ドル、九八年に約五二一億ドルと約四五五億ドル、九九年に約四一二億ドルと約四〇三億ドルと逓減傾向を示していた。[11]

直接投資が減少した理由としては、外国企業に対する優遇措置にしばしば変動があったことや、九六年の台湾総統選挙に先立つ中国軍のミサイル演習によって世界大に広がった「中国脅威論」のマイナス効果などが想定できるが、もうひとつ忘れてならないのは九七年のアジア金融危機による香港を含む近隣の経済停滞と、それにともなうボディブロー効果である。日本についていえば、九八年広東国際信託投資公司（GITIC）の倒産により、多くの日本企業が多額の不良債権を抱え込んだことで、中国市場に対するマイナスイメージが拡散したことが大きい。

当時の中国の経済成長の原動力に関してはさまざまな解釈があるが、対外貿易と海外企業による直接投資が最も重要な要因であるとする議論が有力である。[12] もちろん企業管理、行政権限、財政権限をはじめとした国内の経済体制改革も受け皿として必須であるが、より実際的には諸外国との貿易とりわけ輸出と、さまざまな形式での外資による直接投資が成長の原動力となっていた。

貿易に関していえば、中国のGNPにおける対外貿易の占める割合（貿易依存度）は、一九八〇年の一二・六％、一九九〇年の二九・九％から一九九五年の四〇・九％、二〇〇〇年の四四・五％、二〇〇一年の四四・七％へと増大していった。[13] この中でも中国の経済成長に関しては輸出の意味が大きいが、ただその内訳を詳細に見るとかなりの部分が外資系企業による輸出であり、それは九一年には一六・七％であったものが、二〇〇二年には五二・二％にまで跳ね上がっている。これらの外資企業が国内で支払う税金も膨大であり、二〇〇〇年で中国の税収全体の一七％を超えている。[14]

つまり中国のこのときの経済成長は実質的に海外企業の直接投資を媒介とするものであり、典型的な外資依存型経済構造といえよう。その意味で、中国の発展は「改革・開放」というより、実質的に「開放・改革」であったともいえる。このような事実こそが、中国に資本主義世界のルール規範の象徴であるＷＴＯ（世界貿易機関）加盟を急がせた理由であり、「全球化（グローバリゼーション）」が国民の最大の関心事となった背景であった。中国にとって自力による経済体制の本質的改革は困難であり、開放政策という外圧を使っての市場化を目指さざるをえなかったのである。

中国のＷＴＯ加盟はその前後から海外資本の呼び水となった。二〇〇〇年の直接投資が契約ベースで約六二四億ドル、実行ベースで約四〇七億ドル、二〇〇一年がそれぞれ約六九二億ドル、約四六九億ドル、二〇〇二年が約八二八億ドル、約五二七億ドルと上昇傾向を見せた。これに合わせるように、経済成長率も二〇〇〇年が八％、二〇〇一年が七・三％、二〇〇二年が八％と、逓減傾向にどうにか歯止めをかけることができた(15)。

均衡発展と成長のジレンマ

中国の経済成長が世界から驚異の目で見られる一方で、国内ではひとつの問題が次第に大きくなっていった。経済格差がそれである。中国では、沿海地域の北京・天津・遼寧・上海・江蘇・浙江・広東などを東部、黒龍江・山西・安徽・湖北などを中部、内陸地域の内蒙古・四川・貴州・チベット・新疆などを西部として区分している。経済成長の牽引力となっているのは、いうまでもなく東部地域であるが、中部と西部の成長は遅々としており、上海ではこの時期一人当たりＧＤＰが五〇〇〇米ドル前後であったのに対して、貴州ではいぜんとして三〇〇ドル台を低迷していた（二〇〇三年）。つまり東部の沿海地帯と中西部の内陸地帯では一〇倍以上の格差がつき、これが縮まるどころか拡大の一途をたどっていた。それはつまり、鄧小平が描いた「先富論」そして「雁行型発展」の限界を意味していた。

経済格差は、中華人民共和国という国家の一体性の保持という究極的な政治目的のためにもぜひとも克服されねばならない問題であった。そしてこうした現実を打開するために打ち出されたのが、二〇〇〇年前後から提起された西部大開発である。(16) しかし問題はいかにそれを成し遂げるかである。赤字の国家財政を考慮すれば、国庫からの財政発動は難しい。したがって市場原理によってそれを実現する以外に方法がない。そこからＷＴＯ加盟との関連で、西部地区への外資の誘致がさかんに行われるようになった。

とはいえ現実には、経済成長のための基本的なインフラを欠く西部地区に外資が容易に関心を示すはずはない。結局、それ以後西部大開発はスローガンだけは響いていたが、内実を伴うものではなかった。江沢民指導部は上海を中心とした急成長にのみ関心を集中させ、それによって中国全体の成長を確保しようとするのみで、結果として西部大開発に関する言及頻度も低下し、実質的に優先順位は下げられたままであった。それが再び俎上に載りはじめたのは、二〇〇三年三月の第一〇期全国人民代表大会第一回会議における朱鎔基首相の任期最後の政府活動報告からであり、それはこの全人代で形成された胡錦濤・温家宝新指導部の意向でもあった。

温家宝首相は就任の記者会見の中で新政権の当面の課題として、①農業の停滞改善と内需の拡大、②一部企業の経営改善、③失業対策と社会保障の確立、④不均衡・格差の是正、⑤不良債権の処理、の五つを指摘した。また温家宝は腐敗是正のために、政治体制改革が不可避であることにも言及した。(17) こうした言説は、旧来の江沢民指導部の成長一辺倒路線とは明確に一線を画していた。それは要するに、社会的公正策を導入することで成長と均衡発展の調整を図ることに力点があった。ただ、問題は方法である。国家の財源は限られており、これ以上の財政発動は危険である。となれば市場化を促進するしかない。そのための内需をどう拡大するか、これが根本である。また社会的公正を是正するためには、社会的弱者の声をいかに吸収し、政策に反映させるかが重要となるが、それが従来のような党による上からの政策で実現できるとは思われない。ここに政治体制改革が求められる必然性があった。

以上のような点が、まさに当時新たに誕生した胡錦濤政権の課題であったが、いずれも体制の根本に関わるテーマであり直ちに改革できるわけではなかった。となれば、成長が外資に依存していることから、当面はどうしても海外の直接投資の拡大に依存せざるをえなかった。もちろん中国自身が自助努力として成すべきことはある。前述の政治改革も重要だが、それとの関連で国内市場の活性化のみならず、海外企業の信頼を勝ち得るためにも根本的な経済体制の転換、つまり一部の私有財産制度の確立にほかならない。これに踏み込んで行けば、「共産党」という名義の変更すら将来的には可能となる。しかし今日に至るまで、私有財産制度は中途半端なままである。

3　現実主義の対外路線

天安門事件・冷戦終結まで

毛沢東時代の中国の外交路線は戦争を不可避とする立場から、国内体制の軍事化を図り戦争に備えた。毛沢東は独自の「矛盾論」の立場からか、「主要敵」の概念を重視し、絶えず主たる対抗目標を設定することで、それに対する統一戦線を結成しようと試みた。一九五〇年代の「主要敵」はアメリカであったが、六〇年代にそれはソ連に移動し、七〇年代初頭の米中接近を正当化する論理となった。そのため七〇年代以後、米中はソ連という「共通敵」に対抗するかたちで提携関係を形成することになる。日中国交正常化も基本的にこうした米中の連携図式の中に実現したということができよう。

このような中国の外交路線が全面的に変化するのは、一九七六年に毛沢東が死去し、華国鋒時代の一時期を経て党第一一期三中全会以後に鄧小平が指導権を確立してからのことである。三中全会によって、中国はその基本戦略を四つの現代化に据え、従来の革命重視から生産力重視へと全面的に転換した。このことから、中国は平和な国際環境の必要を痛感し、その結果として戦争「不可避」から「遅らせる」あるいは「可避」の立場へと変わっていった。彼はその後八五年、「平和」と「発展」を中国の二大課題として位置づけることになる(18)。

ソ連との関係においても一九八二年の党一二全大会から和解の方向に転じて公式交渉に入り、それに応じていかなる国とも同盟関係を結ばない独立自主外交を掲げるにいたった(八九年のゴルバチョフ訪中により中ソ和解成立)。これは中国が米ソの中間的立場をとることで漁夫の利を得ようとする戦略と思われたが、現実には米ソ対立の深刻化の中で中国はどちらかといえばアメリカ寄りのスタンスを取り続けた。そのため、一九八〇年代の米中関係はさまざまな争点が発生したものの、基本的には友好関係が続いた。日中関係も教科書問題をはじめとした歴史認識問題や中国人留学生寮の所有権をめぐる光華寮問題などが発生したが、全体としては対中円借款なども大幅に増え、中国の対日政策は比較的穏健なものであった。

この間、国内の経済体制改革が進化するにともない、対外開放政策も急速に進んでいった。前述した八四年の沿海一四都市の開放と、八〇年代後半に趙紫陽指導部により提起された沿海地区経済発展戦略などがその典型である。指導部内にもさまざまな意見対立はあったが、基本的には対外開放を積極的に進める以外に経済発展を進める手だてがなかったのも実際のところであった。

このような比較的安定した中国の外交路線に危機が訪れたのが、一九八九年の天安門事件と冷戦の終結であり、その後のソ連解体をはじめとした社会主義陣営の解体であった。前述したように、中国はこの事態を民主化圧力としての「国際大気候」とそれに通ずる内部の勢力の「国内小気候」との連動現象として理解したが、このとき海外の民主化圧力をとらえる論理として「和平演変」反対の姿勢をとった。「和平演変」とは「平和的転化」の意味であり、戦争や武力によらず平和的な方法で相手の政権を転覆させる方法を指し、中国はアメリカなどの西側諸国の意図をこのようにとらえた。

しかしその後、中国は鄧小平の南巡講話を経て、「和平演変」という概念を公式に使用することを控えるようになる。市場化と西側諸国との交流によって流入する文物や精神にもはや抗することはできないとの現実的判断がそこにあったといえよう。つまり中国は、生産力を豊かにさせる「和平演変」であれば、積極的にこれに応ずる姿勢を示すようになったのである。これ以後の海外企業の中国市場ブームに関しては前述の通りである。こうして中国の対米外交は本質の部分で警戒感を抱きつつも現実の場では現実主義的に振舞い、またソ連解体後の新生の民主ロシアに対しても正面から非難することなく現実主義的な対応をとるようになった。

このような決断の背後には、鄧小平がソ連解体に際して語ったとされる「韜光養晦」の精神が貫かれていた[19]。それはつまり、自らが弱いときにでしゃばらずに頭を上げず、じっと力を蓄えて将来に備えるという意味であった。この低姿勢には、九〇年八月のイラクのクウェート侵攻に対する、アメリカを中心とした多国籍軍によるハイテク兵器を駆使した湾岸戦争での圧倒的勝利という事実も影響していた。

「中国脅威論」とパートナーシップ外交

既述のように、南巡講話以後の経済成長は目を見張るほどであった。しかしこの事実は将来の中国像をめぐってさまざまな反応を呼び起こした。日本そして世界でも中国経済の可能性を手放しで賞賛した議論や、香港・広東などを中心とした中華経済圏の将来像に関する議論も高まり、それとともに「中国大国論」や「中国脅威論」も芽生えはじめた。経済の「脅威」が軍事を含めたものとして論じられるようになったのは、とりわけ一九九五年に台湾の李登輝総統が母校コーネル大学の同窓会に出席のため訪米したあとに、中国側が台湾近海で軍事ミサイル演習を行い、続いて翌年三月の総統選挙の直前にも威嚇のためミサイル発射を含む大規模な軍事演習を行ってからである。

当時のアメリカのクリントン政権は発足当初、中国に対して人権問題などで厳しい姿勢をとろうとした。しかし中国の経済成長に直面してか、九四年にクリントンはそれまで交換条件のようにもなっていた人権改善と最恵国待遇（ＭＦＮ）承認という二つの問題の切り離しを決定した。ところがその頃から台頭した「中国脅威論」の中で、アメリカは新たな対中指針の形成に迫られた。九五―九六年にかけてアメリカは日本との間で安保条約の強化を目指して新たな方向性を打ち出したが（新ガイドライン）、その適用範囲に疑念を抱いた中国との間でも関係の改善に動き出した。中心のテーマは、containment（封じ込め）とengagement（関与、中国では一般に「接触」）のいずれの対中政策をとるかであったが、結論は後者に落ち着いた[20]。

こうした前提で一九九七年一〇月、まず江沢民がアメリカを訪問した。そして返礼として翌九八年六月末から七月初めにかけ、今度はクリントンが中国を訪問した。クリントン訪中は、九日間という長期の訪問であったが同盟国の日本に立ち寄らなかったことから、日本では「日本素通り（ジャパン・パッシング）」といった悲観論もしばしば見られた。またこの訪中で、クリントンは台湾問題に関して、いわゆる「三つのノー」（台湾独立を支持しない、「二つの中国」「一つの中国、一つの台湾」を支持しない、主権国家で構成された国際組織への台湾加盟を支持しない）を表明し、中国に対する配慮を示した。

これらの米中首脳交流を通して、中国は外交の特徴を示す言葉として「パートナーシップ」（中国語では「伙伴」）を多用するようになる。米中関係の場合は、江沢民訪米のときから「建設的な戦略的パートナーシップ」が謳われた。またそれに先立って九六年四月には、エリツィン訪中の際にロシアとの間で「戦略的協力パートナーシップ」を確立していた。それ以外にも、フランスとの間で九七年に「全面的パートナーシップ」を、日本との間でも九八年一一月の江沢民訪日に際して「戦略的」という表現は落ちたが、「平和と発展のための友好協力パートナーシップ」を形成した。

パートナーシップ(伙伴)関係の確立は、もちろん中国が一般的に標榜していた全方位外交の一環ではあったが、同時に中国が抱いていた国際政治観の現われでもあった。「一超多強」がそれである。要するに、アメリカの圧倒的パワーを前提にしながらも、世界は少しずつ多極化へと向かっていくと想定し、アメリカに対して「韜光養晦」の基本姿勢を続けつつも(名指しは避けつつ「強権政治」批判は行うが)、多極世界を構成するその他の先進諸国ともパートナーシップ関係を確立していくという発想である。多極の中に中国も含まれていることはいうまでもない。いずれにせよ、この時代に見られる中国の外交は既存の国際秩序を前提にした現実主義に立脚したものである。急激な中国経済の国際化という現実がその背後にあったことを忘れてはならない。

一九九九年五月、コソボ紛争との関連でNATO軍がユーゴの首都ベオグラードにある中国大使館を「誤爆」し、死傷者を出したことで、北京では学生によるアメリカ大使館への投石デモが起こった。このことで米中関係にはきしみが生じたが、その数カ月後には事件をめぐる補償交渉も妥結し、同年九月のニュージーランドでのAPEC首脳会議を機に米中首脳会談が行われ、一一月には中国のWTO加盟に関する米中二国間の交渉がようやく最終合意に達した。さらに中国のWTO加盟に関連して、二〇〇〇年にはアメリカの下院と上院で、それまで毎年議会で決定していた中国に対するMFNについての恒久化法案(PNTR)も承認され、両国の通商関係は大幅に前進した。この間、米中間にはさまざまな問題も存在したが、中国の全体的な姿勢は基本的に「韜光養晦」に徹したものであった。

9・11テロ事件以後の中国外交

二〇〇一年一月、アメリカでブッシュ大統領が誕生した。父親のブッシュが中国との協調関係を模索したのに反して、息子のブッシュは中国に厳しい姿勢で臨んだ。クリントン時代の「戦略的パートナーシップ」は白紙に戻され、新ブッシュ政権は中国を「戦略的競争相手」として位置づけるようになった。「ならず者国家」「悪の枢軸」などの表現が新政権から出されるにしたがい、そこに公に含まれていなかったとはいえ中国は内心では警戒心を抱いていた。その雰囲気の中で発生したのが同年四月の海南島付近での米中軍用機接触事故であった。この一件で中国側のパイロットが死亡したため、一時は米中の緊張も続いたが、中国はアメリカ側の“very sorry”の表現で納得し、海南島に不時着したアメリカ軍の乗員を全員解放し、七月には機体も解体のうえ返還した。同じ七月には、二〇〇八年のオリンピックの北京開催がモスクワで決定したが、この過程でアメリカは一貫して中立の姿勢を示すことで、それを実質的に容認した。

九・一一同時多発テロ事件は、ブッシュ政権発足以来のこうした米中間の不協和音を一挙に消し去る効果を発揮した。江沢民は事件後直ちにブッシュに見舞い電報を送り、反テロの姿勢を鮮明に示した。ブッシュも中国の協力を得るためか、一〇月の上海でのAPEC首脳会議に出席し、反テロを中心に中国の協力をとりつけた。二〇〇二年二月、ブッシュは日本、韓国に続いて中国を訪れ、中国指導部との一連の会談を通して「建設的な協力関係」を樹立することで合意に達した。

九・一一以後、国際政治の様相は大きく変化した。事件から約一カ月後、ブッシュ政権はテロ組織のアル・カーイダとつながりをもつアフガニスタンのタリバン政権の打倒を目指し軍事行動に踏み切り、反タリバンの北部同盟を支援して首都のカブールを約一カ月後に占領した。二〇〇二年に入ると、アメリカを中心とした反テロの連帯は広がり、中央アジア諸国がアメリカへの接近をはじめ、インドもアメリカと軍事提携を強化し、ロシアですらＮＡＴＯへの準加盟を果たすにいたった。

中国では、こうしたアメリカの行動を内心で将来の中国に対する「封じ込め」と見る向きも多かったが、できるかぎり「反テロ」でアメリカとの関係の一体化を図り続けた。台湾問題を抱える中国にとって、アメリカを敵に回すことだけは避けねばならなかった。

二〇〇三年三月、アメリカによる対イラク戦争が開始された。フランス、ドイツ、ロシアなどが戦争に反対の姿勢をとり対米批判を行うなか、中国は一貫して慎重姿勢を維持しながらも、アメリカを名指しで批判することは避けた。イラク戦争後、焦点は北朝鮮問題に移りはじめた。中国はここでももはや北朝鮮の肩を持つことはなく、むしろアメリカの側に軸足を据えつつ、核兵器開発などに関しても明確に反対の意思を示すようになった。それは結局、「韜光養晦」のさらなる徹底であった。こうした状況を反映してか、中国の国際問題に関する論壇で「一超多強」や「多極化」の議論が比較的少なくなった。

このような立場は中国の対日政策にも明確に現われており、日中関係でしばしば問題となる歴史認識問題に関して、中国側から先にこの問題を提起することは控えているし、日本の国会を通過した有事法案に関しても批判を展開せず、ＯＤＡ（政府開発援助）の減額に関しても特に言及はなく、ＳＡＲＳ（重症急性呼吸器症候群）に対する日本の援助には「感謝」の言葉が指導者から聞かれた。

中国はこの時期、「周辺国家」との関係強化に力を入れ、特にＡＳＥＡＮとの自由貿易協定（ＦＴＡ）の締結に積極的であった。さらに、ＡＳＥＡＮの基本条約である東南アジア友好協力条約への中国の加盟も決まった。開放度が進み、国際経済との連携なしに成長が望めない中国は、東南アジアとの信頼醸成を通じた経済一体化を進め、それによって自らの活路を開こうとしたのであろう。

要するに、中国外交の中心軸は対米関係にある。これを前提にしつつ周辺国家との関係、とりわけ日本やＡＳＥＡＮとの関係強化を中国は目指している。これは元をたどれば、経済的要請であり、さらに突き詰めれば政治的要請でもある。そこに流れる中国外交の特徴は、大国化を目指した国益重視の現実主義そのものである。

まとめ

一九四九年一〇月一日に誕生した中華人民共和国は、中国共産党の絶対的な指導のもとで半世紀以上の歴史を刻んできた。この間、中国共産党は毛沢東、鄧小平、江沢民という三人の最高指導者がその頂点に君臨してきた。二〇〇二年秋の中国共産党第一六回全国代表大会（一六全大会）と、二〇〇三年春の第一〇期全国人民代表大会（全人代）第一回会議を経て、中国共産党は新たな最高指導者として胡錦濤を選出した。この半世紀以上の歴史を数人の指導者だけで語れることは、日本の首相がその間何人入れ替わったかを想起すれば驚きともいえよう。日中両国の政治状況は、この点の比較だけでも両極を成すのである。

中国の政治状況はその意味で安定しているように見えるが、それは民主主義が欠如していることの証左でもある。むしろ現実には、そうした閉鎖的な政治体制がかえって巨大な政治変動を起こし続けた。反右派闘争、大躍進、人民公社、文化大革命、四人組政変、改革・開放、天安門事件、社会主義市場経済宣言など、中国政治は巨大な振幅の連鎖であった。逆に、指導者交替の激しかった日本政治のほうがこうした振幅は極端に少なかった。おそらくその違いは、両国における政治システム全般の制度化の度合いとその機能の違いに由来するのであろう。

とはいえ改革・開放政策以後、中国政治の振幅の幅も以前に比べ相対的に小さくなりつつあるように思える。かつては最高指導者の一声ですべてが動くような政治状況が存在していたが、改革・開放以後は基本的政策方向の合意やそのための制度化や組織化がかなり進んだためでもある。もうひとつ大きな要素がある。それはグローバル化のもとでの中国の国際化にともなう国内政治に対する国際的要因の大きさである。中国の経済成長における対外依存度の大きさを見ればそれは明らかである。

とはいえ、中国共産党の政策運営はこれ以後も徐々に難しくなっていった。過去において共産党は一元的指導体制のもとで、上から下への政策主導を展開することが基本的な政策パターンであった。しかしグローバル化にともなう社会の多元化と、格差拡大などによる社会矛盾の拡大と複雑化によって、よりきめの細かい政策運営が求められるようになった。にもかかわらず、上からの党指導を前提にした政治体制の基本構造は建国以来基本的に変わらなかった。その結果、政治腐敗がこの隙間から大量生産されることとなった。経済と社会の現実が政治に適合しなくなったのである。

そこに党指導の相対化を含む政治体制改革の喫緊の必要性が想定されたが、そうした決断はソ連の二の舞となる可能性が高いため選択肢から外された。

となれば、当面の策としては経済成長一辺倒に行かざるを得ず、そのためには対外協調とりわけ対米協調の路線を前提にして外資を呼び込む以外に手立てがないのがこの時期の発展途上国・中国の現実であった。この時期を特徴づける対外路線を一言でいえば、それはその後頻繁に使われることになる「韜光養晦」であった。自身が弱いときはじっと頭を下げて時を待つという意味である。逆に言えば、中国が力をつければやがて頭をあげるのであり、二一世紀に入ってそれが徐々に現実のものとなっていった。

第4章　党国体制の権威主義——江沢民・胡錦濤時代

1　「権威主義」と「コーポラティズム」

中国の政治体制をどのように理解したらよいのであろうか。一九七八年の改革・開放政策導入以後の鄧小平時代、とりわけ一九八〇年代、中国研究の世界ではこの間の政治体制を毛沢東時代の全体主義から将来の民主主義への中間領域としての「権威主義体制」(authoritarianism)と位置づけるものが多かった(1)。これはもちろん、こうした議論の先駆者であったホアン・リンス(Juan Linz)の仮説に立脚したものであった(2)。中国においてもまた、八〇年代後半に趙紫陽指導体制下で「新権威主義」なる概念が登場し、経済や文化の側面において一定の多元主義を認めつつも、とりわけ経済成長に専心するためにも、政治権力においては中央集権を手放してはならないとする議論が台頭した(3)。

ところが一九八〇年代末以後の世界的な「第三の波」のなかで、中国においても学生を中心とした民主化要求運動が勃発した。その規模は予想をはるかに超えた大きさであり、世界の耳目が実況生中継の映像に釘付けとなった。いわゆる天安門事件がそれである。直接的な民主化要求の高まりという点においては、ペレストロイカのソ連よりも先導していた。それが八九年六月四日、最終的に上からの軍事弾圧という悲劇の形で幕を閉じると、世界は一斉に北京政府に対して強い非難の言葉を浴びせ、中国はたちまちのうちに世界のなかで孤立した。中国におけるこうした一連の鮮烈な映像が、その後のソ連や東欧でうねりのように高揚する民主化運動と、それに直面した権力指導層に与えた心理的効果については、今後とも綿密な検証が必要であるように思われる。すなわち、ベルリンの壁の崩壊そして冷戦の終焉に、天安門事件の記憶が当時のソ連や東欧の指導者にいかなる影響を与えたのであろうか、という問いである。

天安門事件後、中国の政治体制をめぐる議論も大きく変わった。そのひとつが八〇年代前半からアメリカの中国研究者によって注目されはじめていた、国家・社会論の枠組みにもとづいて中国の市民社会(civil society)の成長と異議申し立て行動の可能性を予測したものであった(4)。これはソ連や東欧の民主化実現とその底流にあった市民社会論に触発され、中国においてもやがて同じ結末を迎えるであろうとの希望的観測から台頭した立論であった。それは要するに、中国がソ連・東欧と基本的に同じレーニン主義にもとづく共産主義体制であることと、現実に中国でも大規模化した民主化要求運動が生起したことからの類推であり、「期待」でもあった。しかしそれは主観的願望であって、必ずしも中国の現実ではなかった。

一九九〇年代、中国の政治体制に市民社会論が想定したような変化は起きなかった。反面、大胆な改革・開放路線によって市場経済が究極目標として公認され、中国は一挙に経済成長の時代へと突入し、政治体制の問題はほとんど語られなくなった。その契機となったのが、一九九二年の鄧小平による南巡講話とそれにもとづく社会主義市場経済の宣言であった。その内容は、計画と市場を社会主義と資本主義とを区分する基準でないとし、生産力を増強させるための市場拡大であればいかなる政策であれ可能であるとした。この場合、社会主義であることの最低条件としては、基本財産権における公有制の維持と共産党の指導の二つであった。それはいわば共産党指導による市場経済であり、党の役割の強化を意味していた。こうした措置の導入は、いうまでもなく経済政策の失敗と党指導力の弱体化により崩壊したソ連の教訓にもとづいていた。

中国共産党のもくろみは的中した。少なくとも急激な経済成長を実現した九〇年代半ばまではそうであった。市場経済と共産党という本来矛盾すると思われていた二つの要素が、一見すると整合しているように見えたのも事実である。このような現実に直面し、一向に変わらない中国の政治体制の前に、学界の議論も市民社会論からの離脱と新たな議論の台頭を見た。コーポラティズム(corporatism)がそれである。

コーポラティズムに関しては、この議論の先導者たちですら一定の確固たる定義があるわけではない。その一人のシュミッター(P. Schmitter)によれば、コーポラティズムによって構成された秩序体系とは、国家によって個々の利益集団の創設と維持が認知され、内部指導者の選出や活動内容に関して国家の一定の関与を容認する代わりに、その利益集団がそれぞれの職能分野で代表権を得ていくような、一連の慣行化された制度的特徴群を指している(5)。

ここからさらにこの議論では、ファシズムや国家が主体的にそれを上から作りあげていく国家コーポラティズムや権威主義的コーポラティズムと、現代世界の先進諸国に見られるむしろ利益代表の側も主体となって形成していく下からのコーポラティズムや社会コーポラティズムに分類できるという。いうまでもなく、後者は一般にネオ・コーポラティズムと呼ばれる。日本では、毛里和子が中国においても前者を飛び越えて後者のネオ・コーポラティズムの可能性があると指摘したことがある。(6) しかし一般的に中国研究の世界では、前者の国家コーポラティズムや権威主義的コーポラティズムとして理解するのが主流である。(7) ただ中国の場合、共産党と国家の一体現象が原則であり(党国体制)、その点で「党国コーポラティズム」と呼ぶのがより正確であると思われる。

こうした議論はまず国家・社会論の研究の延長線上に現われた。つまり社会の側を調査・分析するにしたがって、なぜ社会の側がむしろ積極的に体制側に「恭順」を示すのであろうかという疑問であった。それはたとえば、中央・地方関係における地方自主権の限界や、農村における村民の村長直接選挙の結果に見られる党関係候補者の優勢といった現実により、予想された期待が「裏切られた」結果でもあった。農村統治を分析するなかで地方国家コーポラティズムの概念を導入したジーン・オイ(Jean Oi)、鄧小平時代の労働組合を分析したアニタ・チャン(Anita Chan)、統一戦線組織である政治協商会議に注目したアンガーとチャン(Jonathan Unger, Anita Chan)、私営企業家を分析したクリステン・パリス(Kristen Parris)、各種の大衆組織を総合的にとらえたエドワード・グー(Edward X. Gu)、などがそれである。(8)

若林正丈やブルース・ディクソン(Bruce J. Dickson)は、台湾の民主化過程を分析し、一九七〇年代に入ると支配政党の国民党リーダーのストロング・マン蔣経国は、従来の大陸からの外省人による少数支配を改善するため台湾人の登用を積極的に進めることで台湾化をはかり、それがレーニン主義政治体制からの脱皮とその後の民主化の基礎となったと論じる(9)。これは歴史やエスニシティの点で中国の状況とは異なるが、中国自身が同じような道を歩み始めたとも解釈できよう。

しかし、コーポラティズムの概念で中国の二一世紀初頭の政治体制をすべて説明できるのであろうか。それが学界で脚光を浴びたのは社会主義市場経済の中で、中国が経済成長を遂げはじめ、体制の安定化が感じられた時期である。だが、中国の現実の変化は理論よりはるかに速い。グローバリゼーション（中国語で「全球化」）の波が急激に中国を襲った。それによる市場化の勢いは、社会主義市場経済のような理論ではすでに説明できなくなりつつある。こうしたグローバル化の趨勢は、中国のシステム全体そして政治体制にどのような意味を持ち、同時に学界の側での理論化にどのような影響を与えているのであろうか。本章では、この問題を中国のＷＴＯ（世界貿易機関）加盟に象徴されるグローバル化への対応と、その前後に江沢民政権下で提起された一つの体制転換理論である「三つの代表」との関連性の中で解き明かしてみたい。

2　グローバル化とシステム転換

二一世紀の到来とともに、中国のあらゆる分野で最も多く議論されたテーマはグローバリゼーションであった。それは特に中国がＷＴＯへの加盟を本格的に意識し、加盟へ向けて急激に準備に乗りだしてからのことであった。高級幹部から下級幹部、農民から労働者、知識人から学生にいたるまで、あらゆる階層の人々がグローバリゼーションという現象とＷＴＯという国際組織に強い関心をもった。それは中国の根底部分を本質的に改造する可能性を秘めていたからであった。

WTOの前身はGATT(関税と貿易に関する一般協定)である。GATTは戦後の資本主義世界において自由貿易の原則をお互いに確認しあうことで、そのもとでの基本的なルールを取り決めたものであった。そのGATTが、一九九五年、より制度化された形に発展的に改組されたことで誕生したのがWTOであった。WTOは他の国際組織と異なる部分をもっている。それはいったんそのメンバーとなると、WTOのルールに従って国内の経済システムを変えざるをえなくなるということである。要するに、そのメンバーとなれば、その規定に沿って国内の経済システムを、市場メカニズムに沿ったかたちに改造しなければならないことになる。市場経済システムを完備させるには、不透明な各種の経済制度、税制、商習慣、基本財産権、知的所有権などをより透明なものとしなければならなくなる。中国におけるグローバリゼーションへの関心が、WTO加盟問題と直結して論じられた背景がまさにそこにある。社会主義を国是とする中国の場合、資本主義を基本とする国際レジームに参入することにより、体制的改造を余儀なくされる部分があまりに多くなるからである。

二〇〇一年一二月、中国はついに念願のWTO加盟を果たした。その結果、たとえばアメリカとの間では、鉱工業品の平均関税率二四・六%を二〇〇五年までに九・四%に、主要農産品の関税を現行の平均三一・五%から一四・五%に、自動車の関税(当時は八〇—一〇〇%)を二〇〇六年までに二五%とすることとなり、加盟二年後に外資系銀行や証券が人民元業務を中国の法人を相手に、そして五年後には中国人の個人を相手に業務が可能となることとなった。電気通信事業に関しても、加盟時に四九%まで認められた外資参加が、加盟二年後には五〇%までとなり、中国のインターネット・プロバイダーに対する外資企業の参入が認められることとなった。生命保険に関しては、外資を五〇%まで認め、二〇〇五年までにはそれをさらに緩和させ、損害保険に関しても直ちに外資参入を一〇〇%認めることとされた[10]。こうした決定は、当時の中国からすれば大きな譲歩であり、体制転換を余儀なくされるかもしれない大きな意味を秘めていた。

このようにして、WTO加盟国としての中国は、市場を海外に開放することでますます国際経済システムからの影響を直接に受けることになる。また逆に、中国の安くしかも品質の比較的良い製品は海外市場に出回りやすくなることを意味し、すでに世界市場を席巻している繊維製品などはさらに拍車をかけることになり、技術的キャッチアップの速いさまざまな機械・家電製品や、その他の基礎的工業製品に関しても輸出力を増強させることになる。いずれにせよ、このことは中国市場と世界市場の相互依存をもたらし、それによる経済協調関係の形成とともに、さまざまな経済摩擦の発生の可能性も増える。

では、なぜ中国はそれほどまでにWTO加盟を急いだのであろうか。その答えは中国の経済発展の現実にあった。中国の経済成長が著しかったのは、一九九〇年代前半、とりわけ前述した九二年の鄧小平による南巡講話とその後の社会主義市場経済宣言により、中国が実質的に市場経済を正式に目標としてからであったが(一九九二年一四・二%、一九九五年一〇・五%)、その原動力は何よりも貿易と海外からの直接投資の飛躍的増大であった。その逆に、九〇年代後半の中国経済は減速気味となったが(一九九六年九・六%、一九九九年七・一%)、原因は一九九七年以来のアジア金融危機もあるが、主としてそれとも関連のある海外からの直接投資の急減であった。ちなみに海外からの直接投資(契約ベース)は九〇年の七二七三件、約六六億米ドルから、九三年の八万三四三七件、約一一一四億ドルへ、そして九九年には一万六九一八件、約四一二億ドルとなった[11]。

ＧＤＰに占める中国の貿易依存度は、九〇年に二九・八%であったが、二〇〇〇年には四三・九%にまで上昇していた。つまり中国の経済成長の半分は貿易に依存しており、しかもそのうち輸出の五〇%以上を外資系企業が担っているのが現実であった。さらに国家税収全体の二〇%近くが外資系企業からの徴税ともなっている[12]。要するに、中国における初期の経済成長は多分に外資に依存しており、それは主として直接投資によるものであった。であるがゆえに、中央指導部はＷＴＯ加盟といういわば外圧によってさらに開放政策を加速させることで、経済の市場化とそれによる活性化を一段ともたらそうとしたのであった。というより、そうせざるをえない現実がそこに存在していた。つまり前述したように、そこにあるのは「改革・開放」というより、むしろ「開放・改革」の現実であった。当時は江沢民時代であったが、この方針を先頭に立って推進したのが朱鎔基首相であり、これにより脅威を受ける国有企業とその背後で急激な体制改革を嫌う守旧派は彼を批判の標的にしていたといわれる。

振り返れば、中国は歴史的に自己中心的な「中華思想」への思い入れと志向性が強く、外的な影響力の国内への浸透に対してきわめて慎重で、排除する傾向も強い。清朝末期の改良主義者たちの改革は、精神と価値を中国の伝統に置き、国家の近代化の手段として西洋から科学と技術を導入しようとしたものであり(中体西用)、それは基本的に体制内改革であった。ところが手段としての科学と技術は、やがてその背後にある西洋の価値と精神に対する関心へと人々を導き、それに危険を感じた清朝政府はこうした改良主義的改革それ自体を中断させるにいたった。

社会主義体制のもとにおかれている現在の中国も、一九七八年以来、改革・開放のスローガンのもとで現代化路線を歩んでいるが、それは明らかに、西洋の科学と技術の導入を、社会主義体制を大前提としてそれを補完する手段として考えていた面が大きい。一九八〇年代には「計画」を主として「市場」を従とする方針のもと、明らかに社会主義体制を前提とした体制内改革を考えていた。ところが八九年の天安門事件とソ連解体を契機に、中国は「計画」を中心に置きつづけることへの限界を認識しはじめ、九二年には前述の社会主義市場経済を打ち出し、明確に市場経済を主眼に置いた経済政策を展開するようになった。ただし市場経済を導入したとはいえ、それは社会主義体制を前提としたものであった。この場合の社会主義とは、いうまでもなく公有制維持と共産党指導の二つの原則を意味していた。しかし中国のＷＴＯ加盟に見られる一連の決定と行為は、やがて公有制や共産党指導の原則とすら抵触しかねない素地を含んでいた。しかもこうした外圧を利用した国内システムの改革という行為自体が、中国の依って立つ価値原則や精神の部分にまで侵食する可能性が高かった。

経済の下部構造が政治を含むそれ以外の上部構造を変える、この命題を語ったのはほかならぬマルクスであった。中国でも当初、集団化にもとづく社会主義への経済改造は、必然的に政治や社会の上部構造の社会主義化をもたらす、と考えられていた。しかし毛沢東はそれに反発し、政治的・イデオロギー的上部構造の下部構造への反作用を強調し、政治とイデオロギーの闘争に明け暮れた。

継続革命にもとづく文化大革命がその典型であった。だが結局、上部構造は下部構造を変えることができず、毛沢東の闘いは徒労に終わった。その後の鄧小平時代には、経済改革の急速な導入により、それが政治や社会にも浸透的効果を示しはじめ、結局のところ経済体制としての下部構造の変革が上部構造にも影響を与えはじめている。この点において、マルクスの理解は正しかった。

ここから国家権力とそれを支える政治体制の問題が発生する。市場経済化に合致したかたちの政治体制とは何か。市場メカニズムは小さな政府を必要とし、経済の競争原理促進と情報の公開性の原則から、政治体制においても基本的に競争原理と公開性を導入していることが理念的には期待される。しかし中華人民共和国という国家体制の維持のために、中国共産党はそれを単純に認めるわけにはいかない。一党支配の現実を複数政党制に変えるわけにはいかないからである。ここからコーポラティズムの原理が中国共産党の指導者の目に魅力的なモデルとして映る。多元化する利害を共産党が取り込む(co-opt)ことで、共産党自体が利害調整機関として権力維持をはかるのである。台湾が過去に歩んだ道と基本的に同様である。

ここでの根幹のテーマは共産党である。ＷＴＯ加盟による市場化へと中国は突き進まざるをえない。共産党が市場に大幅に介入すれば、そこにさまざまな軋轢を生むことになる。党はともかくも、政府の部門は確実に縮小され「小さな政府」へと向かう。この過程で党はソ連解体を教訓に縮小化を免れてきた。しかし党が肥大化し、政治介入を繰り返せば、全面市場化への道は険しくなる。中国は外資に成長を依存している以上、安定的な市場経済の形成が不可避である。いずれにせよ、共産党の存在意義はどこにあるのか。ここから、中国の政治体制を考える場合のまさに中心にある共産党の方向性についての議論が急務とならざるをえない[13]。

「三つの代表」の理論が江沢民によって提起されたのは、こうした背景からであった。それは簡単にいえば、「党国コーポラティズム」形成のための理論的準備であった。

3　「三つの代表」をめぐって

「改革・開放以来、わが国の社会階層の構成に新たな変化が生まれ、民営の科学技術企業の創業者や技術者、外資企業に招聘された外資企業の管理技術員、個人経営者、私営企業主、仲介組織従業員、自由業者などの社会階層が出現した。さらに多くの人々が異なる所有制、異なる業種、異なる地域の間を頻繁に行き来するようになり、人々の職業や身分に常時変化が見られる。このような変化は今後も続くだろう。党の路線、方針、政策の指導下で、こうした新たな社会階層の広範な人々は誠実な労働と活動を通じ、そして合法的な経営を通じて、社会主義社会の生産力とその他の事業を発展させるよう貢献している。彼らと労働者、農民、知識人、幹部、解放軍指揮・戦闘員はともに団結しており、彼らもまた中国の特色ある社会主義事業の建設者である[14]」。

これは、二〇〇一年七月一日に開催された中国共産党創立八〇周年記念大会における江沢民総書記の講話である。ここで江沢民は、中国の経済運営における国有セクターの役割が縮小するのに反比例して、市場化の進展とともに私営セクターが急激に拡大する事態を反映して、私営企業家ですら共産党に入党できることを公に認めた。このことは、実質的に中国共産党が従来の階級政党から離脱しはじめたことを意味する。もともと共産党員で党籍を保持したまま企業家に転進した例は数多く、実質的に私営企業家の共産党員は従来から数多いが、ここでの決定は、新興の私営企業家たちの新たな共産党入党について承認した点が新しい。

「私有制」がまだ完全に認められていないがゆえに、彼らは経営のみの責任を負う「私営企業家」であって「私有財産」を有する「資本家」ではないが、土地を含めた「私有制」の一部容認が時間の問題であるかどうかが注目されている。となれば共産党はもはやマルクスの語った共産党ではなくなり、党名変更の必要性すら生まれてくる。要するに、こうした変化は事実上、共産党自身がブルジョア政党へと変質していく予兆とも言えるのである。この動きは、私営企業家などの新たな社会階層の出現という多元主義的傾向の広がりに応じて、共産党がこれら新興の社会エリート層を権力の側に取り込むことで政治体制の安定化を図ろうとする、まさに「国家コーポラティズム」あるいは「権威主義的コーポラティズム」の確立過程と見ることができる。

実は、ここにはもうひとつ裏の問題が隠されていた。正直なところ、私営企業家で共産党に入党する者は実際にはわずかであり、数の上では大きな問題ではない。もっと大きな問題は、もともと党幹部で国有企業に天下りする者あるいは両者を行き来する人々も多く、彼らがその権力を利用して巨利を得て富裕層になるケースである。彼らは共産党員でありながら、「ブルジョア」のような生活を送っている。つまり、共産党内に生まれたこうした「新しい階級」(new class)をどう位置付けるかという理論的問題が残されていた。

このような現実の変化を中国共産党は理論的にどのように説明したのであろうか。それが二〇〇〇年初頭以来、江沢民自身によって提起されるようになったいわゆる「三つの代表」である。そのはじまりは、一九九二年の鄧小平の南巡講話を彷彿とさせるような、江沢民による広東を視察した際の発言であった。

「わが党の七十数年の歴史を総括すると、一つの重要な結論が導きだせる。それはすなわち、わが党が人民からの支持を勝ち得てきたのは、わが党が革命、建設、改革のそれぞれの歴史的段階において、結局のところ中国の先進的な生産力の発展の要求を代表し、中国の先進的な文化の前進方向を代表し、中国の最も広範な人民の根本的利益を代表しているからであり、さらに正確な路線、方針、政策の制定を通して、国家と人民の根本的利益のために絶えず闘っているからである[15]」。

要するに、共産党は生産力と文化と人民の三つを代表するというものである。何の変哲もないように聞こえるが、ここにはひとつの意図が隠されていた。三つのうち、最も重要なのが「人民」である。というのも、共産党はマルクス・レーニン主義本来の教義によれば、労働者(プロレタリアート)という一定の階級の代表として位置づけられるはずのものであるが、ここでは「人民」というより広範で曖昧な意味にさりげなくすり替えられているのである。つまり、ここに共産党を階級政党から脱皮させようとする理論的含意が見てとれる。江沢民を中心とする党主流派の狙いは、実質的に私営企業家を隠れ蓑に巨万の富を築きつつあった党幹部たちも、「人民」として括ることで党員としての地位を保障することであった[16]。

これはもちろん、WTO加盟といった市場グローバル化を控え、中国自身が市場経済体制へと根本転換するための理論的準備の一環としてとらえることができる。しかしこの動きはいわば体制の資本主義化への布石とも見られるだけに、守旧派から相当な非難を浴びた。同時に、このころ党内の政治腐敗が数多く摘発され、共産党が「人民」を代表するとの言い回しに対しても痛烈な批判が潜在していたともいわれる。守旧派からの批判としては、中国社会科学院発行の『真理の追究』において、「三つの代表」にもとづく私営企業家の入党はやがて共産党のブルジョア階級化をもたらすとの主張や、『光明日報』系の雑誌『中流』二〇〇一年七月号のなかに登場した、私営企業家は党の階級的基盤ではないとする巻頭論文などがある。だがいずれも、結果として二〇〇一年夏、中国共産党第一五期六中全会を前に停刊処分を受け、「三つの代表」から私営企業家の入党容認へといたる一連の流れは軌道に乗りはじめた(17)。

二〇〇二年五月三一日、江沢民は中国共産党中央党校において、「『三つの代表』はわが党の立党の根本であり、執政の基本であり、力の源泉であり、党の建設を強化・前進させ、わが国社会主義制度の自己改造と発展を促進する強大な理論的武器である」と語った(18)。このようにして、「三つの代表」は中国の指導理論として公式に定着することとなった。それはいわば、中国版国家コーポラティズムへの理論的準備でもあった。

このことが公式に明らかとなったのは、二〇〇二年一一月八日から一四日まで開催された中国共産党第一六回全国代表大会(一六全大会)であった。党総書記として最後の報告を行った江沢民は、「三つの代表」を「マルクス・レーニン主義、毛沢東思想と鄧小平理論の継承と発展であり」、「全党の集団的英知の結晶であり、党が長期にわたって必ず堅持しなければならない指導思想である」と位置づけた(19)。ここに自らの名前を冠することはなかったが、「三つの代表」をこれほどまでに高く位置づけることは、実質的に江沢民の権威の裏付け作業の一環でもあった。

「三つの代表」は、同じ一六全大会で改正のうえ採択された中国共産党規約においても、「中国共産党はマルクス・レーニン主義、毛沢東思想、鄧小平理論と『三つの代表』という重要な思想をみずからの行動の指針とする」という表現で位置づけられた[20]。これを前提に党規約は、前文の冒頭で「中国共産党は中国労働者階級の前衛部隊であるとともに、中国人民と中華民族の前衛部隊である」とし、さらに党員資格として「年齢が満一八歳の中国の労働者、農民、軍人、知識人およびその他の社会層の先進者」と規定した[21]。いうまでもなく、これらは私営企業家をはじめとした新興社会エリートの党への取り込み容認、それと同時に既存の党幹部の富裕化容認を背景とした規定変更であった。

4　政治体制の問題

一九八九年の天安門事件を経験し、その後のソ連解体を目撃した中国は、単純な政治改革にはきわめて慎重であった。総じていえば、それ以後、農村の基層社会における村長の村民直接選挙などに進展が見られた以外は、注目すべき政治改革はほとんど行われなかった。しかし村長選挙も当初は注目を浴びたが、その後は現在にいたるまで民主主義に直結するものとしてはほとんど期待が寄せられていない。むしろ経済成長を促すことで、政治支配の正統性を証明することに専念し、政治体制自体の改革は実質的に棚上げにされてきた。一九八〇年代後半以後、中国では党と政府の機能分離を目標にしたいわゆる党政分離が目指されたが、結果として党組織の弱体化と天安門事件やソ連解体の現実に直面して、党の指導を希薄にさせる可能性を有する一切の政治改革を排除してきた。とくに党政分離の思考と試みはすべて排除してきた。その結果が共産党指導を前提にした、つまり党国体制のもとでの市場経済の実践であった。

なぜ中国において政治改革が必要なのであろうか。一つは深刻な政治腐敗の問題である。毎年何万という規模で汚職事件が摘発されるが、それらはある意味で社会主義市場経済の落とし子でもある。なぜなら、それは共産党指導による市場経済であり、経済運営の過程に最終の許認可権限を有する共産党という権力機関が制度的に介入するからである。つまり経済汚職は共産党指導下の市場経済にはいわば不可避の現象でもある。

要は、それを摘発する政治的メカニズムの問題である。言論、表現の自由が十分に認められていない政治体制下では、最終的には上からの浄化作用に期待する以外に手立てがない。中国共産党の場合、規律検査委員会が各レベルに設置されているが、外部のチェック機能の存在しない現状では、有効な自浄作用は働いてこなかった。とりわけ、小悪はある程度退治できても、巨悪についてはお互いの抑制作用が働いて、摘発が困難である。しかも、「三つの代表」が認められたことで、市場の外で国有企業などを通じて巨万の富を築いた党幹部の地位と党籍も今後とも保障されることとなり、汚職を生み出すメカニズムはさらに強固な制度的保障を得ることになった。

政治改革が必要なもうひとつの理由は、中国における経済格差の拡大と関連している。中国型の「党国コーポラティズム」体制のもとで、市場化の中で生まれた新興エリート層である私営企業家などは、共産党による「取り込み」による癒着関係の結果としてますます強固な既得権益層として現体制の維持を最優先するようになるだろうし、既存の党幹部などはますます富裕化することになる。しかし、グローバル化の中で切り捨てられはじめた周辺の人々、とりわけかつての社会の主人公であった労働者と農民の利益については誰が代表するのか、という共産党にとっては実に皮肉な疑問が残らざるをえない。

社会主義の根本思想は富の公正分配機能にある。マルクス主義では、周知のように、土地や資本などの生産手段を公有化することで階級の出現を防ごうとする。ところが、現実の中国社会では確実に不平等が広がっている。豊かな沿海地帯と立ち遅れた内陸地域、とりわけ地方に広がる貧困農村、また都市の内部にも地方からの人口流入者の集住地区がスラム状態と化して存在し、階層というよりむしろ実質的に階級の格差が広がりつつある。また都市住民の間にもいわば勝ち組と負け組が同居し、その差別化も進んでいる。

こうした富の偏在を是正するのは政治の課題である。かつて分配に力を注いだ中国共産党は、豊かな地域の余剰を貧しい地域に回すことで全体のバランスをはかってきた。しかしいまや豊かな地域は自身の発展のみを考え、貧しい地域は中央に援助を要請する。グローバリゼーションのスローガンのもと、各地は競争原理のなかで他者への配慮を行う余裕を十分にもちあわせていない。政治指導を発揮すべき共産党も自身は十分な財源をもたず、個々の幹部の懐を潤すだけとなり、ひたすら外資導入とバブル状況を無視した固定資産投資に頼った成長による景気活性化に期待をつないでいる。それが実現されなければ、周辺化された人々はますます周辺化の道を歩むことになる。そして現実に、中国では周辺化された農民や労働者による争議や抗議行動があとを絶たなくなっている。立ち退きを迫られた住民たちの抵抗の叫びもあとを絶たない。

そうした事情を考慮してか、その直後から農民や農村に対する配慮が叫ばれるようになった。二〇〇二年春の第九期全国人民代表大会第五回会議における朱鎔基首相の政府活動報告は、農業問題への言及にかなりの力を注いだ。中国においては、これまでも農業問題がしばしば叫ばれたが、なかなか解決されなかった。その理由は政治体制の問題も関連している。中国共産党指導部は、かつての革命時代には農村出身者が多数を占め、家族も地方に置いたままであり、農村社会との直接的つながりをもち、明確な利益をそこに残していた。しかしその後様相は変わり、党の中枢指導者のほとんどが大都市に住み、その家族もまた都市に生活の基盤を置いている。つまり彼らは農村の貧しさを見聞はしても、そこに直接的な利害関係をもっていない。基層選挙が存在しても、直接中央に声が届くレベルに選挙が存在しないため、農村を基盤にした農民の利益代表としての中央の政治家はほとんど誕生しないことになる。

結局のところ、中国における政治改革の核心はまず共産党自身の改革である。しかしそれも簡単な作業ではない。そこに巨大な党員の既得権益が絡んでいるからである。グローバル化する市場経済システムの中で、党の役割が肥大化することは政治的奇形現象である。必要なのは、党の役割をいかに経済改革の進展にあわせて相対化していくかである。

この場合重要なことは、まず党内において民主主義を実現することである。党内の指導者選出過程を透明化し、明確なルールにもとづいて彼らを選出するための制度化が必要である。また汚職などをいかに制度化されたルールと党外からの監督に基づいて摘発するかも、党の自浄作用との関連で重要である。この点で、中国にも若手研究者のなかに大きな声が一時的に上がったが、それは全体の声とはなりえていない(22)。

国家コーポラティズムあるいは権威主義的コーポラティズムは、たしかに台湾などでは民主主義体制へのひとつの過渡的段階として機能した側面があった。中国もどうやらこうした方向性を模索しているのかもしれない。中国共産党は「三つの代表」理論に見られるように、新興エリートとして利益集団化しつつある私営企業家たちを党に取り込むことによって、統治能力の安定化をはかっているからである。しかし、ここには中国という巨大な国家の一体性にとって不可欠な均質的発展という前提のうえで大きな陥穽が存在する。

圧倒的大多数を占める労働者と農民を、どのように救済して体制(regime)に取り込むかという課題である。この問題に対する有効な解答はまだ出されていない。

その後、中国社会科学院がまとめたひとつの社会調査が世界の中国研究者の注目を集めた。それは党・国家行政職員、経営者、私営企業家、専門家やテクノクラートなどの上層の社会階層と、産業労働者、農民、失業者などの下層の社会階層との間の階層分化が、中国社会において顕在化していることを実態調査のなかで明らかにしたものであった(23)。これらの現実は、中国型の「党国コーポラティズム」の道筋が平坦ではないことを示しているように思われる。

まとめ

その後、江沢民は引退し、胡錦濤指導部が中国共産党の指導者となった。江沢民時代の成長一辺倒路線は見直しを迫られ、格差や不平等の問題を念頭に入れ、新たに「和諧(調和)社会建設」を強調する「科学的発展観」を訴えるようになった。あたかもそれ以前が「科学的発展観」でなかったかのように、バランス重視の発展を求める「和諧」が声高に叫ばれた。中央権力が江沢民から胡錦濤に代わり、「三つの代表」は中国共産党の文献に登場する機会が少なくなり、代わって「科学的発展観」や「和諧」が頻繁に登場するようになった。しかし「三つの代表」が中国共産党のあらゆる公式文献の中で、党の正統教義のひとつとしてマルクス・レーニン主義、毛沢東思想、鄧小平理論とともに位置づけられたこともまた事実である。中国の現実は変わらなかった。私営企業家は共産党に入党し、それ以上に既存の党幹部たちは国有企業を通じてますます富裕化し、その結果として共産党は既得権益層を支えるエリート政党として君臨していった(24)。

中国では二〇〇四年に憲法改正を行い、「私有財産権の保護」を公式に認めることで理論的にも資本主義体制への一歩を踏み出し、二〇〇七年には「物権法」を採択することで「私有財産権」の具体化に踏み出した。だが、現実には上意下達の前に諸権利を踏みにじられた農民や労働者の抗議行動は絶えることなく、それらが縮小・減少することはなかった。「中国で必要なのは真の共産党だ」との皮肉がよく聞こえるほどである。

胡錦濤時代に入ると、たしかに中国共産党を改革しようとする意欲は見られた。二〇〇四年九月の中国共産党第一六期四中全会において採択された「党の執政能力建設の強化に関する決定」がそれである。これは共産党の「執政能力」に問題があることを実質的に公認した画期的な決定である。その根幹に潜んでいるのは党の組織とイデオロギーの弛緩であった。もちろんこの決定の採択後、党の高級幹部の汚職が摘発され、処罰されることはしばしばあった。だが、それらは氷山の一角にすぎず、しかも多くの場合権力闘争との関係で政敵が摘発されるにすぎなかった。

党はますます既得権益層の牙城としての存在感を強め、政治腐敗を恒常化させていった。それを制度化・正当化したのが社会主義市場経済であり、そして「三つの代表」であった。中途半端な市場化による政治権力の温存、つまり中国型の「党国コーポラティズム」である。その意味で、胡錦濤指導部の「和諧社会建設」も理念のうえでは正論であった。しかし一般社会との格差や断層が大きくなるにつれ、既得権益層はますますそれとの一線を画す傾向を強めた。所得分配の不公正を是正するには、既得権益層に偏在する富を再分配するための個人所得税、累進課税、相続税などを通じた厳格な税制導入とその執行が不可避である。

それは単なる経済体制改革ではなく政治体制改革を意味する。中国では知的世界の人々も含め、頭ではそうした必要を理解していた。だが、既得権益の享受層が利益に結びつく情報とネットワークへのアクセス権を自ら手放すわけはなかった。しかも知的世界の人々も、多くはそうしたうま味の周辺に取り巻いている。このような現実が軍や公安といった強制力によって担保されている。

中国が向かうべき政治体制は一部の既得権益層のためのものではなく広範な人々、老百姓（ラオバイシン)のためのものであり、それはつまり民主主義である。中国でも、指導者を含めて誰もがそれを口にする。しかしそれは今ではなく、将来の目標として徐々に、というのが普通の語り口である。つまり、中国の政治体制に大きな変化の兆候はない。

第5章　習近平体制と文化大革命——連続と非連続

1　歴史と政治

現代中国において歴史は政治である。二〇一五年、中国では抗日戦争勝利七〇周年のキャンペーンが大規模に間断なく展開された。九月三日の派手な軍事パレードは記憶に鮮明である。それは過去の弱い中国との決別を見せつけることで、国家の威厳と正統性を誇示しているかのようであった。唐突に抗日戦争勝利記念日が決まったのは二〇一四年二月のことであった。つまり、六九年目にして、はじめて九月三日を国家の記念日として公式決定したのである。なぜいまさらになって突然に記念日を設定したのであろうか。

それを決定したのは二〇一四年二月二七日の全国人民代表大会(全人代)常務委員会であり、その議長は中国共産党党内序列第三位の張徳江全人代常務委員長であった。張は北朝鮮の金日成総合大学卒業という経歴の持ち主であり、江沢民派の中枢人物として知られる。あまり注目されることはないが、彼は多くの重要な決定の中枢にいた。香港における二〇一七年行政長官選出の過程で、北京の意向を反映した候補者に絞り込むことが決まり、これに反発した学生たちが二〇一四年九月末から一二月にかけて大規模なデモを生起させた。政治に無関心と思われた香港で起こった若者の造反、いわゆる雨傘運動がそれである。長官選出方法を決めたのはその約一カ月前の八月三一日、張徳江を議長とする全人代常務委員会であった。

役職上、習近平はそのいずれの会議にも出席していなかった。習近平は結果としてこれを追認したことに変わりはないが、これらの決定にどの程度関わったかは定かではない。彼は張徳江とは人脈的にも政策的にも異なっている。政策面に関していえば、「依法治国」がそれである。「法に依拠して国を治める」、これは立法機関である全人代の仕事である。しかし公式文献を振り返る限り、全人代委員長である張徳江は習近平の掲げる「依法治国」をあまり口にしていない。彼の発言を丁寧に読み解くと、彼はそれをときに無視し、ときに優先順位を下げていることがわかる。

習近平のいう「依法治国」は反腐敗闘争との関連であり、その場合党内幹部までもが審査の対象になることを意味する。つまり「法」によって「党」を裁くことも可能になる。この論理のもとで、習近平は最高指導者に就任する前に江沢民派の推す薄熙来を打倒し、就任後は江沢民派で公安や資源のセクターを牛耳る周永康、そして軍を牛耳ってきた徐才厚や郭伯雄を潰してきた。最高指導者が胡錦濤から習近平へと移動する中で、激しい権力闘争が繰り広げられたのである。

このような動きに対して既得権益を守ろうとする江沢民らの体制護持派は、「法」以上に「共産党指導」とその優位性を強調した。張徳江もおそらくその一人であろう。「共産党指導」の重要性はその歴史的正統性の学習、つまり抗日戦争学習に向かうことになる。党の既得権益層は国有企業を使って体制の中に広く深く棲みついている。習近平と党中央規律検査委員会主任の王岐山は連携して反腐敗闘争を繰り広げるが、引退長老組も含めて党中央の本丸にはこれ以上手を出すことができないでいる。軍や公安の頂点に居座る引退長老たちを一部排除したところで、巨大な組織に巣くう既得権益層は嵐が過ぎるのを待つのみで、じっと静観している。江沢民派の影響力が依然として大きい劉雲山党中央政治局常務委員配下の党中央宣伝部などは、「党指導」と「抗日戦争」の重要性をくどいほどに繰り返し報道している。

要するに、抗日戦争勝利記念日の決定も権力闘争の一環であった。政治権力の正統性は本来国民の豊かで平和な生活の保障であるはずである。しかし普通選挙の存在しない中国では、支配者間の都合により現在よりも過去に正統性が置かれ続けられることになる。結果から見れば、習近平も抗日戦争記念日と軍事パレードに積極的な姿勢を示したのであり、既得権益層と大差はない。最近では、習ももはや「依法治国」よりも「党指導」を強調する傾向にあるように見える。近年の経済不安定などにより、権力の正統性としての国民の豊かで平和な生活が当面実現できなくなり、一定のところで既得権益層と妥協を図らざるをえなくなったのであろう。その今日的効果はともかくも、国民の凝集力としてのナショナリズムの活用である。

もともと抗日戦争を共産党の権力の正統性として宣揚したのは江沢民である。そこには歴史を政治(恣意)的に解釈し利用する動きがみられた。一九九五年五月、ロシアにおいて反ファシスト勝利五〇周年記念大会が開催され、中国も招待され、当時の最高指導者江沢民が出席した。しかし一九四五年に存在したのは蔣介石の率いる国民党の中華民国であって、毛沢東の率いる共産党の中華人民共和国ではなかった。厳密にいえば、中華人民共和国は戦勝国ではない。ちなみに一九四五年の段階では、ソ連が戦勝国であり、ロシアも存在しなかった。

一九九〇年代半ば、中国では経済成長を実現していたが、市場経済の大幅導入により共産党や社会主義に対する無関心も増大していた。そこで江沢民は帰国後、中華人民共和国を「戦勝国」と位置付けるために、抗日戦争の主体が共産党であったことを喧伝し、その前年から開始していた愛国主義学習を抗日戦争学習の運動に切り替えた。そしてそれまで人気のあった日本製の映画やドラマが放送制限されるとともに、テレビや新聞・雑誌などのメディアは抗日戦争もので埋め尽くされ、同時に抗日戦争を記憶するための記念館が各地に設立された。いうまでもなく、歴史の事実を正確に検証すれば、抗日戦争において共産党も八路軍などを中心に抗戦したが、あくまでその主体は国民党であり、共産党ではなかった。

今日の中国で歴史といえば抗日戦争である。戦前における日本の対中侵略を否定するものではないが、現在の中国のその取り上げ方はあまりに一面的で政治的である。抗日戦争は歴史の一部であって、すべてではない。

現在の中国では、中華人民共和国史ですら自由に語ることはできない。建国以後の共産党史の中に権力の正統性としては語ることのできない暗部があまりに多いからである。中華人民共和国史の中で、最も歴史としてタブー視されているのは、いうまでもなく文化大革命である。二〇一六年は文化大革命の開始から五〇年、終結から四〇年を迎えた。中国における文化大革命(以下、文革)研究は年々低迷してきているように見える。初等から高等までの学校教育においても、文革はほとんど教えられていない。研究ができない以上、文革のさまざまな事実も確定できていない。党内外の安定に配慮して、事実を確定することすら避けているのである。すでに五〇年を経過しているのでみな引退しているであろうが、最近まで文革時代の敵と味方が同じ職場で仕事をしていた現実を考えれば、それは理解できるであろう。

今日、文革に関して巷では「不要惹一身騒」(面倒なことに巻き込まれるな)と語られる傾向がある。これはつまり、文革のような臭いものは蓋をしておけ、という意味である。文革時代、最も辛酸をなめつくした幹部の一人は習仲勲副総理、習近平の父であった。それがゆえに苦しい思いを強いられた習近平の本心はどこにあるのであろうか。

文革に関する中国共産党の正史は一九八一年に採択された「建国以来の党の若干の歴史的問題についての決議」(歴史決議)である。これ以来すでに四半世紀が過ぎたが、ここで下した評価から一歩も出ることができない金縛り状態にある。歴史決議は文革を「指導者がまちがってひき起こし、それが反革命集団に利用されて、党と国家と各民族人民に大きな災難をもたらした内乱である」とし、「この全局的な長期にわたる左寄りの重大な誤りについては、毛沢東同志に主な責任がある」と結論づけた(1)。毛沢東に文革をひき起こした責任はあるが、それを林彪や江青が利用することで悪化したという解釈である。毛の「晩年の誤り」とすることで、中華人民共和国建国の父を温存する道を残したのである。全面否定すれば、中華人民共和国の自己否定につながらざるをえない。

つまり、文革は若者の記憶の中では継承されていない。五〇代以上の世代がかろうじて文革を経験し記憶しているが、文革の激動は最初の三年にあり、それを実際の経験として記憶しているのは六五歳以上である。一九五三年生まれの習近平の場合は、父親・習仲勲が徹底的に攻撃されるのを少年のときに目撃したはずである。

一九八九年の天安門事件ですら記憶の彼方に消えつつあるいま、もはや文革の記憶は風前の灯になりつつあるかのようである。文革を記憶している人の多くは、攻撃したほうであれ攻撃されたほうであれ、あるいはその両方であれ、それぞれの悪夢を記憶の底に沈殿させているのである。しかしパンドラの箱を空けた瞬間に、ありとあらゆる怨念と恐怖の世界が飛散するかもしれない。多くの論者は改革・開放政策によって中国は大きく変わったという。たしかに変わった部分はある。だが、魯迅の描いた阿Qが歴史の彼方に完全に消滅することなどありえない。

本章の主題である習近平体制を分析する前に、この文化大革命について筆者なりの視点を展開しておきたい。あれから四〇年、五〇年、たしかに経済や社会は大きく変貌したが、政治体制の本質部分は大きく変わっていないことを明らかにするためである。

2　文革の本質――独裁者の焦慮と権力

文革の本質は権力闘争である。その根っこには老いゆく毛沢東の焦燥感があった。『毛沢東の焦慮と孤独』、これは中国文学者の故村松暎が文革を論じた著書の題名であるが、これほど文革の本質を的確に表現したものはない(2)。毛沢東が文革を発動したのは七二歳のときであった(一九六六年一二月に七三歳を迎えた)。彼にとって文革は、彼の死後の中国の姿に恐怖を覚える孤独な独裁者の焦りの表現であった。それは自らが創設した中華人民共和国、とりわけ中国共産党と社会主義の将来、そして毛沢東死後の後継者たちによる毛評価に対する懸念の表明であった。毛はその懸念を、毛沢東自身が指名した劉少奇や鄧小平らの後継者たちが大躍進後の調整政策で展開した自由な経済政策、その結果として現れた集団経済からの離脱傾向、そしてそれを是正するための毛による社会主義教育運動に対する彼らの消極姿勢の中に見た。

中国共産党の権力的核心は、究極的には、党の人事をつかさどる中央組織部、党の軍隊たる人民解放軍、警察・公安を主管する政法部門、メディアを主管する中央宣伝部、がそれである。それは現在でも基本的に変わらない。一九六〇年代前半、第一線を退いた毛沢東は、党組織部系統については劉少奇や鄧小平に譲り渡してしまっていた。したがって彼の権力掌握工作はまず軍に向けられた。彭徳懐解任後、毛沢東は国防部長の後任に腹心の林彪を据えた。その結果、人民解放軍は林彪のもとで毛沢東政治思想学習や雷鋒同志学習などのキャンペーンを徹底し、そのことで大躍進の失敗や彭事件の余波を最小限に食い止め、毛沢東と毛沢東思想への忠誠心を醸成していた。

そして文革開始に先立つ一九六五年一二月、毛沢東が主宰する中央政治局常務委員会拡大会議において、林彪らの動議により羅瑞卿軍総参謀長を政治重視の路線に背いたとして批判し、解任した(3)。羅は彭事件後の五九年に総参謀長に任命されるまで、建国以来一貫して公安系統もしくは国家安全部門のトップの地位に君臨してきた。その意味で、羅の解任は彼の影響力の強い政法部門の権力奪取も兼ねていた。公安系統は幹部の個人情報を多く把握しているだけに、権力掌握のために枢要な機関である。これとの関連で、建国以来党中央弁公庁主任を務め、中央軍事委員会秘書長を兼任していた楊尚昆も、毛沢東をはじめ党中央指導者の盗聴を行っていたとの理由で解任された(4)。

もうひとつの重要な権力部門は宣伝系統である。この部門での闘争こそ、文化大革命がなぜ「文化」の「革命」であったのかを解明するカギとなる。一九六〇年代初頭、北京の文芸界に古典や故事などを使った形での、大躍進や毛沢東に対する一種の風刺文章が現れた。『北京晩報』に連載された鄧拓の「燕山夜話」、雑誌『前線』に連載された鄧拓、呉晗、廖沫沙三人の作家による「三家村札記(ノート)」などがそれである。彼らはいずれも北京市の公務も担っていたことから、党中央宣伝部長の陸定一と北京市長の彭真が彼らの活動を保護しているように、少なくとも毛沢東には見えた。こうした情勢を背景に、六四年頃から毛沢東夫人の江青が政治の舞台に登場し、文芸は政治に奉仕すべきとの主張を声高に語りはじめた。

さらに北京副市長呉晗の「海瑞免官」問題が生起した。京劇の戯曲作家である呉は、もともと毛沢東の提案もあって明代の清廉な官僚・海瑞に関する文章を書いていた。瀬戸宏によれば、呉自身は海瑞に関して特別な政治的意図をもっていなかったが、その後文革に向かう中で、毛沢東は呉批判へと向かった。それは毛が、皇帝に直言して解任された海瑞の話を自身が廬山会議で解任した彭徳懐事件への揶揄であると見なしたからであった(5)。それが姚文元により書かれた六五年一一月の『「海瑞免官」を評す』論文であった。この論文は文革の狼煙ともいわれるが、それは呉を叩くことで彭真を攻撃し、そのことでさらにその上にいる劉少奇を射程に収めていたからである。「文化革命」がその実は「政治革命」であることを明確にした瞬間であった。

一般に文革は、一九六六年八月に開催された中国共産党第八期中央委員会第一一回全体会議(八期一一中全会)に始まるとされる。この会議において文化大革命に関する一六条の決定が出され、文革の目標が明確にされたからである。ここで文革の目標が「資本主義の道を歩む実権派」を打倒することであり、それにより「パリ・コミューン(公社)のように、全面的な選挙制」による権力機構を樹立することであることが定められた(6)。

一一中全会において、劉少奇はすでにその党内序列が第二位から第八位に落ちていた。前述のような、毛沢東による権力闘争への用意周到な準備により、劉少奇はすでに実質権力をもがれていた。その後、劉少奇は何度となく集会でつるし上げられ、六八年一〇月の中国共産党第八期一二中全会において「裏切り者」として党籍を剝奪され、六九年一一月に河南省開封市において非業の死を遂げた。つまり、文革を劉少奇追い落としの権力闘争と狭義に理解すると、文革は開始と同時に目的を達していたのであった。

文革は劉少奇を降格させたこの一一中全会で終わってもおかしくなかった。しかし文革はまさにそこから始まった。若い学生たちを動員した「紅衛兵」による党と国家の組織破壊活動が生起したのであった。それには二つの理由があった。ひとつは自身の死後の中国の将来を想像するにつけ、孤独な独裁者は党の最高指導部だけでなく、党、国家、政府を管理する中央・地方幹部、そして次代を受け継ぐ若者たちのイデオロギーの現状に不安を募らせていた。六四年六月一六日、毛沢東は幹部、青年の後継者育成に関して次のように語った。「誰もが後継者の準備をしておかなければならず、やはり、第一番手、第二番手、第三番手と、三線に及ぶ後継者をつくっておかなければならず、大きな風波の到来を恐れてはならない」と(7)。

もうひとつは、毛は軍・公安・宣伝機構と権力を奪取してきたが、それだけでは本丸の党・国家組織はまったく変わらず、これに打撃を加える方法として学生による暴力破壊という暴挙に出たのであった。逆に言えば、文革発動時、毛沢東ですら圧倒的な権力者ではなかったのである。

文化大革命のさらなる混乱はここから始まった。最高指導部の政策決定は迷走し、明確な理念と目標が不明確なままに文革は社会の現場に降りて行った。若者を中心とした紅衛兵たちは当初その熱病に浮かれたものの、やがて破壊と暴力と退廃の支配するアナーキーとなった。各地の労働者組織も内部の対立と分裂を繰り返し、彼らは自己保身のために他者を犠牲にせざるをえなかった。鎮圧のために介入した人民解放軍も各地で内部分裂し、労働者組織と対立を繰り返した。

党内権力も迷走し、後継者に任命された軍指導者の林彪が失脚し、その後も混乱収拾に奔走した首相の周恩来と復活したばかりの鄧小平に対する江青率いる四人組の執拗な攻撃が続き、その終焉には一九七六年の毛沢東の死を待たなければならなかった。すべては、人治が支配するルールと制度なき政治体制の帰結であった。

3　習近平体制の検証

いまや中国はＧＤＰ世界第二位の大国に成長した。国連においても安全保障理事会の常任理事国として発言力は絶大である。それは改革・開放以来の中国における経済と社会の巨大な変貌を前提にしている。長期にわたる経済成長と社会主義を前提としながらも市場化に踏み出した鄧小平路線が功を奏したともいえる。中国自身は自らを発展途上国として位置づけるが、世界の工場といわれ、海外への援助や直接投資に積極的な中国を誰がそう思うであろうか。もちろん一人当たりのＧＤＰは依然として世界的にも低く、発展途上国といえる面も備えている。一四億人に近づく人口のうち、仮にその一〇％がまずまずの生活をしているとしても、それだけでも一挙に日本の人口に匹敵する国家が突然に東アジアに誕生したことになる。

しかし、中国の政治体制は依然として閉鎖的で旧態依然としており、基本的な部分は文化大革命の時代と変わりはない。これまでの各章で論じてきたように、現在よりも一九八〇年代や九〇年代のほうがより政治的開放性があったともいえる。中国は現在、習近平体制のもとでマルクス主義の教義としての重要性を高め、民主活動家を抑圧し、共産党独裁を強化しようとしている。そして外部世界に対しての公式説明はいつも中国の正当化ばかりであり、南シナ海で次々と橋頭堡を築くことで軍事的拡張を進め、東シナ海でも存在の既成事実を積み重ね勢力を拡大しつつある。重商主義ともいえるこうした中国の内外姿勢は本当の強さなのであろうか。

二〇一六年一一月、中国共産党第一八期中央委員会第六回全体会議（一八期六中全会）が開催された。この会議では、中国共産党の腐敗状況に対する深刻な危機意識が表明された。六中全会において、習近平は次のように発言している。

「高級幹部を含め、一部党員、幹部の中に、理想・信念が堅固でない、党に対し忠誠でない、規律の緩み、大衆からの遊離、独断専行、偽計欺瞞、怠慢・無作為、個人主義、分散主義、自由主義、まあまあ主義、宗派主義、縄張り主義、拝金主義がさまざまな程度見られ、形式主義、官僚主義、享楽主義、贅沢の風潮の問題が目立ち、縁故者の採用、猟官運動、役職の売買、投票買収などが禁止してもやまず、権力濫用、横領・収賄、腐敗・堕落、法律・規律違反などの現象が見られ、蔓延している。特に高級幹部の中のごく少数の者は政治的野心が膨らみ、権力欲に目がくらみ、面従腹背で、徒党を組んで私利をはかり、利益集団をつくり、派閥をつくり、権力と地位を狙うなど政治的陰謀活動を行っている(8)」。

ここまで赤裸々に内実を語るとは見事だが、これではとても政党の体を成していない。習近平の共産党に対する現状認識は強烈である。経済成長が今後とも保証されている時代であれば、そうした問題もどうにか吸収していくことも可能である。しかしそれは望めない。ということは、鄧小平路線はもはや有効ではない。鄧小平から江沢民・胡錦濤までの時代はまだ経済成長が実感でき、政治的民主化を抑えても、国民になんとか支配の正統性を示すことはできた。だが、成長が鈍化し、政治的民主化も許されないとしたら、選挙のない中でどのように政治的正統性を示すのであろうか。結局は国内統制を強め、国際的に大国主義を誇示するしか方法はないのであろうか。

この六中全会では、習近平を中国共産党の「核心」と位置付けることに意味があったと言われる。胡錦濤は「核心」という言葉を外され、「胡錦濤同志を総書記とする党中央」とされた。これは江沢民とその一派による胡に対する権力外しであり、そのことで集団指導制を実現し、自派の既得権益と影響力を温存しようとしたのである。

そのことを認識していた習近平は最初から江沢民派潰しという激しい権力闘争に打って出た。それが宣伝系統の権力を狙っていたと思われる薄熙来とその夫人への攻撃であり、公安部門やエネルギーなどの国有企業の大ボスであった周永康の打倒であり、軍系統を牛耳っていた徐才厚や郭伯雄らの腐敗暴露であった。こうした組織系統への攻撃は、文革の開始にあたって毛沢東が挑んだ闘争のスタイルと同じである。これらの部門こそが共産党権力の中枢機関だからである。

この熾烈な権力闘争は胡錦濤派との連携によって行われた可能性が高い。党内最高指導部には、胡錦濤派として李克強が首相、李源潮が国家副主席、汪洋が副首相となっていたからである。彼らは一般に「共青団派」と呼ばれるが、それはつまり共産党組織を一定程度掌握していることを意味する。そこで習は江沢民派に壊滅的打撃を与える中で、次第に共青団派との権力闘争に入ったかのように見える。それが昨今顕著にみられた李克強外しであった。

文革において宣伝、公安、軍と権力を掌握した毛沢東は、最終的に劉少奇らが中枢にいる党組織を奪取することができなかった。そのため、毛沢東が仕掛けたのは党組織自体の破壊であり、それが紅衛兵運動であった。では、習近平はどのようにして党組織を奪取しようとしているのであろうか。もちろん紅衛兵を組織することはもはやできない。時代は大きく変わった。そこで、彼が党組織を掌握するために展開しているのが過激なまでの反腐敗闘争であるように思えてならない。

すべては権力を獲得するためである。そうでなければ、最高指導者として何も動かすことができないのであろう。問題は今後の彼の継続的な権力運営の方法とポスト習近平時代へ向けた権力移行である。国民による選挙のない中国においては、最高指導者を決めるルールも制度もなく、すべては闇のなかで闘われるのである。

4　現在と文革――ルールなき後継者決定の悲劇

文革によってどれほどの犠牲者が生み出されたのであろうか。いうまでもないが、これについて中国政府は何も公にしていない。従来、文革における犠牲者数に関しては諸説あるが、一九八二年九月の中国共産党第一二期一中全会後の中央政治局拡大会議において、当時全人代常務委員長であった葉剣英はそれに関して具体的な数字をあげて説明したという。それによると、大規模な武闘事件による死者が約一二万三七〇〇人、二五〇万の幹部が批判され、そのうち不正常な死が約一一万五五〇〇人、都市の各界人士四八一万人が攻撃され、そのうち不正常な死が六八万三〇〇〇人、農村では地主・富農を中心に不正常な死が約二五〇万人、約一億一三〇〇万人が程度の違いはあれ政治的打撃を受け、約五五万七〇〇〇人が行方不明となったという。これらの真偽は定かではないが、合わせると約三四二万人の死者と五五万七〇〇〇人の行方不明者となる(9)。これに心身に傷を負った数を加えると、想像を絶する数となる。

文革における犠牲者数もそうだが、冒頭から繰り返し述べているように、文革には不明な部分が多すぎる。結局のところ、党内団結を目的として文革をはじめ中華人民共和国史の機微に関わる事実を開示しない閉鎖状況は今後とも変わらないであろう。中国でも多くの現代史研究者がオーラルヒストリーなども含めてすでに資料を多く蒐集しているはずであるが、現状では国内の公表は無理である。仮に過去に中国が公式に語っていたただひとつの事実に大きな偽装があったとしたら、それだけで現代史の鳥瞰図は大きくその様相を変えざるをえなくなるかもしれない。自らの道程を客観的に振り返ることのできない政治主体に未来はあるのだろうか。

中華人民共和国建国から六〇年後の二〇〇九年前後、中国の一九四九年からの三〇年と一九七八年からの三〇年を区分し、改革・開放の前と後の二つの三〇年の意味と関係性を論じるものが多くあった。当時中国社会科学院副院長兼当代中国研究所長であった朱佳木はその中心であり、彼はこの二つの時代は連続しており、相互に否定するものではなかったと論ずる。前三〇年の文革の一時代、毛沢東の個人独裁や四人組の左傾化によって混乱したが、社会主義建設全体の方向は間違っていなかった。そして後三〇年の改革・開放は、そうした基礎と経験のうえに始まったのであり、両者は連続していると主張した(10)。このような言説に加えて、当時は文革の失敗があってはじめて改革・開放の社会的基礎が生まれた、換言すれば、文革がなければ改革開放は生まれなかったというような議論も多くあった(11)。

これは一面では真理を衝いているように見えるが、ここには重大な陥穽が潜んでいる。文革の誤りをどうして早く止められなかったのか、文革終了後、こうした過ちを二度と繰り返さない制度的歯止めを確実に樹立したのかという疑問である。結論からいえば、こうした問いへの答えはもちろん歴史決議には書かれていないし、中国の政治家や学者を含めた数多くの言説の中にも見出すことができない。すべては毛沢東の個人独裁と林彪＝四人組の陰謀の枠の中で片づけられ、こうした問題が生起した根源を政治体制の中から真摯にえぐり出していない。中国共産党の歴史は弁証法的に進歩するのみで、そこに瑕疵はないというのであろうか。そこから屈辱の歴史を覆した近代史、とりわけ抗日戦争という過去の正統性にしがみつくことに躍起になるのである。そうした硬直姿勢は現在でも変わらない。

筆者はかつて文革の性格を五つの角度から考察したことがある。毛沢東思想、権力闘争、政策対立、社会矛盾、国際要素の五つがそれである(12)。しかしここで繰り返し論じたように、文革の本質を端的にいえば、それは権力闘争であった。社会矛盾も顕在化したが、それは権力の迷走が大きな混乱の引き金となった。権力闘争の核心は毛沢東の後継者問題であった。毛沢東は一九五〇年代から劉少奇、鄧小平らを後継者として選び、五〇年代末からは第二線に退いた。しかし任せたはずの彼らの政策や態度を見るにつけ、毛は不信感の虜となり、文革を発動した。

文革中に毛沢東は林彪を次期後継者として選び、党規約にまで明記した。しかしその直後から毛の林に対する疑心暗鬼は膨らみだし、状況不利と見た林彪一族と軍の側近たちは反旗を翻したが、頓挫して逃亡中に死去した。老衰で判断力の衰えた毛は最後の後継者として華国鋒を選び、その直後に不帰の人となった。しかし、権力的基盤の弱い華国鋒は鄧小平の復活と台頭とともに政治の表舞台を去らざるをえなかった。このように、文革とは毛沢東自身の後継者選定の過程であり、それはことごとく失敗に終わった。これに振り回され、犠牲となったのは普通の人々であった。

毛沢東死後、中国政治の舵取りは鄧小平に委ねられた。彼は権力の中枢ともいうべき党中央軍事委員会主席以外に多くのポストを求めなかった。彼は毛沢東の独裁傾向を反省して終身制を廃止し、任期制を採用し、国家主席に関しては一期五年で二期までと決めた。毛沢東の専横を反省して中国共産党主席のポストを廃止し、総書記を最高位に据えたが、これに関しては任期を規定せず、国家主席と兼任させ、それに準じて二期までとする慣行を敷いた。こうした措置は長い中国史の中でも特筆すべき新たな発展ではあるが、次期後継者の指名権はその時代の最高実力(権力)者に委ねられる慣習は引き継がれた。

鄧小平はまず胡耀邦を後継者に引き上げた。しかし胡の自由主義的で大胆な改革方針は長老保守派から疎まれ、八七年一月には鄧小平の同意のもとで失脚した。つづいて鄧は趙紫陽を後継者に選んだが、八九年の学生運動を支持したことで孤立し、天安門事件を契機に失脚した。天安門事件の直後、鄧小平は「思想のしっかりした」江沢民を次期後継者とする提案に賛同し、自らそれを推進した。鄧小平はまた、あたかもかつての皇帝政治がそうであったように、江沢民の次のリーダーまで決定した。彼が最後に抜擢したのは胡錦濤であった。

江沢民は一貫して権力に固執した。市場経済化が進む一方で党の許認可権限も拡大し、経済的利益も拡大した。権力は利益に直結した。既定方針である以上、江沢民は二〇〇二年に胡錦濤に総書記の地位を譲り渡した。しかし、江は総書記と国家主席を退いたあとも中央軍事委員会主席のポストを延長し、権力の維持に執着した。胡錦濤は中央政治局においても少数派で、集団指導制を推進したが、そのことで結局は江沢民派に屈した。この間、江沢民派に国有企業の独占を許し、そこから私的利益を吸い上げることを止めなかった。こうして政治腐敗が蔓延することとなった。

胡錦濤から習近平への権力の移譲も不透明であった。鄧小平のような存在がなく、政治舞台の背後での権力抗争と談合の中で決めるしか方法はなかった。胡錦濤は江沢民の前例を皮肉るように任期とともにすべての職を退いた。江沢民派は実質権力の維持に奔走したが、胡錦濤時代の集団指導制の失敗を目撃した習近平は、江派の頭目たちを政治腐敗を理由に次々と追い込んでいった。それが薄熙来、周永康、徐才厚、郭伯雄といった宣伝、公安、軍等の党内の枢要な権力を握る高級幹部たちの失脚であった。習近平という新リーダーに対する牽制と対抗はいまでも続いている。

文革以来、たしかに中国は大きく変わった。特に経済と社会は大きく開放され、様相を大きく変えつつある。しかし、中国共産党の一党独裁による政治体制は基本的に変わっていない。もちろん変わった面も一部あるが、最高指導者を決める制度やルールは依然として存在しない。直接であれ間接であれ、国民の政治参加は想定外である。最高指導者は暗幕の後ろで、権力と利益をめぐる派閥間の熾烈な抗争の中で決められる。中国が世界の中でこれほど巨大な存在となったにもかかわらず、政治体制においては文革中と大差ないように思える。

もはや中国において文革のような大衆動員の時代は終焉したのかもしれない。しかし旧態依然たる政治体制と現実の社会との乖離があまりに大きくなったとき、大衆が巨大な龍となって暴れだすかもしれない。それを解消するカギは、文革のような暴力による「大民主」ではなく、国民の声を吸い上げ、政治への参加を保障する制度的仕組みを確立することしかない。しかしいまのような形での中国共産党の支配が続く限り、それは見果てぬ夢である。政治体制が変わらない以上、そして中華人民共和国の歴史が国民の記憶として共有されていない以上、何らかの要因を契機に統制のタガが外れ、文革と同じであるとは言わないまでも、大きな混乱やカオスがいつ再燃しても不思議はないのかもしれない。

第Ⅱ部

中国の対日政策

国内政治の延長

歴史を振り返れば、一九七〇年代から九〇年代前半までの日中関係は「一九七二年体制」と呼ばれ、国際冷戦や世代要因などにより「友好」基調にあった。しかし九〇年代後半以降、日中関係は歴史・台湾問題をはじめ摩擦が急増し、最近では尖閣事案が先鋭化した。そうした中で日中関係は「七二年体制」から「戦略的互恵関係」へとその基本構図を変えたが、その内実は依然として不確実であり流動的である。

日中関係の変動要因は日本側にもあるが、それ以上に中国の政治変動と相関性がある。江沢民という個人の特殊な対日観も日中関係の浮沈に大きな影響を与えたということもあるが、鄧小平以後の中国共産党内部の深刻な権力闘争の中で、各派閥間の争いの道具として対日政策が安易に使われることがしばしばあった。外交は内政の延長である。このことは中国において特に顕著である。

第6章 「一九七二年体制」の成立とその限界

――一九七〇―九〇年代 冷戦から冷戦後へ

過去の日中関係研究は日本側の対中外交に関するものがほとんどであった。しかし二国間関係は両国の相互作用の中で展開されるものであり、一方からだけの視点ではバランスを欠いたものにならざるをえない。そこで第Ⅱ部では、第Ⅰ部で考察した中国政治の実態を踏まえて、これまであまり焦点の当てられてこなかった中国の国内政治の中から日中関係をとらえなおしてみたい。結論を先取りしていえば、ここで提示することになる日中関係は、むしろ日本側が否応なしに中国の複雑な国内政治や派閥闘争に引き込まれてきた現実を示しているように思える。

そうした中国の対日政策の実相に接近する前に、まずは国交正常化以来の日中関係全体をどのようにとらえたらよいのか、本章では日中両国の視点に立って、筆者がこれまで折に触れて議論してきた「一九七二年体制」(「七二年体制」)を再整理することからはじめたい。それは、現在にいたる日中関係の低迷が、一九七二年の国交正常化以降に成立したいわゆる「七二年体制」が、両国国内とそれを取り囲む国際環境の変化に対応したかたちに組み替えられていないとの理解に立っている。

ここでの分析の対象は、日中国交正常化が実現した一九七〇年代前半から、両国関係に摩擦が目立ちはじめた一九九〇年代後半にかけてである。九〇年代後半の段階で、すでに両国の「友好関係」の限界は見えていたからである。

1　広がる日中関係の隙間

一九七二年（昭和四七年）の日中国交正常化の際、日本国内では中国フィーバーが吹き荒れ、「日中友好」のスローガンが巷に溢れた。思い起こせば、中国は当時文化大革命の最中であり、現在と比較にならないくらい国内政治は権力闘争に明け暮れ、そして閉鎖的であった。にもかかわらず日本と中国は蜜月時代に突入した。その契機となったのは、もちろん以前から国内に存在した国交回復運動をはじめとしたさまざまな要素もあるが、より直接的にはニクソン大統領の訪中による米中接近であった。

「日中友好」はパンダからシルクロードなど、マス・メディアの商業主義的な報道や宣伝を通して確立されたように「感じた」。一九八〇年代前半までは数多くの友好訪中団が結成され、模範的な人民公社や国営企業や小・中学校などを訪れることで中国に「触れ」、「友好」のムードがいちだんと盛り上げられた。「中国人民の眼は輝き、近代化に一丸となって邁進している」、こうした言説がいたるところで踊った。一般旅行者が比較的自由に個人で中国を旅行できるようになったのは八〇年代後半からのことであり、しかも中国からの留学生が数多く日本に来るようになったのもこの頃からである。つまり、この段階からようやくお互いに直接の姿に接することができるようになった。しかしそれもまだ一部であった。

内閣府の世論調査を見ても、一九八〇年には中国に「親しみを感じる」割合が七八・六％で、「感じない」がわずか一四・七％、この年アメリカに対してはそれぞれが七七・二％、一七・七％であり、中国に対する好感度がアメリカを数字のうえで上回った。その後も八〇年代を通じて、日本人の中国への親近感は六〇％台後半、もしくは七〇％台前半を保ちつづけ、アメリカに対する数字とほぼ拮抗していた(1)。

こうした中国イメージが一挙に崩れはじめたのが、一九八九年の天安門事件であった。同じ世論調査によれば、八八年の親近感は六八・五％あったが、事件後はそれが五一・六％に落ち、「親しみを感じない」が二六・四％から四三・一％に急増した。これ以後中国に対するイメージは好転することなく、台湾海峡危機などの要因により、九〇年代後半以後は年によっては「親しみを感じない」が五〇％を超え、「親しみを感じる」を上回るようにさえなった(2)。

中国でも同様のことが指摘される。やや古いが、『中国青年報』の対日イメージ調査（一九九七年）が中国における若者の対日不信感の根強さを物語っていた。この中で対日印象が「良い」が一四・五％、「普通」が四三・九％、「悪い」が四一・五％であった。そして日本と聞いて思いつく有名人の第一位は東条英機（二八・七％）であり、日本と聞いて思いつく事項で最も多いのは「南京大虐殺」（複数回答で八三・九％）であり、第二位は「日本侵略者」を意味する「日本鬼子」と「抗日戦争」（同八一・三％）であった(3)。

イメージ論を離れて現実の日中関係に目を転じても、一九九〇年代以後、両国の関係は必ずしもしっくりしない。しかし、その始まりは必ずしもそうではなかった。天皇訪中がそれである。日本にとって九二年一〇月の天皇訪中はいわゆる歴史問題に終止符を打ち、新たな関係を樹立するための契機となるはずであった。訪中のさいの歓迎宴の中で、楊尚昆国家主席は戦争の悲劇に若干触れたが、それに対して天皇が「両国の関係の永きにわたる歴史において、我が国が中国国民に対し多大の苦難を与えた不幸な一時期がありました。これは私の深く悲しみとするところであります」と述べたことで(4)、中国側の雰囲気は非常に和らぎ、全体として大成功に終わったと考えられている。

天皇訪中に関しては、日本国内でそれが政治利用されるとの観点からの反対論が存在した。その後になって当時の外交部長であった銭其琛が回顧録を出版し、天皇訪中は天安門事件で孤立していた中国の国際的地位を高めるための策であったと語った(5)。この発言自体は元外交のトップとして無責任であるが、内容もそれほど正確ではない。なぜなら天安門事件以前から天皇訪中は具体的に議論されていたし、また前述したように、中国は九二年初めに鄧小平の南巡講話により市場化路線に踏み出しており、すでに外国企業の投資ブームはスタートしていた。米国をはじめ西側諸国との交流も復活していたし、何よりも八月には韓国との外交関係が正常化していた。銭発言に関しては、第9章で後述するように、その後胡錦濤が国賓として訪日した際に、実質的にそれを否定するような発言を行っている。

日中関係がおかしくなったのはそれ以後のことである。それは中国の国内政治との関連であった。戦後五〇年の一九九五年前後から、中国国内では九二年以来の大胆な市場化にともなう自由主義的傾向の高まりを警戒するかのように、中国共産党が江沢民のもとで愛国主義キャンペーンを開始した。特に九五年夏からは、中国共産党の歴史学習の観点から抗日戦争の意義を高らかに訴えはじめた。それまで多く放送されていた日本のテレビ・ドラマなども遮断され、それらが抗日戦争関連のドラマやドキュメンタリーに切り替えられていった。これを主導したのも江沢民であった。このあたりについては、次章以降でも繰り返し論じることになる。加えて九五年には台湾の李登輝総統による訪米、九六年には総統直接選挙で李登輝再選があり、その過程で中国は台湾近海にミサイルを打ち込むなどの軍事演習を実施し、いわゆる「中国脅威論」の素材を自ら提供した。

これも次章で詳細に分析するが、一九九八年一一月の江沢民による国家主席としての初来日も不調に終わった。本来はこの訪日により、「平和と発展のための友好協力パートナーシップ」を新たなスローガンに日中の新たな関係の方向性を打ち出す予定であった。ところが結果として、誰もこのような「成果」に注目することはなくなった。それは共同宣言に日本側が過去についての「おわび」の一言を盛り込まなかったことで、江沢民が激怒し、宮中晩餐会も含めて滞在中に歴史問題を執拗に取り上げたことで、日本から強烈な反発を浴びることとなったからである。

一九九九年七月には当時の小渕首相が訪中したが、歴史問題が取り上げられることもなく平穏なうちに終了した。二〇〇〇年一〇月には朱鎔基首相が来日し、江沢民訪日以来冷えきった関係を改善すべく、市民とのテレビ討論に応じて得意のパフォーマンスで巧みに返答するなど、中国イメージの好転へ向けさまざまな試みを展開した。

江沢民訪日の問題を反省したのであろうか、二一世紀に入ると中国側は歴史問題への言及を控え、日本にソフトな姿勢を示すようになった。中国側のこうした姿勢は、日本の経済力の中国市場への参入に期待をかけていた現れと思われる。同時に、アメリカでブッシュ政権が誕生し、中国に対して強硬な姿勢をとる傾向があったため、同盟関係にある日本と事を構えることを避けたいとの思いもあったと推察される。とくに二〇〇一年九月一一日のテロ事件後、中国はアメリカに対して極度に低姿勢となり、それとともに日本に対しても低姿勢となった。しかしそれは日中関係の本質的な改善ではなく、現実にはさまざまな問題が生起することとなり、相互イメージも悪循環スパイラルの中に入っていった。

一九九〇年代以降、なぜこのような悪循環に陥ったのであろうか。ここでは冷戦期と冷戦後の日中関係の構造変化を比較する中で、今日まで続く日中関係悪化の背景をマクロな視点から探ってみたい。この場合の構造変化とは、一九七二年の国交正常化以後に形成された関係の安定構造が、八〇年代末から九〇年代にかけてのちょうど冷戦終結期に、さまざまな国際及び国内的要因によって変容の過程に入りはじめたことを意味している。ここではそれを日中関係の「一九七二年体制」(もしくは「七二年体制」)の転換としてとらえ、①冷戦期の日米中関係と冷戦後、②日中経済関係の位相変化、③戦争世代の「友好」とその後、④「七二年体制」と台湾の変容、という四つの角度からその変容過程を検討してみたい。

「一九七二年体制」もしくは「七二年体制」という表現は、現在にいたるまで日中友好時代の関係構造を表わす言葉として定着し、しばしば議論の対象ともなってきた。正確なことは不明だが、この表現を最初に使ったのは筆者自身であると記憶しており、それは一九九七年春に北京で開催された中国社会科学院日本研究所主催の日中青年論壇(フォーラム)においてであった(6)。

2 冷戦期の日米中関係と冷戦後

日中関係における「一九七二年体制」は、まず大枠として一定の国際関係の条件によって規定されていた。日本にとって対中国交正常化は、現実にはアメリカの同意なしには不可能であった。それはまた、中国が日米安保条約を容認しなければ不可能であった。それらの条件を実質的に可能にしたのが一九七一—七二年の米中接近であった。アメリカと中国の突然の和解は、ソ連という共通の「仮想敵」に対抗したものであり、それまで米中対立にもとづいていたアジアにおける冷戦構造はここに大きな転換を見せることとなった。

これ以後、アメリカは日本の対中関係正常化を承認し、中国も日米安保条約の存在を容認した。中国が日米安保を容認するようになったのは、それが反ソ戦略の一環として有効であると判断したためであった。日中国交正常化直後の一九七三年二月、毛沢東はキッシンジャー大統領補佐官に対して、「われわれとしては、日本がソ連との関係を緊密化させるより、貴国との関係をよりよいものにしてくれることのほうを願っています。そのほうがよい」と語っている(7)。またしばしば指摘されるとして、中国が日米安保を容認するにいたったのは、それが日本の軍事大国化への歯止めとして効く(ビンの蓋論)との理解に達したからとも言われる。

このようにして、米中両国と日本はソ連という共通の対抗目標のもとに、実質的に戦略的な提携関係を形成することとなった。それがその後のソ連解体による冷戦終結まで、日米中の三国関係を安定させた最大の理由である。ただ、日本が一九七二年以来、アメリカと中国による対ソ包囲網の中に実質的に組み込まれたことについて、この段階でどこまで戦略的に自覚していたかは今後の検討によらねばならない。

「七二年体制」のもとでは、日米の間で中国の現代化が共通の利益としても想定されていた。というのも中国は長く毛沢東の指導のもとで、文化大革命に象徴される政治闘争を継続させ、現実の経済発展については優先させてこなかった。その結果、中国は国際的市場競争の外に置かれてきた。しかし一九七〇年代前半から、中国は周恩来の政治指導下で徐々に国際社会への復帰を成し遂げ、七八年以後の鄧小平時代においては改革・開放政策により、積極的に国際社会への接触と学習を求めるようになった。このような中国の姿勢を日米両国とも高く評価し、国際社会への参入を積極的に後押しした。

ところが冷戦終結により、それまで日米中の関係を結びつけていたソ連という共通の対抗目標が消滅した。その結果、三国はお互いを引き付ける接着剤を失った。天安門事件と冷戦終結の後、米中両国は台湾、人権、最恵国待遇（ＭＦＮ）とＷＴＯ（世界貿易機関）加盟、武器輸出などの問題でしばしば衝突し、アメリカの一部には「中国脅威論」すら台頭するようになった。中国側もアメリカの度重なる外交圧力に、対米不満を増大させることとなり、それは一九九九年五月のユーゴの中国大使館に対するＮＡＴＯ軍の「誤爆」のときに頂点に達した。八〇年代にアメリカは、ソ連への対抗上から中国に武器供与や軍事協力まで実施し、当時の中国の核実験や国防費などに関してはほとんど問題にしてこなかった。それは日本にしても基本的に同様であった。

一九九〇年代、日米間では安保を含めた日本の国際貢献の拡大を模索する中で、いわゆる日米安保条約の再定義が進行した。これは現実には、日米安保条約がもともとソ連を対象としていただけに、その消滅により、同盟関係継続のための新たな意味づけを求める必要性から行われたものであった。それが九六年四月の橋本・クリントン会談による日米安全保障共同宣言であり、九九年五月に国会を通過した新ガイドライン関連法であった。また北朝鮮のミサイル開発に対抗して、日本はアメリカとの間でTMD（戦域ミサイル防衛）の共同開発に関心を示しはじめた(8)。

中国はこうした動きに強く反発した。それは安保再定義が、ソ連なきあとの反中国包囲網の一環であるとみえたからであった。しかもそのタイミングが悪かった。もともと安保再定義問題は冷戦後時間をかけて行われてきたものであったが、首脳会談によりそれが大きく取り上げられたのが一九九六年三月の台湾での総統選挙と、これを牽制する中国の軍事演習の直後であったからである。中国にとっては、こうした動きが、台湾問題に対する日米の共同行動の布石と映ったのであった。TMDにしても、中国は北朝鮮を口実に将来は中国向けとするのではとの嫌疑を抱いていた。

中国の近代化について言えば、日米両国は基本的に改革・開放政策の推進と国際経済システムへの参入を促す立場に変化はなかった。中国のWTOへの加盟をめぐっては複雑な議論が長年にわたって展開されたが、一九九九年七月に日本が、そして九九年一一月にアメリカがそれぞれ中国の加盟を承認し、その後現実に二〇〇一年秋に加盟が実現した。この間、中国は国内にかなりの反対論が存在したにもかかわらず、大幅な譲歩を行ってWTOへの加盟を急いだ。

ただ中国が社会主義市場経済のもとで経済的規模を拡大させるにしたがい、将来性をめぐる疑念が日米両国の間に潜在していたことも事実である。その最大のものは毎年一〇％を超える増加を見せる軍事増強の傾向と、一九九五、九六年の台湾海峡での挑発的な軍事演習とそこにもみられた軍部の台頭現象である。中国は海外からの再三にわたる国防の透明化の要求に応じて、国防白書などを発表するようになったが、自己正当化ばかりが目立ち、実質的な透明性には程遠かった。また当時の国防白書でも「積極防御」を理由に、「中国的特色をもつ強兵の道を歩む」と国防充実化方針を明確に打ち出していたことも事実である。(9)

日米両国の政策担当者は、中国の軍事面での上昇傾向に戸惑いと懸念を感じたことはいうまでもない。アメリカ国防総省は二〇〇〇年六月、中国の軍事力についての報告書を発表したが、その中で中国が経済成長とともに大国としての地位を追求し、二〇〇五年以後には軍事力で台湾に優位に立ちはじめ、やがて核抑止政策を強化してアメリカと競合するであろうと結論づけた。(10)

日本でも平成一二年度の防衛白書は、「中距離弾道ミサイルについては、日本を含むアジア地域を射程に収めるミサイルを合計七〇基保有しており、従来の東風3（CSS－2）から、命中精度などの性能が向上した新型の東風21（CSS－5）への転換が進みつつある。さらに、短距離弾道ミサイルも保有しており、台湾対岸における新たなミサイル基地の建設の動きも伝えられている」と述べるなど、これまでよりもやや踏み込んだかたちで中国のミサイル開発問題に触れた。(11)

以上のように、冷戦終結により日米中関係を支えていたソ連ファクターが消滅した反面、中国に対する認識に戸惑いが出はじめた結果、それまでの「七二年体制」を支えていた日米中における一定の秩序関係に揺らぎが見えるようになった。

3　日中経済関係の位相変化

一九七二年に国交正常化が実現してからのち、政府間では各種の実務協定が結ばれた。日中貿易協定(七四年一月)、日中航空協定(七四年四月)、日中海運協定(七四年一一月)、日中漁業協定(七五年八月)がそれである。これらの実務協定の成立をうけて、日中間では本格的に平和友好条約の締結交渉に入った。この過程でソ連を敵視する可能性のある「反覇権」条項の条約への挿入可否をめぐって、日中間で紛糾したのは周知のとおりである。複雑な交渉過程を経て、条約は七八年になってようやく締結された。この段階までの日中関係はほぼ全面的に政府主導であった。

民間の役割が大きくなるのは、平和友好条約に若干先立って調印された日中長期貿易取り決め(一九七八年二月)により、日中間の貿易方針の概略が決められてからである。この取り決めは短期的には同じ時期にはじまり、石油大増産などを目指したあまりに野心的でその後挫折する「経済一〇カ年計画」と連動していたが、長期的に言えば、七八年一二月の中国共産党第一一期三中全会に象徴される、中国の経済近代化路線への全面転換とも関連していた。

取り決めでは、その後の日中経済関係の基本構造が確定された[12]。中国が日本に石油や石炭などの原材料を輸出し、日本が中国に先進的なプラントや技術を輸出するというものである。結局、この枠組みは中国の石油生産が停滞することで崩れてしまうが、ここでは日中貿易を資源と先進技術のバーターとして想定しており、それはいわば先進国と発展途上国との間の典型的な経済関係パターンとして成り立っていた。つまり水平的というより垂直的な関係であった。

これは民間における経済関係の在り方の模索であったが、政府部門ももちろんこれを後押しした。この直後から日本政府は中国に対するODA(政府開発援助)の供与を決定することになるが、それは中国の経済近代化を日本政府としても支援する意思があることの証左であった。特にこの時代は、中国が経済近代化政策によって既存の国際システムに参入することで、文化大革命時代のような閉鎖的な体制に後戻りしないよう後押しすることが日本政府の方針であり、それは一九七九年一月、中国との国交を正常化させたばかりのアメリカの意思と抵触しないものであった。

日中経済関係の構造が大きく変わるのは、その後、一九八五年のプラザ合意以後の円高の中で、日本企業が安い労働力を求めて中国本土への展開を考えはじめてからである。ただ日本企業の中国進出は八〇年代後半の段階ではまだ慎重であり、それが加速するのは九〇年代とりわけ鄧小平の南巡講話による改革・開放の大号令と、社会主義市場経済路線が提起されてからである。

日本企業の直接投資は、中国側統計(契約ベース)によると、一九七九年から八三年までの五年で二七件、九・五億ドルであったものが、九五年だけで二九四六件、七五・九二億ドルに達した。貿易についても、八七年までは中国の輸入超過であったが、八八年から立場が逆転し、それ以後日本の入超増が続いている。[13] それは、中国自身が海外からの直接投資などで競争力をつけ、輸出産業を振興させたことの結果であった。要するに、日中経済関係の構造は当初の垂直的関係から、九〇年代の中国の急速な経済成長とともにかなりの程度水平的なものへと変わった。換言すれば、相互依存がより深化したと言える。

こうした相互依存化は人の交流を見ても容易に理解できる。国交正常化から七年目で現代化路線の始まった一九七九年、日本から中国への入国者は約五・四万人であったが、一〇年後の八九年には約三九・五万人に、そして九九年には約一二一・七万人に飛躍的に増加している。また中国から日本への入国者も、七九年約一・二万人、八九年約一〇万人、九九年約三一・七万人と同様に飛躍的に伸びていった(14)。

ところが負の交流も増大した。このような公式統計に出ない、中国からの不法入国者も一九九〇年代に入って急増したからである。それは結果として社会犯罪などの温床ともなり、不法滞在中国人のかかわる事件が多発しメディアで報道されることで、中国に対する負のイメージが拡大する要素のひとつともなった。

相互依存の深化は、関係を強化させるプラスの面と摩擦を増大させるマイナスの面とがある。日中関係は「友好」を掲げスタートしたが、それは限られた人々の間の「友好」であった。しかも「友好」を前提に相互依存が進んだために、起こり得る「違和感」や「異質感」の認識を抑えつつ相互の交流が広がり深まった。本来「友好」は「違い」を克服・調整しつつ、交流の中ではじめて実現できるものである。ところが日中関係の場合、方向が逆であった。「友好」が前提としてあったがゆえに、むしろ「違和感」や「異質感」が広がったのであった。

そうした感覚は対中ODAに対する日本側の意識の中にも現れるようになった。「七二年体制」のもとで中国が完全なる開発途上国であれば異論はないが、急激な経済成長とともに軍事面での増強傾向も明らかとなり、しかもそこに透明性がない中では、中国に対する援助の意義と意味が再考されざるをえない。このような疑義が大きくなっていったのも九〇年代後半からであった。

4　戦争世代の「友好」とその後

一九七二年の日中共同声明の中で、日本側は「戦争を通じて中国国民に重大な損害を与えたことについての責任を痛感し、深く反省する」と述べることで過去の戦争責任についての立場を明確に示し、これをうけて中国側も「中日両国国民の友好のために、日本国に対する戦争賠償の請求を放棄すること」を宣言した[15]。そして両国は戦争状態の終結を宣言するとともに、社会制度の違いを乗り越えて「善隣友好関係」の樹立をめざすことを確認しあった。

ここにあるのは過去の侵略と戦争という悲劇を二度と繰り返すまいとする両国の決意であり、その象徴が「日中友好」の大原則であった。もちろん過去の侵略や戦争に関してはさまざまな立場も存在したが、概してこれらの戦争世代に共通していたのは不戦の決意であり、その象徴が「小異を残して大同を求める」ことを前提にした「日中友好」のスローガンであった。

日中国交正常化の全過程に携わった日本の田中角栄や大平正芳、中国の毛沢東や周恩来はすでに故人となって久しい。そのもとで具体的な働き手として活躍した廖承志はすでにこの世の人ではなく、竹入義勝も現役を引退した。その後を考えても、日本では日中平和友好条約のときの福田赳夫や園田直も他界した。中国側で言えば、一九七〇年代末以来中国の圧倒的リーダーとして君臨した鄧小平という巨大な存在が一九九〇年代から引退の過程に入り、九七年にこの世を去った。

中国側による戦争賠償の放棄は、日本側にとっては国交正常化の前提条件のひとつではあったが、同時にそのことが当時の各界のリーダーたちに一定の道義的責任や贖罪の意識を潜在させ、その後の対中経済協力への隠れた促進剤となった面があることを完全には否定できないだろう。もちろん賠償放棄が中国政府の公式の決定であった以上、それと円借款や経済協力との関連性について公に語られることはなかったし、いかなる公文書にも記されていない。それはあくまで戦争世代の心理のうえでの結びつきにすぎなかったと推測する以外にない。ちなみにこのとき対中円借款への道筋を切り開いた首相は大平正芳であり、外相は経済学者の大来佐武郎であり、いずれも中国との「友好」を強調した世代を代表する人々であった。

財界には中国との「友好」を唱える多くの人々がいた。一九七八年に日中平和友好条約が締結され、それに先立って民間レベルで日中長期貿易取り決めが調印されると、日本企業は雪崩をうったように中国市場へと向かった。そのとき「日中友好」のシンボルと言われたのが、新日鉄の全面的な技術協力によってはじまった上海の宝山製鉄所であった。元新日鉄会長で経団連副会長・日中長期貿易協議委員会委員長の稲山嘉寛、経団連会長や日中経済協会会長を歴任した土光敏夫、日中経済協会理事長の川合良一、同協会顧問の岡崎嘉平太などが対中経済協力の世論づくりに奔走した。「つよく周恩来が言ったです《（ママ）》。『中日協力してアジアをよくし、アジアに力をつけよう』と。そのためには日本に対する恨みを忘れるんだと言ってるのですね。これができたら、非常にいいと思うんですよ。そういう点から考えると、中国の『四つの近代化』に対する協力、あるいは朝鮮半島全体に対する日本の態度は、かなり考え方、やり方を変えなきゃいかんところがあると思ってるんです」[16]。岡崎のこうした発言に、彼の世代が共有するひとつの思いが凝縮されている。ところが一九九〇年代に入ると、両国の関係を支えてきた戦争世代は後進に道を譲り、九五年には戦後五〇年を迎え、日中関係を支える人的ネットワークの構造が大きく変化しはじめた。もちろん世代が交代しても歴史の事実が消えるわけではない。しかしいくら歴史の認識や教育を強調したところで、戦争を直接体験していないこと自体が、皮膚感覚や認識の度合いにおいてそれ以前の世代と一定の違いを生じさせることは避けられない。これは日本においても、また中国においても基本的に同じである。

ただ中国においては初等・中等教育の段階で共産党史との関連で近現代史教育が徹底されるのに反して、日本ではそこだけが特別に扱われているわけではなく、そこに教育面での非対称性が存在していた。それを象徴する摩擦が最初に現れたのが一九八二年の教科書問題だが、このときは「小異を残して大同を求める」形でほぼ沈静化した[17]。ところが戦後五〇年の一九九五年から、中国では江沢民指導下で若者の政治的無関心や共産党への信任低下をくい止めるためか、党権力の正統性を訴える抗日戦争学習が強化された。この間、日中間でも歴史認識との関連で、靖国神社への首相・閣僚の参拝や閣僚の「暴言」などの問題をめぐってぎくしゃくする事態が時折発生していた。

そして一九九八年秋の江沢民訪日では、後述する第8章で詳述するような過度の歴史発言問題が起こり、日本国内では過去の行為を「侵略」と認める多くの人々ですら、中国側の繰り返しの言及にやや「疲れ」を感じたのであった。その後中国は諸般の事情を配慮してか、歴史問題への言及を控える傾向にあった。ところが二〇〇一年、日本では民族主義的色彩の濃い「新しい教科書をつくる会」を中心にした中学校の歴史教科書が出版され、また八月には小泉純一郎首相が靖国神社を参拝した。こうしたことで、再び歴史問題をめぐって日中間は険悪なムードとなった。

世代の交代にともない、従来に比べ、「日中友好」のスローガンが使われることも減少していった。かつて「日中友好」は摩擦発生時の万能薬であったが、若い世代はより現実的に、そして論理的にお互いを見る傾向をもつようになった。あらゆる問題を「日中友好」によって解決しようとした時代から見れば、よりリアルな関係に向かっているようではあるが、それだけにそこにはしっかりとした紛争解決のための制度的チャンネルと人的ネットワークが備わっていなければならない。日中関係はこの点で危うさを残したままに世代交代が進んでいったのである。

5 「七二年体制」と台湾の変容

日中国交正常化は、日本が台湾との外交関係を断絶し、中華人民共和国を中国を代表する唯一の正統政府として承認することで可能となった。一九五二年から七二年まで、日本は台湾の「中華民国」を中国を代表する正統政府として承認していたが、米中接近とその後の対中正常化への国内世論の高まりの中で国交正常化が実現し、台湾との関係については、大平外相の談話によって国交断絶と日華平和条約の終焉が宣言された。ただ、断交後も日本と台湾の間には経済を中心とした民間の関係は残り、紆余曲折はあったが、航空路線もどうにか維持することができた。

これ以後、ビジネスや観光を除いて、一般の日本人の視野から台湾の存在はかなり薄くなっていった。台湾と政治的関わりを持つ日本人は、政治家にせよ学者にせよ、ある意味ではその多くが蔣介石個人やその「反共主義」に共鳴する、もしくは中国に強烈な反感を抱くような人々で、社会的には必ずしも多数者ではなかった。たしかに当時の台湾は蔣介石を中心とする国民党一党独裁体制のしかも戒厳令下の状況にあり、政治体制の点で言えば民主主義とは程遠い存在であった。

一九七五年の蔣介石死後、しばらくして権力の座についた息子の蔣経国は基本的に父の路線をそのまま継承するかに思われた。しかし彼は隣国フィリピンでのマルコス政権の崩壊と民主化に触発されるように、八六年から民主化の導入に踏み込み、民主進歩党(民進党)の結成による複数政党制の実現を実質的に容認するにいたった。ところが八八年一月、蔣経国は突然の死を迎え、その結果副総統で生粋の台湾人(本省人)である李登輝が自動的に総統に就任した。

李登輝就任後の大胆な民主化政策の導入と、それによる「中華民国の台湾化」の急進展については多言を要しない。簡潔に言えば、それまで台湾を支配していた戦後中国から流入し権力エリートとして君臨していた外省人・国民党の時代は終わり、多数者にもかかわらず支配されてきた本省人を中心とした国民党の時代が始まった。その帰結点が一九九六年に歴史上はじめて行われた総統直接選挙における李登輝の圧勝であり、最終的には李引退後の二〇〇〇年の総統選挙において独立を掲げてきた民進党・陳水扁の勝利であり、国民党の完全敗北であった。このことは、実質的に共産党と国民党の関係(国共関係)としての中台関係の終焉を意味していた。

台湾が民主化を遂げつつある同じ時期に、実は中国も台湾を追いかけるように政治改革に踏み出している。それがまず一九八七年一月に学生運動に寛容であった胡耀邦党総書記の失脚につながり、その後も台湾に対抗するかのように趙紫陽新総書記のもとで政治改革を続けたが、結局八九年六月四日の天安門事件という悲劇によって幕を閉じた。ここに犠牲者を出さずに民主化を実現した台湾と、犠牲者を出して民主化に失敗した中国との非対称な結末が明確となった。歴史的には「勝った」はずの共産党が、「負けた」はずの国民党に複雑な思いをもったことはいうまでもない。

このような展開は、世界の注目するところとなった。日本でも、前述したように、中国に対する好感度がここから急激に低下し、代わって台湾に対する好意的な関心が急激に高まることとなった。とりわけ戦前の日本統治下での経験から日本に特別な愛着を感じていた李登輝が、完璧な日本語で台湾を訪れる日本のエリートを魅了していったことの効果も絶大であった(18)。

こうして日本では、それまで蔣介石個人への敬慕や反共主義の観点から中国に反感を抱いていた人々、あるいは国民党との利権絡みで台湾に近づいていた人々、さらにはそれまで中国にのみ関心をもち台湾にほとんど関心をもっていなかった人々、いずれもがいつのまにか旧来の外省人・国民党と袂を分かちはじめ、「民主主義」の李登輝・台湾に共鳴するようになっていった。

もちろん日本もアメリカも、現在でも変わることなく中華人民共和国を中国を代表する唯一の正統政府として認めている。今後も、台湾の「中華民国」を中国を代表する正統政府として承認することはまずありえないし、中国が武力を行使する可能性が高い「台湾独立」を容易に支持することもありえない。つまり「一つの中国」の原則に変更はない。その点で台湾問題についての「七二年体制」に変化はない。だが台湾の経済と政治の面での自主的発展をどのように評価するかについては、日米だけでなく、世界各国で大きく変化した。要するに、民主化以後の台湾に対する肯定的評価とある種の共感は、世界大に広がっていったといっても過言ではない。

まとめ

本章においては、一九七二年の国交正常化以来形成された日中の「友好」関係を「一九七二年体制」(七二年体制)と名付け、その内容とその後の構造変化を四つの角度から分析した。分析の結果、①冷戦体制におけるソ連を仮想敵とする日米中の連携、②中国の近代化支援と相互依存の形成へ向けた共通の合意、③日中両国に戦争時代の悲劇を乗り越えて確固とした「友好」を確立したいとの戦争世代の共通認識、④台湾の「中華民国」ではなく大陸の「中華人民共和国」を中国を代表する正統政府として承認する点での合意、この四つが「七二年体制」の基本内容として指摘しうる。

しかし、一九八〇年代末から九〇年代にかけて、①冷戦が終結し、ソ連ファクターが縮小するとともに、②不透明性を増す中国の台頭に対するさまざまな懸念が増大し、③戦争世代の交代も進むことで、歴史に対する意識に分岐が起こり、④中華人民共和国を正統政府として認知する「一つの中国」原則は変わらなくとも、台湾の民主化の急進展によりその存在感と位置づけに一定の変化が起こりはじめた。「七二年体制」を支えていた各要素のこのような変化にともなって、その基本ラインは大きく変わらなくとも、九〇年代後半頃からこうした変化に応じた新たな日中関係の枠組みが求められるようになったのであった。しかし現実には新たな枠組みは構築されず、「七二年体制」のままでさまざまな摩擦を生み出すこととなった。

第7章 「日中友好」の陰り
——一九八〇年代 光華寮裁判と胡耀邦事件

前章においては、国交正常化以来の日中関係を「一九七二年体制」としてその構造的特徴を明らかにし、それが一九九〇年代から二一世紀初頭にかけて時代と状況の変遷とともに質的変容を遂げたにもかかわらず、関係を律する新たな枠組みを見出せぬままにさまざまな摩擦が増大する過程を描き出した。

本章においては、時代の針をいったん一九八〇年代中葉に戻し、八七年に日中間に発生した光華寮問題と呼ばれる一つの裁判事案に対する中国側の姿勢とその政策決定を中心に考察する。(1) この事例研究を通して、「七二年体制」のもとで両国間の「友好」が安定していた段階においても、すでに九〇年代以降の両国間の摩擦の顕在化を予見させる事案が発生していたこと、その背景には中国側の国内政治が大きな影を落としていたこと、にもかかわらず、この段階においては両国の関係を「友好」に引き戻そうとする強い力がまだ働いていたことを証明してみたい。

1　光華寮問題の発生と収拾

問題の歴史的経緯(2)

光華寮は京都市左京区白川西町にある中国人のための留学生寮である。建物それ自体は一九三一年に建てられたが、終戦直前の四五年四月、政府の委託により京都大学は中国人留学生の「集合教育」を目的として、これを所有者の合資会社洛東アパート(代表・藤居庄次郎)から賃貸し、一〇〇名前後の留学生を寄宿させた。ところが戦後、京都大学は賃貸料を支払うことができなくなってしまった。金銭的余裕のない留学生たちはこれを「光華寮」と名づけ、四五年一〇月に自治委員会を設立して自主管理をはじめ、賃貸料を支払うこともなくこの寮に住み続けた。処置に困った所有者藤居は、土地と建物の売却を考え、国税庁などと交渉をすすめたが、事態の複雑さにより、なかなか売却できなかった。

一九四七年、日本軍が戦中に中国で奪取した物資が見つかり、留学生たちは連合軍司令部に対して、その物資を換金して彼らの生活資金とするように働きかけた。この要求が受け入れられ、五〇年五月二七日、当時の中華民国駐日代表団はその売却代金を転用して藤居から二五〇万円で土地と家屋を買いうけた。しかしこの段階で、所有権移転の登記手続きは行われなかった。またこの間、四九年一〇月には中華人民共和国が誕生し、敗れた蔣介石の国民党政権は台湾に逃げ込んだ。つまり五〇年五月に光華寮を買い取った中華民国代表団とは、いうまでもなく台湾政府のことであった。

一九五二年、日華平和条約が締結され、日本は台湾の「中華民国」を中国を代表する唯一の正統政府として承認した。これにより光華寮の管理も、中華民国駐日代表団から中華民国(以下、台湾もしくは台湾政府)大使館に引き継がれた。売り主の藤居は売り渡し後もしばしば代金の上積みを要求したといわれ、五二年一二月八日には改めて台湾側とのあいだで売買契約が行われた。しかし、これによっても藤居が所有権移転登記をしぶったため、台湾側は移転登記請求訴訟を起こした。そして裁判の結果、一九六〇年になってようやく台湾側が勝訴し、この段階で五二年一二月八日の売買契約にもとづいた所有権移転が認められた(六一年六月八日登記完了)。ただしこの間も、光華寮は一貫して寮生の自主管理に任されていた。

ところがその後、光華寮の中に大陸の中華人民共和国を支持する寮生が増え、彼らが「幹事会」を組織して大陸寄りの姿勢を強め、進行中の文化大革命に対しても共鳴しはじめた。これに対して大使館側は六七年九月六日、大陸寄りの八名の寮生の退去を求めて京都地裁に明け渡し請求訴訟を起こした。しかし京都地裁がこれについての最終判断を下したのは、それから一〇年後の七七年九月一六日であった。それは七二年九月二九日を期して、日本が中華人民共和国との国交を樹立し、中華民国との国交を断絶したことにより、光華寮の所有権そのものが大陸側に移転したとの判断から、原告の台湾側の訴えそのものを却下するという内容であった(3)。

いうまでもなく、台湾側はこれを不服として直ちに大阪高等裁判所に控訴した。そして五年後の八二年四月一四日、大阪高裁は京都地裁の判断を覆して民事訴訟の観点から所有権の移転を認めない旨の判決を下し、京都地裁への差し戻しを命じた(4)。京都地裁は四年後の八六年二月四日、大阪高裁の判決をほぼ踏襲するかたちで台湾側の訴えを認め、八名の寮生の明け渡しを求めた(5)。ここで再び寮生たちは大阪高裁に控訴した。しかし翌八七年二月二六日の判決は、寮生たちの訴えを棄却するという内容であった(6)。この後、寮生たちは最後の手段として最高裁判所に上告したが、その後も長く判決が下されなかった。そしてそれから三〇年経った二〇〇七年三月、最高裁は一九七二年の日中国交正常化の時点で中華民国は訴訟の原告当事者ではなくなっており、中華人民共和国に訴訟承継を行ってから再審すべきであるとして京都地裁に差し戻した。これに台湾側が反発したことはいうまでもない。

突然の批判開始

一九八七年二月の大阪高裁判決の段階まで、中国政府は光華寮問題についてほとんど論評を加えることもなかったが、判決直後から非難の調子を一挙に上げていった。まず判決の出された八七年二月二六日、中国外交部スポークスマンは政治的にも法理論的にも誤りであると批判するとともに、外務次官の劉述卿は中江要介大使を呼び、日本政府に善処を求める口上書を手渡した。これに対して日本政府は、光華寮問題が民事訴訟であり、しかも三権分立の立場から政府は司法に介入できないこと、中華人民共和国を唯一合法政府とすることに変わりがないこと、などの点を説明した(7)。

三月六日、光華寮判決を単なる民事訴訟ではなく、「重大な国際法違反」と非難する北京大学教授趙理海の論文が『人民日報』に掲載された。この同じ日に、中江大使は劉外務次官を訪ね、前述したような日本政府の立場を説明する口上書を手渡した(8)。三月一六日の『人民日報』には、中国政法大学教授朱奇武に対する光華寮問題についての長いインタビュー記事が掲載されたが、この中で朱は、判決が実質的に「二つの中国」もしくは「一つの中国　一つの台湾」をつくりだしており、三権分立を盾に政府の責任を逃れることはできないと語った(9)。

三月二七日には章曙中国大使が柳谷謙介外務次官と会談し、日本政府の立場に反論する口上書を手渡した。さらに四月三日、銭其琛外務次官は記者会見の中で、光華寮を中国の国有財産であると表明し、その後四月一七日には、来日した中日友好協会名誉会長でもある王震中央顧問委員会副主任が、中曽根首相との会見の中で、日本政府が影響力を行使することへの期待を表明した。

五月五日、鄧小平中央顧問委員会主任は宇都宮徳馬日中友好協会会長と会見し、日本には「ごく少数だが、政治的影響力のある人も含めて、軍国主義復活の傾向が存在する」と言明し、さらに光華寮問題にも言及して、アメリカの台湾関係法との類似性を指摘したうえで、これも「日本の軍国主義復活と関係している」と述べた(10)。鄧はまたこの会談の中で、光華寮問題解決へ向けて、中曽根首相の指導力に対する期待も表明した。これを受けて直ちに中国外交部スポークスマンも五月六日、光華寮問題に関して日本政府がひきつづき黙認の態度をとるならば、中国政府は強い対応をとる可能性を示唆した。この直後の五月八日、中国の国家安全部は胡耀邦事件の取材に関連して、共同通信特派員の国外退去を命じた。

「雲の上」発言問題

六月四日、鄧小平は訪中した公明党の矢野絢也委員長と会見した。席上、鄧は光華寮問題に関連して、「日本の政府、司法機関がこの問題をどのように処理しても私たちは致し方ないが、歴史の帳簿に日本政府は一つの借りを付けることになる。その借りとは、両国の間で結ばれた中日平和友好条約を順守しなかったという借りである」と述べ、日本政府の対応を厳しく批判した。鄧はさらに続けて、「率直にいうと、日本は世界のどこの国よりも中国に対する借りが一番多い国だと思う。中日の国交回復のとき、われわれは戦争の賠償の要求を出さなかった。……東洋人の観点からいうと、条理を重んじているので、日本は中国の発展を助けるためにもっと多くの貢献をすべきだと思う」とも述べ、賠償放棄を日本の中国に対する「借り」として持ち出した(11)。

こうした鄧の発言に対して、日本側からも強い反発が起きた。外務省首脳の一人(柳谷謙介外務事務次官――新華社六月一九日公表)は鄧発言をうけて四日夜、「(鄧氏も)雲の上の人になってしまったのではないか。下から報告が届いているのか。年をとるとだれでも頭が固くなる。……中国要人の発言に日本は一喜一憂すべきではない」と報道陣に語った(12)。この発言が中国側からの反発を招いた。六月七日、孫平化中日友好協会会長が外交儀礼上、非礼だと非難し、唐家璇アジア局次長も湯下博之公使を外交部に呼び、正式に抗議した。これに対して日本側も、八日には外務省の藤田公郎アジア局長が徐敦信駐日公使を呼び、鄧主任の批判には時として日本の実態や認識と乖離していることがあることを述べたうえで、外務省首脳の発言に攻撃の意図はなかったことを強調した。

しかし中国側はなおも反発し、一〇日外交部スポークスマンはこの発言を「外交儀礼をわきまえていない」と批判した。事態の拡大化を恐れた外務省は六月一五日、柳谷外務事務次官が「鄧小平主任に関する部分において、礼を失する表現があり、これが中国側に不快感を与えたことは遺憾であった」と表明し、問題の解決をはかった[13]。中国側もこの遺憾表明に対して「留意する」と答えることで一応の評価を示し、事態の収拾へと向かった。ちなみに柳谷事務次官は、この直後の六月一八日に辞意を表明した。ただしこれは「通常の定年退職」ということであった。

事態の収拾

一九八七年六月二六日から二八日にかけて、第五回日中閣僚会議が北京で開催された。この会議においても光華寮問題が中心的な争点となったが、双方とも従来の主張を繰り返すのみで平行線をたどった。ただし立場は違えども、意見交換することで相互の理解が深まったことについては認めあった。二八日には会議に出席した倉成正外相をはじめ日本の七閣僚が鄧小平主任と会談したが、ここでも鄧は教科書問題を政府が解決したように光華寮問題も解決すべきであると述べ、問題の早期解決を促した[14]。

同年七月七日は盧溝橋事件の五〇周年にあたるため、この前後は戦時中の中国における日本の侵略行為に対する報道が増大した。これとならんで、光華寮についての報道もまた多くなった。七月七日には李先念国家主席が日中友好交流会議代表団との会見の中で、光華寮問題について容認できないと述べるとともに、条件つきの経済援助は不要であると表明した。こうした再三にわたる中国からの要求に対応してか、中曽根首相は一時的に「裁判所が求めれば政府として意見を述べる」と語ったこともあるが、その後はそれを撤回し、「行政府としては手が届かないところに行っている」と言明した[15]。

その後も中国の要人と日本側との会見、また一一月三〇日から一二月二日にかけて北京で開かれた日中友好二一世紀委員会などで、光華寮が争点としてとりあげられたが、全体としてみれば中国側がそれをとりあげる頻度は低下し、内容も型通りのものとなっていった。たとえば、九月初旬に中国を訪れた二階堂進前自民党副総裁に対して、鄧小平は光華寮問題については言及しなかったし、九月中旬に中国を訪れた塚本三郎民社党委員長に対して、鄧は光華寮問題について「私は言い尽くした」と述べた(16)。八八年に入るとその傾向はますます強くなり、五月には李鵬首相が「解決には多くの努力と時間が必要だという日本の事情を理解している」と述べるにいたった(17)。こうして光華寮問題はとりあえず沈静化した。

中国側の三つの論点

中国側が光華寮問題をめぐって提起した論点は、大別すれば、①日本と台湾は国交が存在しないので、台湾は日本国内の裁判の当事者能力がない、②日本が中華人民共和国を国家承認した段階で、台湾の所有していた財産については中華人民共和国政府が承継すべきである、③日本政府は三権分立や司法独立を盾に行政の介入を避けているが、対外関係の責務を負うのは政府であり、国内法を根拠に国際的義務を履行しないことは許されない、などの三点に要約できよう(18)。

第一の論点に関していえば、中国側は承認を受けていない政権は外国の裁判所に提訴できないとの立場から、台湾は国家や政府の名義で日本の裁判所に提訴することはできないと主張した。また台湾の訴えを日本の裁判所が受理したことは、日中共同声明と日中友好平和条約に違反するとも批判した。これに対して大阪高裁判決は、日本の民事訴訟法は承認をもって裁判の当事者能力の有無とするかどうかについては規定がないとの立場から、一九七二年に日本と台湾との外交関係は断絶したものの、その後も台湾が一定地域を実効支配・統治していることを根拠にその当事者能力を認めた。

第二の論点に関していえば、中国側は国際法にもとづいて、新政府が承認された場合、あらゆる旧政府の国家財産あるいは公有財産も新政府に完全承継され、光華寮の場合もこうした財産にあたると主張した。これに対して大阪高裁判決は、国内の民事訴訟法の観点から、つぎのように解釈した。ある国家の旧政府が完全に消滅した場合にはその政府の財産はすべて新政府に承継されるが、台湾の場合はいまだに一定地域を支配しているためこれは不完全承継にあたり、中国はその財産を承継することができない。しかも歴史的経緯からみて、光華寮は「外交財産」あるいは「国家権力行使のための財産」とみなすことはできない、と。またこの裁判の過程で、台湾側はアメリカの「台湾関係法」を引き合いに出し、アメリカでは外交関係の断絶の前も後も、台湾のあらゆる財産の所有権が保障されていることを紹介していた。

第三の論点に関していえば、中国側は前述したように、鄧小平をはじめあらゆる要人は、再三、日本政府や中曽根首相が事態収拾へ向けて何らかの実際行動をとりうるのではないかとの意見表明を行った。これに対して日本政府側は、一貫して三権分立を掲げ、行政の司法への介入を否定し、裁判結果についてはあらゆる論評を避けた。前述したように、一時的に中曽根首相は、裁判所が求めれば政府としての意見を表明することもあることを示唆したが、それも直ちに撤回した。

2　対日批判はなぜ起きたか

当初の中国側の無反応

二〇〇七年の最新の判決を除き、光華寮問題に関して、裁判所は過去に四回の判決を出している。この中で、最初の京都地裁判決のみが中国の所有を認めたが、あとのすべての判決は台湾の所有との判断を下した。最初の判決に関して、中国側の反応を見出すことはできない。中国がそれを当然の判決と思ったからか、あるいはただ無関心であったにすぎないのかは不明である。

第二回目は八二年四月の大阪高裁によるものであったが、管見の限りこれに対して中国側が公に反発を示したことはなかった。第三回目の八六年二月の京都地裁判決に対しては、中国大使館の参事官が「遺憾の意」を表明した。しかしこの段階で中国側は、これ以上の意見表明をすることもなかった。その後も、光華寮に関してはわずかな論評があるにすぎず、政府間の大きな争点となることもなかった。

要するに、中国側がこの問題をすすんで取り上げるようになったのは、最後の八七年二月の大阪高裁判決の直前からである。この判決にさきだって、中国は二月初旬、日本側と光華寮問題について意見を交換するために、王厚立外交部条約法律局長を団長とする六名の法律専門家代表団を日本に派遣していた。またこの直前の一月二三日付の『人民日報』海外版は、過去の光華寮判決の不当性を声高に訴える李浩培外交部法律顧問の論文を掲載していた。これらがいずれも、二月二六日の大阪高裁判決へ向けてのデモンストレーションであったことはいうまでもない。判決以後の中国側の厳しい反応に関しては、前に述べた通りである。

それでは、前の三回の判決に関してほとんど口を出すことのなかった中国が、なぜ八七年二月の段階にいたって非難の声を強めたのであろうか。ここではこの問題を、対日関係、国内政治、台湾問題などとの関連の中で考察することで、当時の対日政策の構造を解明してみたい。

批判開始直前の日中関係

一九八三年一一月に胡耀邦総書記が日本を訪問し、日本の青年三〇〇〇人を中国に招待することを発表した。また八四年三月には中曽根首相が訪中し、約四七〇〇億円にのぼる第二次円借款の供与と日中友好二一世紀委員会(以下、二一世紀委員会)の設置を決めるなど、日中間には友好ムードが高まった。

これに水を差したのが、八五年八月一五日の中曽根首相の靖国神社への公式参拝であり、九月には北京大学の約一〇〇〇人の学生による天安門広場での反日デモを誘発した(これ以後、中曽根首相は参拝を取りやめた)。しかし一〇月一〇日からの安倍晋太郎外相の訪中までに、北京大学構内に貼り出されたこうした批判はすべて撤去されるなど、当局も日本への悪影響を警戒した。そしてまたこの直後に開催された二一世紀委員会において、胡耀邦は日中友好発展のための意見を自ら四点にまとめて提案した[19]。これ以外にも、中国側の貿易赤字による不均衡問題なども発生したが、日中関係全般を大きく傷つけることもなかった。

一九八六年に入ってからもさまざまな問題が発生したが、一一月には中曽根首相が再び訪中することによって、日中友好の四原則（平和友好、平等互恵、相互信頼、長期安定）を確認するなど、日中の基本的関係を揺さぶるようなことはなかった。ただこの一年のあいだに、主として歴史認識問題と台湾問題にかかわる争点が頻発し、両国間の摩擦が増大しはじめたことも事実である。すなわち、六月には八二年の教科書問題を第一次とすれば第二次教科書問題とでも呼べる争点が発生し、七月と九月には藤尾正行文部大臣の二度にわたる発言問題が発生し、また九月には、自民党の親台湾派が故蔣介石の生誕一〇〇周年を記念して「蔣介石先生の遺徳を顕彰する会」が開かれたが、これに対して中国側が反発する、などの摩擦も発生した。

このうちの第二次教科書問題とは、「日本を守る国民会議」が編集した高校の日本史の教科書を、文部省が検定合格させたことに対して、中国が批判を加えた事件である。そして藤尾文部大臣の発言問題とは、第一回目はこうした中国や韓国などの批判に対して藤尾大臣が反論することでさらなる反発を招いた事件であり、第二回目は『文藝春秋』誌に、日韓併合における韓国の責任に触れたり、中曽根首相の靖国神社参拝問題に対する姿勢を批判したりすることで、中国と韓国から厳しい批判を受けた事件であった（この直後、藤尾は中曽根首相により文部大臣を罷免された）。

八六年末から八七年はじめの大阪高裁判決の頃まで、日中間にはさらにいくつかの争点が生まれた。ひとつは日本の防衛費ＧＮＰ一％枠の突破問題であり、もうひとつは福井に漂着した北朝鮮のズ・ダン号の乗組員一一人を、彼らの要求に応じて台湾に移送し（その後彼らは韓国へ）、しかもそれに外務省高官を同行させた問題であった。このように八六年以来の一連の問題は、その多くが日本の歴史・戦争に対する認識、あるいは「軍国主義復活」懸念と、「二つの中国」や台湾問題に深く関連していた。「顕彰する会」はいうまでもなく、また日中航空協定の調印に反対する中で結成されたかつての「青嵐会」のメンバーでもあった藤尾も親台湾派であり、中国側はこれらの問題をすべて一連の意図的な動きと認識したようであり、これによって中国の警戒心は徐々に増幅されることとなった。

にもかかわらず、全体としてこの段階をとらえれば、中国は対日批判をむしろ抑制させようとする傾向が強かったし、前述の中曽根訪中に示されるように現実の両国関係の求心力もまだ強かったといえる。なぜなら、頻発した歴史認識問題と台湾問題は、中国外交にとっての基本的な「原則」ともいえるものであるが、中国のマス・メディアでの量と質の面での取り上げ方には抑制が効いていたからである。ところがいったん光華寮問題が発生すると、中国のこうした抑制の歯止めもついに外れてしまい、日中関係は一挙にぎくしゃくとしたものとなった。

対日批判工作

中国は判決後、光華寮についての問題を提起する過程で、具体的にどのような対日行動をとったのであろうか。中国はしばしば対日政策の中で、ある種の「外圧」によって日本政府や国内の世論を刺激する方法をとる。たとえば、一九八二年の教科書問題のときなどには、こうした傾向がみられた。政府や世論を刺激する方法もいくつかあるが、ひとつは中国自身が積極的に報道することで日本のマス・メディアにもそれを取り上げてもらい、中国に好意的な記事が書かれることを期待する方法である。ただし、後述するように、光華寮の場合はむしろそれが裏目に出たといえよう。

もうひとつは、日本国内の政治過程の中で影響力を行使しうる「友好人士」「友好団体」「有力政治家」などに働きかける方法である。光華寮問題においても、中国はしばしばこのような人々への働きかけを積極的に行っている。たとえば前述したように、五月初旬に鄧小平が宇都宮徳馬参議院議員(日中友好協会会長)と会見し、光華寮問題と「軍国主義復活」を結びつける発言をしたが、宇都宮は帰国後政府に問題解決を要望するとともに、自ら主宰する『軍縮問題資料』誌七月号に中国の主張の正しさを訴えた(20)。

また長年の中国の「古い友人」である公明党の矢野委員長は、前述の鄧小平との会見のあとで、光華寮問題に対する政府や外務省の姿勢を厳しく批判した。ちなみに、この直前に訪中した栗原祐幸防衛庁長官は、防衛費GNP一％枠突破問題もあってか、鄧と会見することはできなかった。さらに六月一八日、東京で日中友好協会、日本国際貿易促進協会、日中文化交流協会、日中議員連盟、日中経済協会、日中協会の日中友好六団体は集会を開き、日中友好のために光華寮問題を速やかに解決すべきこと、中国は一つという原則を守るべきこと、などを政府に対して訴えた。

胡耀邦事件との関連

胡耀邦総書記と中曽根首相の時代の日中関係は、多分にこの二人のリーダーの個人的な信頼関係によって支えられていた。それは裏を返せば、どちらか一方、あるいは両者が政治の表舞台からおりたとき、両国関係はひとつの試練を迎える可能性があることを意味する。中曽根首相は「ロン＝

ヤス関係」に象徴されるように、レーガン大統領との個人的な関係にもとづいて日米関係の基礎を築こうとした。同様に中曽根は中国との関係においても、個人的な信頼関係のうえに全体的な協調関係を築こうとした[21]。それがとりもなおさず胡耀邦との個人的な関係であった。

この二人の関係は、八三年一一月の胡耀邦来日と翌八四年三月の中曽根訪中を通じて形成され、藤尾発言問題も冷めやらない八六年一一月八日、日中青年交流センターの定礎式に胡耀邦が中曽根を個人的に招請することで、その友情は頂点に達した。この首脳会談では、胡耀邦が「首相が中日関係の新たな発展に貢献されたことに対し、私たちは称賛している。私の見方では、首相と日本国民は中国人民の感情を正しく理解しているし、私たちも日本国民の感情を正しく理解している。双方の指導者間では、何ら問題はない」と述べたのに対して、中曽根も「指導者の信頼が大切だ。胡総書記が日本のことを考え努力されたことに敬意を表する。……今回、訪問したことは友情を深めるのが目的だ」と応えた[22]。

胡耀邦事件が起こったのはこの直後のことであった。一一月に地方からはじまった学生の民主化要求デモは、たちまちのうちに上海や北京に飛び火したが、この処理において胡耀邦は断固たる措置をとらなかったとして、翌八七年一月一六日の党中央政治局拡大会議において総書記の地位を解任され、替わって趙紫陽が総書記代行に就任したのであった。これを最終的に決断したのが鄧小平であったことはいうまでもない。鄧は学生の民主化要求を「ブルジョア自由化」として一蹴し、これに寛容な態度を示し、しかも保守派や長老たちから嫌われていた胡耀邦の解任を決意した。

胡耀邦の喪失が日中関係にもたらした影響については明確に測定できないが、この直後から各方面で、中国の対日政策が厳しくなったことは事実である。たとえば胡耀邦事件後、彼の「罪状」の中に、八四年秋に日本の青年三〇〇〇人を「個人的判断」で中国招待させたことと、八六年一一月に中曽根首相を個人的に招待したことが加えられたといわれる（後者に関してはなかったとの説もある）[23]。また胡耀邦を失脚に追い込んだ保守派の一人といわれる鄧力群党書記は、胡批判と関連して「中国は経済、貿易で日本に過度に依存している」「日本製品は品質が悪い」「中曽根は軍国主義を奨励しているが、胡耀邦は手を結んだ」などと語ったと伝えられる[24]。光華寮の判決は偶然この直後に出されたものではあったが、これに対して突如ともいえるほどに厳しい批判で対応した背景には胡耀邦失脚の余波があった、と考えても不思議はない。

しかも光華寮判決に関して、日本政府が三権分立を盾に不介入を繰り返し強調したことも、中国側にしてみれば、胡耀邦事件との関連において微妙な意味をもっていた。というのも、この事件はそもそも学生の政治的民主化要求に端を発しており、日本の三権分立論の前に中国側が屈するとなれば、胡耀邦追放の正当性を失うことにもなりかねなかったからである。それが証拠にこの時期、鄧小平は三権分立論にきわめて過敏になっていた。鄧は八七年四月に香港基本法の起草委員と会見したときも、中国は西側的民主の三権分立を絶対に導入しないことを語っていたし、六月にも同様の発言を行っていた[25]。

胡耀邦事件の余波

こうした鄧小平の過敏な対応は、もちろん胡耀邦事件との関連が大きいと思われるが、同時にこの頃、一九八六年二月にはフィリピンでマルコス政権が「ピープルズ・パワー」の前に打倒され、八七年六月には韓国で学生の民主化運動が高まり、同月二九日には民主化宣言が行われるなどの事態が発生しており、中国自身が民主化の包囲網の中にあったという国際的な客観状況も忘れてはならない。

一九八〇年代半ばの中国の外交政策は、総書記の胡耀邦を中心とした党中央書記処に決定権限が集中しつつあった。その点から見ても、二一世紀委員会の中国側の座長は胡耀邦の腹心といわれた若手の王兆国書記であり、形式的には当時最も権力を掌握しつつあった書記処が、胡の直接的な指導のもとで日中関係に関しても重要な役割を担っていたことになる。しかし胡耀邦事件の結果、彼と連座するかたちで王兆国も批判の矢面に立たされることとなった。その後、王は中央の要職を離れ、福建省長代理として地方に転出させられた。王は八七年一一月末から一二月はじめにかけての第四回二一世紀委員会においても、福建省長代行のまま座長を務めたが、翌八八年の第五回二一世紀委員会からは、日本通ではあるが党中央委員でもない張香山が中国側の座長となり、彼は実質的に解任された。

これは明らかに、中国側が二一世紀委員会を胡耀邦時代の党直属から切り離し、外交部に直属させることで実質的にその地位を低下させたことを意味していた。またこのことは、中国の対日政策において、あるいは政策決定全般において、書記処がもはや従前の役割を果たしえなくなったことの現れであった。

党内事情との関連で、最後に鄧小平の役割について触れておけば、やはり光華寮問題に関しても彼の意向が中国の立場を決定づけた。前述したように、鄧小平は問題発生後、宇都宮徳馬や矢野絢也らと会見したが、その中で彼が「軍国主義復活」や賠償問題に言及すると、その直後から中国側の要人の発言にもこれらがちりばめられるようになったことにもそれは現れていた。「雲の上」発言問題のあと、孫平化中日友好協会会長はこれを非難して、「肩書がどうであろうと、わが国の最高指導者は鄧小平主任で、党内で今後、何があっても、鄧体制はつづく」と述べ、またこの直後の日中閣僚会議のさい倉成外相と会見した趙紫陽首相も、「鄧小平主任の公明党代表に対する発言は中日友好関係を思ってのもので、中日友好の大局を重視しての発言だ。中国政府、人民の意見を代表したものだ」と語った(26)。

台湾問題との関連

光華寮問題は、いうまでもなく台湾問題と深く結びついている。中国が一九八七年はじめから光華寮の問題に強く関心を抱くにいたった背景には、当時の台湾内部の政治発展も大きく関係していた。まず政治に関していえば、八六年三月に台湾では蔣経国の指導下で国民党第一二期三中全会が開催され、直前のフィリピン民主化革命の影響を受けてか、この中で「政治革新」を決議し、政治的民主化への着手を示唆した。そして同年九月二八日には民主進歩党(民進党)が結成され、それを後追いするかたちで国民党は一〇月七日に「党禁」解除を決定し、複数政党制への道を開いた。その直後の一〇月一五日、国民党は「国家安全法」を制定することで戒厳令の解除を約束した(八七年七月一五日正式解除)。

同年一二月の初の複数政党制のもとでの選挙においては、台湾の将来に関して「独立」を匂わせた「住民の自決」を訴えた民進党が、立法委員で一二名(改選七三)、国民大会代表で一一名(改選八四)の当選を果たす躍進を示した。翌八七年はじめには、民進党代表団はアメリカを訪問し、モンデール元副大統領と会見するなど民主党との提携関係をとりつけた。この代表団はアメリカからの帰路の二月中旬、日本にも立ち寄り、宣伝活動を展開した。

中国においても、一九八六年六月頃から鄧小平が先頭にたって政治体制改革の必要を突然に訴えはじめたが、これは多分に台湾の民主化動向を意識したものであったと思われる。八七年に入ってからも、中国は台湾の動きをますます注視するようになった。五月一六日、鄧小平はカリフォルニア大学バークレー校の李遠哲教授、コロンビア大学の李政道教授と会見したさい、「祖国統一については、われわれは台湾当局に希望をかけ、台湾人民に希望をかけている。台湾は中国領土の一部である。中国の統一が実現しなければ、台湾の地位は安定せず、いつか他人に奪い去られるだろう」と述べ、台湾独立の兆候を牽制するためには国民党にすら期待する旨を示唆した。(27)

このように、中国が台湾の民主化や独立の動きを警戒していた矢先、日本の対台湾経済関係は一九八六年の一年間で大きく前進した。まず八六年半ばから、台湾の好景気にも支えられて日本の対台湾貿易が対中貿易を上回った。しかも八六年二月にトヨタ自動車が台湾への進出を決めると、三菱自動車など他の日本の自動車関連企業も台湾への投資を開始した。こうした中で行われた前述の「蔣介石先生の遺徳を顕彰する会」などの動きが、中国側を強く刺激したであろうことは想像に難くない。その意味で、中国側の観点に立てば、八七年二月の光華寮の判決はまさに「意図的」とも思えるほどに絶妙のタイミングなのであった。中国側がこうしたすべての日本の動きを、自らの体制を投影するかのように、政府主導によるものと考えていたとしても不思議はない。

3　なぜ対日批判は緩和したか

鄧小平の批判緩和指示と党内事情

光華寮をめぐる日中間の論争は、「雲の上発言」問題の発生により思わぬ方向へと進展したが、それも前述したようなやりとりと、一九八七年六月末の日中閣僚会議での意見交換などを通じてどうにか収拾へと向かいはじめた。しかし光華寮問題とは直接的な関連はなかったものの、七月七日の盧溝橋事件五〇周年へ向けて、中国のマス・メディアはこぞって日本の過去の対中侵略問題を記事や写真で積極的に掲載しはじめた。このとき、青少年に対する教育がその主たる目的であることがしばしば繰り返されたが、胡耀邦事件のあとで鄧小平が最も痛感したのが、青少年に対する歴史教育の必要性であったことを考慮に入れれば、両者は密接に関連づけられていたといえよう。[28]

対日批判の緩和を指示・誘導したのも鄧小平であった。その明確な兆候は日中国交一五周年を控えた八七年九月初旬頃からみられた。たとえば、鄧は二階堂前自民党副総裁との九月五日の会見の中で、「日中両国間で近年よくないことが発生した」とは述べたものの、光華寮問題については直接の言及を避けた。[29] また鄧小平は九月一一日に塚本民社党委員長と会見したが、そのさい光華寮についての質問に答えて、「(日本側は)この問題を法律の問題だと考えている。われわれは政治問題だと思っている」と述べ、さらに質問を進めると「みなさんが自分で解決してほしい。私は言い尽くした。私たちの見方も分かったと思う」と語った。[30]

つまりこの段階で、鄧は日中双方の立場の根本的な違いと、争点の解決がそれほど容易でないことを認識しはじめていた。これは実質的に、彼が最高裁判決まで問題の棚上げを覚悟したことを意味していた。こうした鄧の意向を受けてか、前述したように、九月末にニューヨークで開かれた倉成外相と呉学謙外相との会談において、呉は光華寮問題について一言も触れず、一〇月にも章曙中国大使は講演の中で日本の三権分立に対して理解を示した。

ところでこうした問題収拾の過程において、党内はどのような状況にあったのであろうか。胡耀邦事件以後、党内では社会主義イデオロギーに忠実ないわゆる保守派の発言力が増大した。したがってもともと改革指向の趙紫陽首相にとってみれば、総書記代行兼任となったものの、その地位は必ずしも安泰ではなかった。その結果、党内では、八七年秋の中国共産党第一三回全国代表大会（一三全大会）へ向けて、この年の春から夏にかけて深刻な暗闘が繰り広げられた。

そのひとつの頂点が、五月一三日の政治局拡大会議と五月二六日から開催された全国整党工作会議であった。前者の会議において趙は保守派が経済改革を妨害していると主張し、後者の会議において彼は改革・開放を訴えるとともに、社会主義堅持、共産党指導などの「四つの基本原則」を「硬直化した見方で理解してはならない」と述べた。[31] ここには鄧小平の意向が働いていたといわれるが、この頃から趙紫陽らの改革推進の立場が優勢を占めはじめた。そして八七年七月には、胡耀邦事件により棚上げとなっていた政治体制改革も再び息を吹き返し、八月には一三全大会において趙紫陽が正式に総書記に就任することがほぼ確実となった。以上のように、中国の対日政策緩和と党内改革推進派の権力基盤掌握とは歩調を同じくしており、両者のあいだに明確な相関関係がみられる。

中国側の批判緩和の意図

鄧小平らを中心とした中国指導部は、争点が解決したわけでもなく、また日本側が一切譲歩したわけでもないのに、どのような意図から光華寮問題の収拾を図りはじめたのであろうか。ここでは、以下の三つの角度からこの問題を考えてみたい。

第一に、中国は光華寮をめぐる日本のマスコミ報道と世論の動向に一貫して関心を払っていたが、全体としてこの問題に関する日本側の反応が、中国側の主張に対して厳しいものであったことがあげられる。しばしば日本の戦中の歴史認識問題などにおいては、日本のマスコミも中国をはじめとしたアジア諸国の厳しい反応に比較的すすんで耳を傾ける。中国側もそれを熟知しており、前述した「友好人士」工作をはじめ、マスコミを刺激することで、ときには「外圧」を有効利用することもあるように思える。

しかしこと光華寮に関しては、日本の民主主義の根幹としての三権分立の原則に関わる問題であるがゆえに、従来とは異なる対応がみられた。たとえば八七年三月二日の『朝日新聞』社説は、大阪高裁判決によって「台湾の公的地位が認知されたとか、『二つの中国論に立つ』といった見方は当たらない」と主張し、その後の九月二七日の社説でも、「光華寮訴訟で、中国が日本政府に司法への介入を求めたのには、むりがある」と明確に述べた。[32]『読売新聞』もまた、「中国がこの裁判への日本政府の干渉を求めているとしたら、それは無理な注文である。……光華寮問題と軍国主義を結びつけるのは、理解に苦しむ」(五月一〇日社説)と主張し、『毎日新聞』も、「中国の強引とも見える主張は、司法の独立という日本の伝統を無視するもの」(五月一三日社説)と論じた。[33]このような日本側の一枚岩ともいえる主張に直面して、中国側はこれ以上の深入りは逆効果を生むと認識したのではなかろうか。

第二に、これとの関連で、八七年に入ると第三次円借款についての議論がすでに提起されており、中国側は光華寮をめぐって日中関係をこじらせたときの円借款への悪影響を勘案したふしがある。中国が対日批判を緩和させた時期と、中国政府が日本政府に対して第三次円借款の開始時期の前倒しとその増額を要求した時期とはほぼ一致する。それはいずれも八七年九月はじめであった。しかも九月二日には、孫平化中日友好協会会長が上海での講演の中で、日本の対中援助が不十分であることを訴えるとともに、国内には日本への賠償放棄に対する反対論があることをほのめかした。[34]このような中国側の微妙な政策変化に呼応するかのように、日本政府は国交一五周年を記念して、新規に一〇〇〇億円の特別円借款の供与を決定した。

第三に、この時期中台関係がやや好転しはじめ、「二つの中国」問題や台湾問題を声高に叫びつづけることは、両岸関係の発展と統一へ向けて好ましくないと判断したことが考えられる。前述したように中国は、八六年以来台湾の政治発展に警戒心をもちながら注目していたが、八七年七月の台湾の戒厳令解除を経て、この年の秋頃からこれも党内事情とも関連してか、その姿勢に変化がみられはじめた。それはまず、台湾の『自立晩報』紙の二人の記者が、大陸を直接取材するのを中国側が歓迎したことに象徴されていた。これも八七年九月のことであった。台湾当局ももともと二人の記者の訪中を見合わせるよう警告していたが、その後彼らに対して厳しい措置は特にとらなかった。それどころか国民党は一〇月一四日、台湾住民の大陸への親族訪問を認め、一一月二日からこれを実施に移した。これに対して中国側も、台湾のこの決定を歓迎する旨を表明した。

まとめ——対日政策決定の要素

本章においては、光華寮問題を事例として、中国の対日政策決定のメカニズムを、詳細に事実関係を追うことでできるかぎり実証的に解明してきた。資料不足により推測の部分もあるが、ここまでの分析を通して、明らかとなった諸点を記しておきたい。

①中国の対日政策においても、鄧小平の役割は絶大であった。個別の比較的小さな争点についてはともかくも、光華寮問題に関しては、批判キャンペーンを発動する過程においても、また批判を緩和・収束させる過程においても、鄧小平自身の態度表明が決定的な要素となった。それだけに、鄧が光華寮問題を「軍国主義復活」と短絡的に結びつけたように、正確な状況把握を欠いていたことによる事態の複雑化もみられた。

②中国の対日政策とそのときどきの党内事情は深く関係している。光華寮問題が拡大した背景には、中曽根首相との個人的な関係を通して日本と近しくなった胡耀邦の失脚があった。中国側は胡

耀邦事件以後、対日政策の不変を繰り返したが、現実には光華寮以外でも日本に対する風当たりがきわめて厳しくなった。日本側の「三権分立」の主張が、日本側が意図的であったかどうかは別として、中国にとっては胡耀邦事件に対するさや当てともなったように思われる。また中国側が対日批判を緩和した段階においても、党内では趙紫陽の総書記就任が決まるなど、改革推進勢力の台頭がみられたときでもあった。加えていえば、胡耀邦時代の日中関係は、胡の直接的な指導のもとで書記処を中心に重要政策が処理されていたが、彼の失脚後、対日政策のみならず書記処の全般的な役割自体が低下した。日中間の二一世紀委員会は、胡耀邦時代の書記処直属から、事件後には党中央とのパイプが切れ、外交部直属へと移動したように思われる。

③中国外交において、台湾問題の占める位置はきわめて重要である。光華寮問題そのものが台湾問題と関係していたこともあるが、中国の外交交渉の中でこの点に関する譲歩は一切みられなかった。その意味で、中台統一問題つまり「一つの中国」は中国外交の第一原則であるともいえる。しかも中国は、特に民主化導入以後の台湾内部の政治・経済の発展と、台湾と諸外国との結びつきを克明に追うことで、それを国内外の政策に着実に反映させている。

④中国は対日政策の中で、日本国内の世論と政策決定者に影響を与えることで、状況が自らに有利に展開するように、「友好人士」「友好団体」「有力政治家」などに積極的な働きかけを行う。これは光華寮裁判を問題化させる過程で特にみられた。

⑤これとの関連で、中国は対日政策の立案において、日本の世論の動向に非常に注目している。光華寮問題に対する日本国内、特にすべての新聞社の断固たる姿勢に直面し、しかもそれが改善さ

れる見込みがないとわかると、問題を棚上げにするかたちで軟化政策を示しはじめた。光華寮問題の場合、そこには日本からの援助を効果的に引き出す目的もあったと思われる。

中国の対日政策は、以上のように非常に複雑な要素が相互に絡み合って形成されており、単純に一般化することは容易ではない。ただ、少なくともひとつ指摘すべき重要な点は、中国の対日政策はやはり内政の延長線上にあるということである。ただ、この時代の日中関係はまだ鄧小平の強い指導下に置かれており、彼の対日友好の基本姿勢が胡耀邦事件によっても揺らがなかったという点において、この段階はまだ「七二年体制」の強い枠組みの中にあったといえよう。

第8章　歴史問題の拡大――一九九〇年代　江沢民訪日

現在では想像すらできなくなったが、「七二年体制」のもとでの日中関係においては、一九九〇年代まで、安定的関係の制度化へ向けて毎年どちらかの首脳が公式訪問することで、意思の疎通を図ることになっていた。その一環として、一九九八年一一月二五日から三〇日まで、中国の最高指導者である江沢民国家主席が日本を公式訪問した。この訪日により、日中両国は共同宣言を発表し、「平和と発展のための友好協力パートナーシップ」をうたい上げた。

江沢民訪日にはもともと二つの意味が込められていた。ひとつは日中平和友好条約の締結二〇周年の記念であり、もうひとつは日中間のパートナーシップを築くことで、日米中露のそれぞれの二国間のパートナーシップ関係がすべて完成することであった。中国にとってみれば、一九九七年秋の江沢民訪米と九八年夏のクリントン大統領訪中により、アメリカとの間に「建設的、戦略的パートナーシップ」を形成し、ロシアとの間でも一九九六年四月のエリツィン大統領訪中以来「戦略的協力パートナーシップ」を築いていた。これ以外にも、ヨーロッパとくにイギリスとフランスとの間でも同様の関係を作り上げていた。

江沢民訪日についての両国政府間の公式評価はいうまでもなく「成功」である(1)。ところが訪日後の実際の評価は実に複雑である。翌九九年七月には小渕恵三首相が中国を訪問したが、このときも前年の江沢民訪日をお互いに高く評価した。しかし日中両国の内部では、訪日が「歴史問題」に終始し、「未来志向」の関係を明確に築くことができなかったことから、「失敗」であったとする声も大きい。日本の多くのメディアは、歴史問題に執着した江沢民の態度や、一九九九年と二〇〇〇年の二年分の円借款三九〇〇億円の供与決定を批判した。(2) 中国の公式メディアでは、争点となった共同宣言に関して抄訳が出されただけで、結局全文が公表されることはなかった。

こうした事実は、首脳外交というひとつのパフォーマンス外交の難しさを改めてわれわれに教えてくれる。一般に首脳外交はその華やかさで彩られた成功例が紹介されやすいが、実際の歴史においてはその逆のことも多かった。首脳外交はリーダーのパーソナリティに依存し、短期間に結果を出さねばならないがゆえに、そこに難しさを内包している。いったん首脳外交が失敗すると、その波及効果は長く尾を引きやすいのである。

このようなところから、江沢民訪日をいま一度冷静に振り返る必要があると思われる。なぜなら、まさにこのあたりから中国側の歴史問題重視が強化されるとともに、他方で戦後五〇年を経た日本では歴史問題離れが見られるようになり、ここに「七二年体制」の限界が明確になったのであった。その象徴がまさに江沢民訪日であった。

そこで本章では、江沢民訪日がなぜ「失敗」とまで言われるような結果をもたらすにいたったのかについて、公表された関連資料および新聞記事と、日中双方の政策関係者に対する筆者自身のインタビュー調査にもとづいて客観的に再構成してみたい。(3)

1　江沢民訪日までのいきさつ

江沢民の訪日はもともと一九九八年九月初旬に予定されていた。ところが中国南方の揚子江流域と北方の松花江流域での洪水問題が深刻となり、これを理由に中国側は八月二一日、訪日の延期を申し出た。併せて訪問する予定であったロシアに対しても延期が通告された。これにより、本来江沢民訪日後に予定されていた韓国の金大中大統領が先に日本を訪れることとなった。この順番の逆転が後に大きな意味を残すことになる。

一〇月初旬に訪日した金大中大統領は、日本が歴史問題に関して明確に謝罪表明をしてくれれば、二度と同じ問題を取り上げないことを事前に約束していた。これをめぐって自民党内にはさまざまな意見があったが、韓国との歴史問題に関して日本は文書化したかたちで態度を明確に表明したことがなかったため、今後は繰り返し要求しないとの金大統領の言質もあり、小渕首相は一歩踏み込んだ表現を盛り込むことにした。

こうして共同宣言にはこの点に関連して、「小渕総理大臣は、今世紀の日韓両国関係を回顧し、我が国が過去の一時期韓国国民に対し植民地支配により多大の損害と苦痛を与えたという歴史的事実を謙虚に受けとめ、これに対し、痛切な反省と心からのおわびを述べた」との文章が盛り込まれた。(4)また、金大中大統領は一〇月八日に国会でも演説を行っているが、そこでは日本の対応を「真摯に受け止めた」と表現するとともに、戦後の日本が「変わった」ことを強調し、経済と民主主義の発展を高く賛美した(5)。このようなやりとりにより、日本では金大中に対する評価が一挙に上がりはじめ、これ以後の日韓関係もきわめてスムーズに展開するようになった。

この後、江沢民訪日にあたって、中国側は日本側に韓国と同じ、もしくはそれ以上の表現を要求するようになった。そもそも訪日が延期される以前は、日中間では歴史問題に関して、後述する一九九五年の村山富市首相談話を踏まえて、「その重要性を再確認した」というような表現でほぼ妥結することになっていたと伝えられる。つまり歴史問題は両国間でそれほど大きな問題とはなっていなかった。ところが日韓共同宣言の一歩踏み込んだ表現に触発された中国は、「おわび」(中国語では「道歉」)の挿入を強く日本側に働きかけはじめたのであった(6)。

しかしこれに対して自民党総務会では、日韓関係と日中関係の違いを理由に「おわび」挿入に反対の意見が多数を占めることになった。このあたりの詳しい背景については後に整理して述べるが、いずれにせよ中国の要求は小渕首相の強い抵抗に遭遇し、最終的に実現を見ることはなかった。

2　江沢民訪日の経緯

江沢民訪日の前日の一一月二四日、準備のために来日した唐家璇外相と高村正彦外相の間で最後の折衝が繰り広げられた。最終的な合意としては、宣言には「おわび」を盛り込まず、その代わり小渕首相が口頭で江主席に対して「おわび」を表明する、というものであった。このとき唐外相は、「江主席は世代が違うので、これでいいかどうかわからない」と答えたと言われる(7)。ただ日本側は、中国側が要求していた「中国への侵略」という明確な表現を日中関係史上はじめて公文書に挿入することに同意した。

ところでこの「おわび」に対応するかたちで、もともとひとつの文章が準備されていたと言われる。それは中国側が、「戦後の日本が平和国家としての道を堅持することで、今日の経済大国を築きあげたことを高く評価する」というような内容の一文であった。これはいわば戦前と戦後の日本を区別することで、戦後から現在にかけての日本を「平和国家」として評価し、「未来志向」の関係構築をねらった内容であった。しかしこの一文は、結果として、「おわび」表現が文書化されなくなったことから同時に削除された(8)。

一一月二五日、ロシア訪問を終えた江沢民国家主席は日本に到着した。その晩は迎賓館で小渕首相の非公式夕食会が開催された。おそらくこの晩から江沢民は、外交部の説明を聞く中で日中間の外交交渉の結末を理解しはじめ、妥結内容に強い不満を抱いたと思われる。その後中国内部では、このとき江主席は交渉にあたった唐外相と外交部の日本担当者を強く批判したと伝えられた(9)。

二六日朝、江沢民は中曽根康弘氏ら歴代首相との朝食会に臨み、このあと日中友好に貢献した人物やその子弟と会見した。これらの時点で江沢民はすでに歴史認識の重要性を語りだしているが、それが爆発したのは夕方の小渕首相との公式の首脳会談においてであった。この会談において、江沢民は歴史認識問題に多くの時間を割き、国民への「啓蒙活動」を含むこの問題への日本側の真剣な取り組みを訴えた(10)。

さらにこの後の宮中晩餐会においても江沢民は歴史問題を中心に取り上げ、過去の「軍国主義」

を痛烈に批判した。「不幸なことに、近代史上、日本軍国主義は対外侵略拡張の誤った道を歩み、中国人民とアジアのほかの国々の人民に大きな災難をもたらし、日本人民も深くその害を受けました。『前事を忘れず、後事の戒めとする』と言います。われわれはこの痛ましい歴史の教訓を永遠にくみ取らなければなりません」と。[11] 宮中晩餐会の天皇の前で歴史問題を強烈に語りつづけ、しかもこれがテレビで中継されたことから、その後江沢民の晩餐会の場での発言に関しては日本国内でかなり不評を買った。

この間海外でも大きな話題となったのは、共同宣言に署名が行われないと判明したことであった。日中両政府とも署名はもともと予定されなかったとしているが、日韓共同宣言や小渕首相の訪露のさいのモスクワ宣言などでは署名されており、この段階においては中国側の不満の現れであるとの見方が大勢を占めることとなった。[12]

一一月二七日は衆参両院議長主催の朝食会、日中友好七団体主催レセプションなどがあったが、ここでも歴史問題への言及が多くを占めた。しかし夜の小渕首相主催の歓迎晩餐会から江沢民の発言は若干軌道修正に入った。そこでは歴史問題について触れたあと、「日本は戦後平和発展の道を選択し、経済の面で大きな成果をあげ、今日の世界の主要経済先進国の一つとなっています。引き続きこの正しい発展の道を堅持していくことは、日本自身にとって有利であり、アジア及び世界の平和と発展にとって有利であります」と語った。[13] これは明らかに共同宣言で削除された部分の復活であり、この時点にいたって江沢民の対応もややソフトなものにシフトしはじめた傾向を見ることができる。この段階でおそらく彼は日本の反応を感知したのではないかと推察される。

一一月二八日で注目すべきは早稲田大学での江沢民の講演である。ここで江沢民は日本の若者に伝えたい一念からか「歴史の証人」を自任し、日本の侵略により中国では「軍民三五〇〇万人が死傷し、六〇〇〇億ドル以上の経済的損失を被った」と語った。ただ別のところでは、「今日、日本が経済大国に発展できたのは、まさに平和と発展の道を歩んだ結果であり、隣国と平和につきあった結果だ」と述べることで、戦前と戦後の日本を区別する姿勢も見せ、バランスを図った(14)。

この日の夕方、江沢民は新幹線で仙台へ向かった。その後二九日は魯迅の碑や東北大学を訪れ、午後には札幌へ向い、牧場などを視察し、翌三〇日すべての公式日程を終え中国に帰国した。江沢民は東北と北海道ではくつろいだ様子を見せ、東京で見せたような重苦しい雰囲気とはかなり異なるものであったと伝えられる。

3　中国側の事情

以上のような経緯で摩擦を生じた日中関係ではあったが、その背景には具体的に何があったのであろうか。このケースでいえば、中国とくに江沢民の側に大きな理由があると想定されるが、日中両国にはそれぞれの論理があるはずである。そこで両国の立場にたって、それぞれの論理と背景を、筆者自身による両国の政策担当者へのインタビューにもとづいて、できるかぎり客観的に再構成してみたい。まず中国側の立場である。

1．中国の立場に関して最も言われるのは、歴史問題は中国の原則中の原則であり、今回の訪日での扱いは指導者の面子《メンツ》を失ったとするものである。端的に言えば、なぜ中国は韓国以下の扱いを受けたのかという点である。中国にとってみれば、金大中訪日にさいして「おわび」を文書化しておきながら、その翌月の江沢民訪日にはそれを挿入しないというのは、何らかの意図がそこにあると感じても不思議はない。これについて日本側は、中国に対しては天皇訪中を含む多くの対応をしているが、韓国には何もしていないと主張した。しかし中国はさらにこれに対して、過去に対応しているのなら今回「おわび」を挿入することに抵抗はないはずであり、入れることでけじめをつけ未来志向の関係を築くべきであると考えた。またこの間日本の中では、韓国の場合は「植民地」であったが中国の場合は「侵略」であり、そこに差があるというような意見まで一部で言われた。これを聞いた中国側は日本の対応にさらに不信感を強めることになったようである。

2．これも面子に関連するが、台湾問題が指摘できる。中国は対米交渉でクリントン大統領から「三つのノー」(「二つの中国」「一つの中国・一つの台湾」不支持、台湾独立不支持、主権国家で構成される国際機関への台湾の加盟不支持)を訪中で引き出した。ロシアも明確にそれについて言及した。しかし、準備交渉の段階で中国が台湾問題に関して日本側から得たのは、共同宣言の中での「中国は一つである」との表現だけであり、結局「三つのノー」を引き出すことはできなかった。それは日本側の強い抵抗によるものであったといわれる。

実際のところ、もともと歴史より台湾のほうが中国にとってより深刻な問題であり、江沢民訪日をめぐって長く争点となっていたのは台湾問題であった。それは一九九七年秋の地方選挙で独立を掲げる民進党(民主進歩党)が勝利して以来、中国側は台湾の政治的変化を非常に警戒してきた。中国は対米関係の改善にあたって、政治犯の魏京生や王丹の釈放や国連人権A規約(経済的、社会的、文化的権利に関する国際規約)、B規約(市民的、政治的権利に関する国際規約)への調印約束等、多くの譲歩を行ってきた。これに対して中国がアメリカに要求したのは、主として台湾の独立傾向阻止への協力要請であった。クリントン訪中以後から九八年にかけて、アメリカはさまざまなルートを使って台湾に中国との対話に応ずるよう働きかけるなど、独立傾向を抑制させる行動をとったことは疑いない。

中国は江沢民訪日にあたって日本にも同じように要求した。とくに江沢民訪日は一二月五日の台湾における立法院選挙と台北・高雄市長選挙の直前であり、中国は日本から一定の譲歩を引き出し台湾に圧力を加えることで、一連の選挙で是が非でも国民党に勝利してほしかった。ところが日本の強い抵抗に遭遇し、しかも一〇月から再開した中台間の民間対話(辜振甫氏訪中)の雰囲気を壊したくないため、中国側は台湾問題に固執するのをあきらめ、歴史問題に重点を移動した。ところが結果は前述した通りとなってしまった。結局、中国は日本から台湾問題でも歴史問題でも何も譲歩を引き出せず、江沢民自身が面子喪失を感じたとしても不思議はない。

3.　訪日問題での主役は何といっても江沢民であり、あくまで歴史にこだわりつづけた彼個人の行動と思いに注目する必要がある。江沢民は一九二六年に揚州に生まれた。彼の父江世俊の弟・江上青は共産党員であったが、一九三九年に日中戦争の中で漢奸に殺されたと言われる。江世俊は江上青に男の子供がいなかったことから、息子の江沢民を未亡人王者蘭の養子にした。当時揚州は日本軍の影響が強く、亡くなった養父のこともあり、このころから日本に対して強い反感を抱いていたと言われる。また広く知れわたった別の情報では、実父の江世俊は日本軍との親密な関係を築いた南京の汪兆銘政権の幹部であり、その息子の江沢民も日本の影響の強かった南京中央大学に通い、日本語を勉強したと言われる。となると江沢民は「漢奸」の息子となり、その後になってそれでは共産党に入党できないために叔父の養子に入ったことにしたとも伝えられる(15)。

ただこうした個人的経験だけで、突如として日本との歴史問題に強く執着したのは不自然である。そこには何らかの契機があったはずである。ここでは次の二つの契機に注目してみたい。

一つは一九九五年の戦後五〇周年である。この年の五月、江沢民はロシアのエリツィン大統領の招きでモスクワで開催された反ファシスト勝利五〇周年記念大会に出席した。正確にいえば、中華人民共和国は終戦を迎えた一九四五年に存在せず、この時代は中華民国であったし、ロシアも実際にはソ連であった。これに参加した江沢民は帰国後、当時中国で人気のあった日本のテレビ・ドラマや映画を締め出して抗日戦争関連のドラマや映画を大量に流す方向に変えた。それは九二年の社会主義市場経済の導入以来、共産党や社会主義に対する関心が急激に低下し、九四年からは愛国主義教育を強化していたが、これを強化させて共産党の権力獲得の正統性として抗日戦争勝利を強調し始めたのであった。つまり抗日戦争の主体を共産党とすることで、中華人民共和国を戦勝国として位置付けようとしたのであった。周知のようにこれは事実に反しており、抗日戦争の主体はあくまで国民党であった。江沢民は無理やり歴史の解釈を共産党中心に置き換えたのであった。

もう一つの契機は、訪日の直前、江沢民は一冊の日本語の翻訳本を読み、その内容に激怒したと伝えられることである。それは『大東亜戦争の総括』と題する本であり、自民党内の歴史研究委員会の編集となっている。これは中国で内部発行として新華出版社から出されたものであった[16]。歴史研究委員会とは自民党の国会議員を中心に一九九四年一一月に結成されたものであり（委員長は山中貞則、事務局長は板垣正）、全体で一〇〇人以上の議員の名前が連ねられている。この委員会の名簿には、このときの内閣の大臣や主流派議員が数多く含まれている。本書に収録された論文のほとんどは議員以外の評論家等によって書かれたものであるが、内容的には「虚構の『南京大虐殺』」等の論文が含まれ、全体として東京裁判史観に対する批判が底流にある。江沢民はこれを読み、こうした歴史観が自民党の主流まで含めた多くの国会議員の本音であると判断し、結局それは日本の多くの立場ではないかとの思いに達したようである。

江沢民の態度硬化の背景として、しばしば彼が権力的に弱体であったからだとも指摘される。ただ、当時江沢民はアメリカとの関係を改善し、ロシアやヨーロッパ諸国との関係でも戦略的パートナーシップを確立し、国内的にも当時深刻であった洪水問題を陣頭指揮して対策を講じ、軍への信頼と士気を回復させるなど、彼の権力基盤はかなりの程度固まっていたはずである。その意味で、彼の個人的思いや行動を周囲が制止できなかったというのが実情ではないかと思われる。

4　日本側の事情

1．次に日本側の事情であるが、まずは日本側に「歴史問題疲れ」ともいうべき状況が生まれていたことがあげられる。戦後五〇年以上を経て世代交代もすすんでいる。戦争を実際に知る世代は当時で六〇歳を優に超えている。一部には戦争を正当化する人びとも存在するが、大多数の主流を構成する人々は戦争を直接体験していなくとも一定の反省の念を抱き、「侵略」を認めている。しかし「一部」を「全体」として扱うかのような中国による歴史問題への執着と繰り返しの批判に、多くの人々が徐々に「疲れ」を感じはじめていた。とくに一九九五年の戦後五〇年の頃からの繰り返しの抗日戦争学習と愛国主義のキャンペーンは、日本国内でむしろ反感を呼ぶようになった。

2．日本では、中国との歴史問題についてはすでに「おわび」しているとの認識が根強かった。一九七二年の日中共同声明の中ではこの点に関して「日本側は、過去において日本国が戦争を通じて中国国民に重大な損害を与えたことについての責任を痛感し、深く反省する」と述べている。[17]また日本政府としての公式発言ではないが、一九九二年の天皇訪中のさいのいわゆる「お言葉」は、「我が国が中国国民に対し多大の苦難を与えた不幸な一時期がありました。これは私の深く悲しみとするところであります」とギリギリの線で表現していた。[18]一九九五年の戦後五〇周年にあたっての村山首相談話は中国だけに向けられたものではなかったが、「植民地支配と侵略によって、多くの国々、とりわけアジア諸国の人々に対して多大の損害と苦痛を与えました。私は、……この歴史の事実を謙虚に受け止め、ここにあらためて痛切な反省の意を表し、心からのおわびの気持ちを表明いたします」と語った。[19]

たしかに「おわび」という言葉自体は、中国を含むアジア諸国に向けられた村山談話のなかで使われたのみであった。しかし日本側は、過去のさまざまな機会を通して「おわび」の気持ちを何度も表現してきたという立場を堅持していた。とくに中国と韓国を比較した場合、中国には文書化もしてきたし、天皇訪中も実現しているのに対して、韓国に対しては両方ともまだ実現していないという思いが日本側には強かった。

3．小渕政権を取り囲む状況との関連も考える必要がある。七月三〇日に誕生した小渕政権は、リーダーシップへの疑問と経済停滞の深刻さとあいまって支持率を減らしていた。そして八月三一日には北朝鮮が三陸沖に達するテポドン・ミサイル（北朝鮮は人工衛星と主張）の発射実験を敢行し、日本国内で急激に安保問題に対する危機意識が高まった。このような状況の中で自民党内部では政治の主体性と指導力の欠如に対する批判が強まり、それが結果としてその後の自民党と自由党の連立を生み出す原動力となった。「おわび」挿入に対する強硬な反対姿勢も、当時のこうした自民党内の一連の動きの中に位置づけることができるように思われる。

まとめ

一九九八年の江沢民訪日をどう総括したらよいのであろうか。訪日の結果、「平和と発展のための友好協力パートナーシップ」を基調に共同宣言が出され、将来へ向けての具体的なビジョンが提示された。しかし、この訪日はこうした成果を完全に忘れ去らせるほどに双方にとって後味の悪い思いを残した。本章で論じたように、両国には両国の論理と裏事情があり、それらがたまたまねじれ現象を起こしたともいえる。とはいえ何といっても、江沢民という個人の思いがとりわけ強かった。両国は故意に関係を崩そうとしたわけではないだろうが、結果としてコミュニケーションのもつれが事態を複雑なものとした。

その後も両国は江沢民訪日を「成功」と評価する立場を維持し、関係を悪化させまいとする冷静な対応をつづけた。江沢民訪日を受けた一九九九年七月八日からの小渕訪中は二泊三日という短い期間ではあったが、和やかな雰囲気のうちに終わった。もちろんその下準備として、訪中する当日の直前に、日本は中国のＷＴＯ加盟に関する合意を発表するなどの措置をとっていた。そして訪問の過程でも、中国側が歴史問題への言及を必要最低限に止めるなどの配慮を見せた。小渕首相との会談の中で、江沢民は歴史問題に関連して、「歴史を鑑とし、将来を開く」との発言に止めた[20]。こうした状況は一九九九年一〇月一日の建国五〇周年にさいしても変わらず、日本の歴史問題に関連させて「愛国主義」を発揚させることはなかった。中国においても、江沢民訪日を通して一定の反省があったと見るのが妥当であろう。

しかし、その後の日中関係の展開を考慮に入れると、この江沢民訪日は「七二年体制」を形骸化させる一つの大きな契機となった。天皇訪中のあたりで歴史問題の基本的終焉を想定していた日本側と、抗日戦争学習をはじめ日本に関連した歴史問題を必要とした中国側の事情と江沢民の個人的事情とがかみ合わなくなり、日中関係はやがて相互不信の渦の中に巻き込まれていくのであった。

第9章　戦略的互恵関係への道——二〇〇〇年代　暫定的修復

1　「七二年体制」から「戦略的互恵」へ

二〇〇八年五月六日から一〇日まで、胡錦濤国家主席が国賓として日本を訪れ、成功のうちにすべての日程を終えた。この訪日は二〇〇六年一〇月の安倍晋三首相の訪中、二〇〇七年四月の温家宝首相の訪日、同年一二月の福田康夫首相の訪中に続くもので、傷ついた日中関係を改善するための首脳による相互訪問の締めともいうべき旅であった。二一世紀に入り、日中関係は歴史問題、特に小泉純一郎首相の靖国神社参拝をめぐって暗礁に乗り上げてしまった。両国民の相互イメージは悪化の一途をたどり、二〇〇五年には中国で反日デモまで生起した。

世界のメディアの多くが日中関係を改善不能とみなし、時には台湾問題や北朝鮮問題より深刻な亀裂として描写するような論評も数多く見られた。これらの論評の中には、日中両国に関係改善へ向けた強い意志と能力がなく、結果として第三国が仲介する必要があるというものまであった。一時は、米国が日中を仲介して歴史共同研究に取り組むべきだとの米国政府の見解まで出されたことがあった(1)。しかしその後の関係改善により、日中両国は改善への意志と能力を十分に有していることを証明し、同時に地域の問題を地域の当事国同士で対処可能であることを示した。

こうした関係改善の中で、日中は従来の「一九七二年体制」のもとでの「日中友好」のスローガンに代わる新たな関係の具体的目標を獲得した。「戦略的互恵関係」がそれである。これが提起されたのは二〇〇六年一〇月の「氷を砕く旅」と表現された安倍訪中のときである。それ以後、中国側は歴史問題や台湾問題への深入りを避け、もっぱら戦後の日本の「平和発展」を強調することで、前向きでより長期的・大局的な関係を求める戦略的互恵関係を前面に出すようになった。

その後二〇〇七年四月の「氷を溶かす旅」と銘打たれた温家宝首相の訪日においては、戦略的互恵関係がより具体的な形で合意された。まず各方面での対話が重要とされ、首脳、経済・外交の閣僚・高官、防衛関係者、青少年等の間での交流促進がうたわれた。この中には、中国海軍と海上自衛隊の艦船の相互訪問も盛り込まれた。また、エネルギー、環境、農業、医療、知的財産権、情報通信技術、犯罪等の面における互恵協力、国連改革や北朝鮮等の問題における国際協力の分野でも合意に達した(2)。

この訪日で最も注目されたのは、中国のテレビに同時中継された一二日の温家宝首相の国会演説であった。温首相はこの演説の中で戦後の日本の平和発展を称賛するとともに、日本政府が従来何度も「侵略を公に認め」、「被害国に対して深い反省とおわびを表明してきた」ことを「積極的に評価する」とした(3)。もちろん中国側は、日本がこうした従来の立場を今後も実際の行動で示すようクギを刺している。とはいえ、これは日本が過去に反省とおわびを表明してきたことを中国側が基本的に認めた初めての公式発言であり、日本国内には「何度中国におわびを言えば終わるのか」といった不満がかなりくすぶっていただけに、きわめて画期的な表明であった。

安倍首相退陣のあとを受けた福田首相は、同年一二月二八日から三〇日まで「迎春の旅」と自ら銘打って中国を訪れた。この訪中では戦略的互恵関係の一層の具体化が進められた。この訪中の総括ともいうべき共同プレス発表は、戦略的互恵関係の課題を次のように具体化した。①気候・環境・エネルギー等の互恵協力の強化、②安全保障・青少年交流・知的交流等の交流・相互理解の促進、③北朝鮮・反テロ・国連改革等の地域・国際社会における協力、④東シナ海の資源開発問題の解決促進、⑤歴史共同研究を含む歴史問題と台湾問題の原則確認(4)。この訪問中、福田首相は北京大学で講演を行ったが、これも全中国に実況中継された。

胡錦濤訪日はその直前になって厳しい状況下に置かれた。二〇〇八年に入ってから、日本で中国産ギョーザ中毒事件が起こり、事件の真相がうやむやとなるにつれて両国世論が衝突するようになった。また、北京オリンピックへ向けた世界各地での聖火リレーに対してチベット人たちの抗議活動が始まり、厳重警備のいびつなリレーとなってしまった。日本でも長野できわめて異様な雰囲気のなかで聖火リレーが行われた。ただ、中国政府は胡錦濤訪日の数日前にダライ・ラマ一四世側との対話を復活させ、雰囲気づくりへ向けた一応の姿勢を示した。

「暖春の旅」と表現された胡錦濤訪日は、天皇とは歓迎式典、宮中晩餐会、お別れ会見と三回の会見があり、福田首相とも何度となく会合を重ねた。胡錦濤は宮中晩餐会で、ちょうど一〇年前の江沢民訪日の際の歴史問題への度重なる言及を払拭するかのように歴史問題についてはほぼ口を閉ざし、一九九二年の天皇訪中を「両国国民の美しい思い出になり、中日関係史の美談となって伝えられています」と絶賛した[5]。第6章でも少し論じたが、これには事情がある。中国の当時の銭其琛外相が出版した自身の回顧録の中で、個人の成果を強調するためか、天皇訪中は中国が天安門事件以後に孤立していた状況を突破する目的で、「西側の対中制裁の連合戦線の最も弱い環」であった日本に狙いを定めてそれを計画したと述べている部分がある[6]。その文脈からいうと、胡錦濤発言は九二年の天皇訪中を絶賛することで銭発言を実質的に否定したことを意味する。

胡錦濤訪日に際しては、七二年日中共同声明、七八年日中平和友好条約、九八年日中共同宣言に続く、日中間の第四の政治文書である新たな日中共同声明が発表された。この文書は「『戦略的互恵関係』の包括的促進に関する日中共同声明」と銘打たれたように、まさに戦略的互恵関係を今後の日中間の関係を象徴する表現として定着させたのであった。ここでは歴史問題と台湾問題への言及を最小限に抑え、中国側が日本の戦後の平和発展を称え、日本の国連における地位向上に賛成するとの立場が明確にされた。

また戦略的互恵関係の内容として、①首脳交流・防衛交流等の政治的相互信頼関係の増進、②青少年・知的交流等の人的・文化的交流の促進、③エネルギー、環境、経済、東シナ海等における互恵協力の強化、④北朝鮮問題を含むアジア太平洋への貢献、⑤気候変動、エネルギー安全保障、貧困・感染症等のグローバルな課題への貢献をうたった[7]。いずれも驚くべき関係の進展というほかはない。それを象徴するかのように、胡錦濤の帰国二日後に四川大地震が発生したが、中国政府が諸外国に先駆けて最初に要請したのは日本からの国際緊急援助隊であった。

しかし、日中関係はこれで軌道に乗ったわけではなかった。たしかにこれによって氷は一部溶けはじめたが、氷そのものがなくなったわけではなかった。とはいえ、国交正常化以来の日中関係を振り返ると、改めて二〇〇六年一〇月の安倍首相の訪中の重要性が浮かび上がってくる。これなしには、その後の首脳による相互訪問と、今日にいたるまで両国関係の目標となっている戦略的互恵関係は実現しなかったからである。

安倍訪中以前の日中関係は、小泉首相時代の靖国参拝問題により凍りついていた。小泉首相退任後、首相となった安倍が就任早々に訪問したのは中国であった。なぜそれが可能となったのであろうか。それはもちろん日本側の背景も重要であるが、同時にあるいはそれ以上に胡錦濤主席がなぜこれを受け入れたのかについても解明する必要がある。なぜなら中国側は靖国参拝中止を首脳交流の条件としていたにもかかわらず、参拝の有無が明示されないままで安倍訪中を受け入れたからである。もちろん中国側は参拝がないと理解しているとの発言を行ったが、安倍は「参拝したかしなかったか、するかしないかについて申し上げない」との言い回しを繰り返していた[8]。こうした決断には、明らかに胡錦濤と安倍という二人のトップリーダーの間の暗黙の合意と一定の強い信頼感がなければ不可能であった。

そこで本章では、底冷えするまでに悪化し、中国で反日デモまで発生した小泉時代の日中関係が、安倍首脳の誕生とともにいかに関係修復が可能となったのかについて、両国の国内政治の文脈の中で実証的に解明してみたい。本章が目指すのは、言い古されたテーマではあるが、「外交は内政の延長」であることを最近の日中関係を素材に改めて論証し、その中でも中国の権力をめぐる国内政治が重要である点を指摘することにある。ここでの検証は、現段階で利用できる範囲の資料と筆者自身の私的な情報と類推にもとづいた荒削りの仮説と概論であり、より丁寧な考証と分析は後世の研究者に委ねたい。

2　安倍訪中の実現と首脳会談

いうまでもなく、日中関係を硬直化させたのは小泉首相の靖国参拝問題であった。小泉は二〇〇一年、首相を目指した自民党総裁選挙において、橋本龍太郎前首相に対抗して日本遺族会の党員票約一〇万票を獲得するためであったと言われるが、終戦記念日の八月一五日の靖国神社参拝を公約に掲げた(9)。そしてこれに勝利した小泉は、四月二六日正式に首相に就任した。小泉は公約どおり靖国参拝に踏み切ったが、安全への配慮からか、参拝は八月一五日ではなく一三日に前倒しして行った。

このとき中国側は予想通り参拝に反発したが、やや抑えめであり、その二カ月後の一〇月に小泉は中国を訪問した。これが可能となったのは、靖国参拝がもともと公言されていたがゆえに、両国の外務当局が参拝後の関係再調整のための首相訪中という形で前もって水面下で交渉を行い、予定調和を考えていたからである。小泉は盧溝橋の抗日戦争記念館を訪ね、「侵略によって犠牲になった中国の人々に対し、心からのおわびと哀悼の気持ち」を表明した(10)。

中国は過去の首相と同じように、小泉が靖国参拝を一回きりで終わらせると想定していたように思える。たしかに二〇〇一年一二月から戦争慰霊のための記念碑施設に関する懇談会が設立されたことで、靖国の代替施設ができるのではないかとの憶測も内外で広がった。さらに小泉は二〇〇二年四月初旬、中国版ダボス会議を目指した海南島のボーアオ（BOAO）会議への招待を、ほとんど他の国の首脳クラスの参加がなかったにもかかわらず自身で受け入れ、日帰りで二度目の訪中を行った。

ところがこの会議から帰国した直後の四月二一日、小泉は電撃的に二度目の靖国参拝を行った。この参拝は外務省をはじめ誰に知らせることもなく、突然のことであった。当然ながら、中国も予想外のことであった、というより参拝はないと想定していたはずである。したがって中国側はこれに大きく反発した。小泉にとってはボーアオ会議にまで参加して気を遣ったのにという感覚であったろうし、中国側にとっては裏切られたと映ったのであろう。靖国をめぐって日中関係がおかしくなるのはまさにそれ以後のことである。

ただ、その後も二〇〇二年九月には小泉・朱鎔基会談がASEM（アジア欧州会合）の席上で行われ、一〇月にはメキシコでのAPECの場で小泉・江沢民会談が実現した。二〇〇三年以降、中国の指導者は胡錦濤国家主席、温家宝首相へと変わった。この間、小泉の靖国参拝は継続されたが、両国以外の海外で開催されたさまざまな国際会議の場を借りて首脳会談は維持された。それが途切れたのは、二〇〇五年春に反日デモが中国各地で発生し、その直後にインドネシアのアジア・アフリカ会議で小泉・胡錦濤会談が行われてからであった。つまり二〇〇六年一〇月の安倍訪中まで、完全に首脳会談が途切れたのは一年半であった。ちなみに、二〇〇五年の反日デモは一般に靖国問題への反発と言われているが、その当時の客観情勢から厳密に言えば、それは日本の国連安保理常任理事国入りに反対する目的のデモであった。

この間、日中間の実質的な交渉のチャンネルとなったのは、いわゆる日中戦略対話(当初は日中総合政策対話)であった。この対話は、日本側は谷内正太郎外務次官、中国側は外交部常務副部長の戴秉国の二人の外交担当者によるものであった。第一回の戦略対話は反日デモの直後の二〇〇五年五月からであり、第二回は翌六月、第三回は同年一〇月、第四回は二〇〇六年二月、第五回は同年五月、第六回は同年九月であった。第四回は新潟、第五回は貴陽で開催されているが、これらは谷内と戴の二人の郷里に近く、いかに人間的な信頼関係の形成に心を遣ったかが窺える。結局、この二人の対話が首脳交流の復活を導いたと考えられるのである。

一般に、谷内は安倍の信頼が厚いといわれ、対中外交はこのコンビによって綿密に協議されたという。他方、戴も胡錦濤に近かった。彼は江沢民時代、党中央対外連絡部長の要職にあったが、その後の経緯からみても一貫して胡錦濤の側近として活動していた。本来、そこから外交部長に転出するはずであったが、結局外交部常務副部長に就任し、部長にはそれまで米国大使であった李肇星が就任した。李は江沢民時代の対米政策を取り仕切った人物であった。結局、戴は外交部で表面上序列二位となるが、実際には外交部党組書記に就任しており、実質序列一位といえなくもない。

要するに、党組織中心に活動した胡錦濤は、政府部門の外交部に自らに近い戴を送り込んだが部長に就任させることができず、外交部の中の党細胞である党組書記の地位を取ることで実質的な権力を掌握したと考えられる。また、外交全般を管轄する国務委員は前外交部長の唐家璇であったが、彼は江沢民時代に重用された人物であり、彼も胡錦濤の外交部への影響力浸透にむしろ抵抗したように思われる。

戴秉国が外交系統において真に力を発揮し始めたのは、二〇〇四年に胡錦濤が江沢民に代わって党中央軍事委員会主席に就任し、引き続いて二〇〇五年三月に国家中央軍事委員会主席に就任し、従来江沢民がもっていたすべての要職を胡が最終的に引き継いでからである。その象徴が、戴の二〇〇五年四月二一日の党中央外事弁公室と国務院外事弁公室の主任への就任であった[11]。

この直前、中国では空前の反日デモが展開されており、四月一九日には李肇星外相が党・政府・軍幹部三五〇〇人を集めて報告会を開き、デモを阻止する旨の指示を徹底させた。なぜ国内デモの問題を外務大臣に扱わせたのであろうか。おそらくそれは権力の全権を掌握したばかりの胡錦濤が、李に対日外交の失敗の責任をとらせたとも考えられる。その二日後、戴が外交の実質的な最高責任者となったこととそれは無関係ではなかろう。同時に、この直後から李肇星が外交部長でありながら閑職に追いやられていったことは、当時の外交筋ではしばしば観察されたことであった。

ここには明確に外交をめぐる権力闘争の構図が見える。日中関係の修復も、結局こうした権力闘争の結果として胡錦濤—戴秉国の政策ラインが形成され、この直後の五月に始まる谷内—戴間の日中戦略対話の中でそれが具体化していったのである。そして六回にわたる戦略対話ののち、安倍訪中が決定したのであった。

安倍首相の訪中は二〇〇六年一〇月八日から九日にかけてであり、九日には韓国を訪問し、一〇日に帰国した。この間、中国では八日から中国共産党第一六期三中全会が開幕し、九日ソウルへ移動中に北朝鮮による核実験が実施されるなど、前後して大きな動きがあった。筆者自身の外務省高官への聞き取りによれば、もともと安倍訪中は韓国のあとに想定されていたが、中国側の強い要請によって韓国に先立ってまず八日に北京を訪れることになったという。

八日午後、安倍首相と胡錦濤国家主席の会談がまず開催された。会談中、胡は「靖国神社参拝が中国及びアジアの人々の感情を傷つけ、日中関係の政治的基礎を損なうものである」旨述べた。これに対し、安倍は「過去の歴史を直視し、平和国家としてのこれまでの歩みを、またこれからもこれを続けていく」と説明し、中国側もそれを積極的に評価すると発言した。また、安倍は靖国神社参拝について、「行ったか行かなかったか、あるいは、行くか行かないかについて言及しないこととしている、本件については、双方が政治的困難を克服し、両国の健全な発展を促進するとの観点から、適切に対処していきたい」と発言した(12)。

この会談での合意事項は、共同プレス発表という形で公開された。ここには日中関係の新しい方向性が多く示唆されている。

第一に、史上初めて日中関係を「戦略的互恵関係」として位置づけたことである。「双方は、共通の戦略的利益に立脚した互恵関係の構築に努力し、また、日中両国の平和共存、世代友好、互恵協力、共同発展という崇高な目標を実現することで意見の一致をみた(13)」。従来、日中関係を特徴づける言葉は「友好」であった。一九九〇年代後半に中国が戦略的パートナーシップを主要大国と形成したとき、日本だけはそれから外れた。それは「戦略」という言葉に含まれる軍事的ニュアンスや日米同盟を機軸とする外交基本を考えた日本政府の意志でもあった。

戦略的互恵関係の範囲としては、政治、経済、安全保障、あるいは東アジア地域協力など多岐にわたるが、北朝鮮問題に関して両国が一致して「非核化」へ向けて協力することを明文化したのはもちろんはじめてであった。翌九日に安倍がソウルへ向かう途中で北朝鮮の核実験が強行され、これによって実質的に戦略的互恵関係の第一歩が北朝鮮問題となった。その直後、中国は安倍政権の中心テーマでもある北朝鮮への日本人の拉致問題に関して、安倍への配慮からか「理解と同情」と「必要な協力」に言及するようになった。

第二に、これとの関連で歴史問題への言及が極度に減り、前向きの表現がきわめて多くなった。靖国への言及はおろか、「戦争」や「侵略」についての言及もなく、あるのは戦後日本の「平和発展」に対する高い評価であった。同時に、日本側も中国の平和発展と改革開放が日本と国際社会に大きな好機をもたらしていることを積極的に評価した。

第三に、この文書は台湾問題にまったく言及していない。中国が世界各国と取り交わす二国間の文書には、ほぼ必ずといっていいほどに台湾問題についての一定の決まり文句が入っている。「『一つの中国』の原則を尊重する」あるいは「台湾独立を支持しない」などがそれである。安倍・胡錦濤会談では、たしかに中国側は台湾問題について言及した。このとき安倍は、口頭で「『一つの中国政策』を堅持し、『二つの中国』、『一つの中国一つの台湾』を掲げず、『台湾独立』を支持せず、台湾海峡の現状を一方的に変更するのを反対する」と語った(14)。しかし、文書の中にこれは挿入されなかった。交渉時間がなくなり、結局入らなかったとの見方もあるが、日本側が二国間の文書に台湾問題を無理に挿入することに抵抗し、最後は中国側もそれを飲んだともいわれる。

このことが中国内部で批判を喚起したのか、半年後の温首相の訪日の際の共同プレス発表には、

「台湾問題に関し、日本側は、日中共同声明において表明した立場を堅持する旨表明した」という言い回しで、最低限の文言が入れられた(15)。なぜこのような展開が可能となったのであろうか。靖国参拝中止を前提条件とすることなく、中国側が安倍訪中を受け入れたこととこれは無関係ではない。結論から言えば、こうした首脳会談を可能にしたのは、胡錦濤という中国の最高指導者の意思が大きかったと考えられる。このあたりのいきさつを、中国政治の内部事情を踏まえて検討してみたい。

3　中国側の事情

中国の当時の国内政治から考えると、胡錦濤国家主席のリーダーシップの確立・強化と密接な関係があった。胡錦濤は日本との急激な関係改善の中で、歴史問題と台湾問題をほとんど語らなかった。このことに対して、当時中国内部では胡錦濤批判が広がっていたといわれる。それに加え、この時期、中国は北朝鮮との関係が悪化しており、胡錦濤の対北朝鮮政策に関しても内部批判が潜在していた(16)。特に日中関係についていえば、それまで中国側は靖国神社への参拝中止を首脳交流再開の条件としていただけに、胡錦濤の対日譲歩は彼の反対勢力にとってみれば重大な問題であった。しかしその後、胡錦濤自身が急速に権力を確立するとともに、これらの批判もやがて水面下に沈んでいった。

このような胡錦濤の権力掌握プロセスに、安倍訪中もかなり大きな意味があったと考えられる。中国政治において、内政ばかりでなく宣伝効果の高い外交における目に見える活躍は、全体的な権力確立の中で重要な位置を占める。この時期、外交における最大の懸案事項は対日外交であった。これを考慮すれば、安倍訪中による対日関係の安定化は、権力基盤が不十分であった胡錦濤の権力掌握にとって重要な課題のひとつであったと考えられる(17)。

胡錦濤主席は安倍首相を二〇〇六年一〇月八日に招いた。当初、日本側はまず韓国を訪れる予定であったが、前述したように、中国側の強い要請によって最初の訪問国を中国とした。しかもその日は中国共産党第一六期六中全会の開幕日であった。これは党の最重要会議であり、そのまさに初日に安倍を招いたのには胡なりの特別な思惑があった。それはこの会議の数週間前に起こった党内の権力闘争、上海市党委員会書記・陳良宇の逮捕事件と深く関係していた(18)。

この事件は江沢民派に抑えられ弱体であった胡錦濤権力の巻き返しの転機となった。陳は江沢民が手厚く育てた将来の指導者の一人で、予定では二〇一〇年の上海万国博覧会を成功させ、二〇一二年の中国共産党第一八回全国代表大会(一八全大会)においてトップリーダーの一人になるであろうと予想された人物であった。彼についてはさまざまな噂があったが、結局、社会保険基金の流用問題と個人の蓄財で逮捕された。そのプロセスの中で、中国共産党のトップリーダーの一人で江沢民に近い党中央政治局常務委員の黄菊に対する病気を含むさまざまなスキャンダルも登場した。さらに、北京市党委員会内部の問題も摘発され、北京市副市長が逮捕された。加えて、北京市と縁の深かったトップリーダーの一人である党中央政治局常務委員の賈慶林に関するスキャンダルも一部表面化した。

これらの結果として、江沢民に近いいわゆる上海グループの権力基盤がその後急激に浸食されることとなった。この過程で胡錦濤側と江沢民側との間で調停役を担ったと言われるのが、江派のリーダーである曽慶紅である。[19] ちなみに新華社が陳良宇事件を報道したのが九月二五日、中国側が日本側に安倍訪中を打診してきたのがその数日後の九月二八日の夜であった。[20]

こうした鮮烈な権力闘争が国内外に衝撃として伝わったその二週間後に六中全会が開催され、その初日に安倍首相の訪中を受け入れたのであった。陳事件で最大の政敵を倒して権力掌握に一歩踏み出した胡錦濤は、一〇月八日午前中に党の最重要会議を開会し、陳事件を踏まえて権力掌握を誇示し、午後には他の指導者を引きつれ天安門広場へ向かい安倍を国賓級の扱いで出迎え、その後再び会議に戻り、最大の外交懸案であった対日関係の修復を党の中央委員たちに誇示したと想像できる。その意味で、胡錦濤が党内外の権力を基本的に確立したのはまさにこの六中全会であったともいえるのである。

胡錦濤にとって、その後の政治運営を考えると、この六中全会の意味はきわめて大きかった。それは二〇〇七年に控えていた中国共産党第一七回全国代表大会(一七全大会)との関連である。胡錦濤の党総書記の任期は二〇〇二年からであり、一七全大会で第一期目が終わり、残りはあともう一期の五年ということになる。となると二〇一二年の一八全大会で選出されるポスト胡錦濤の指導者候補たちは、一七全大会において少なくとも党中央政治局常務委員に入らねばならない。それを考えると、できるだけ早く自らの政治的ライバルを排除しなければならなくなる。それが六中全会の意味であった。

江沢民も一九八九年に権力を鄧小平から継承してから、本当の意味で党・国家と軍の権力を掌握したのは一九九〇年代半ば以後で、かなりの長い時間がかかった。それはやはり鄧小平という強力な存在があったために、九七年二月の彼の死後ようやく江沢民は自身の権力を最終的に確立できたと思われる。その年の秋に開催された一五全大会において、江沢民は彼の最大の政治的ライバルであった喬石を引退に追い込んでいる。これが中国政治における権力継承のパターンであり、後継者決定メカニズムが制度化されていない共産党一党支配の政治体制が抱える最大の桎梏でもある。

胡錦濤外交を振り返ると、江沢民時代とは異なる政策を二〇〇三年頃から展開しはじめていた。そのひとつは台湾問題で、もうひとつは北朝鮮問題である。結論からいえば、江沢民は台湾問題をあらゆる政策課題の中で最優先事項としていたが、胡錦濤はそれを長期的課題に置き換え、現状維持ということで問題そのものの優先順位を実質的に下げたように見える。また北朝鮮問題に関しては、〇三年夏に米国の要請に応じて非核化のための六者協議の議長役を引き受けるなど、北朝鮮に対して一定の距離をとり、より米国に接近する外交政策を採用しはじめた。

台湾では二〇〇四年三月の総統選挙に先立って、〇三年夏頃から陳水扁総統が国名変更や憲法改正などを掲げて独立傾向の動きに拍車をかけた。国家主席に就任して外交政策を主管するようになった胡錦濤は、「中国脅威論」が広まるのを警戒してか表面ではこれに強く対抗しなかったが、指導部内ではかなり深刻な問題となった。ところがこのとき最も陳水扁の過激な動きを嫌ったのはむしろ米国であった。当時の米国のブッシュ政権は、イラク戦争が複雑化をきわめる中で、この問題と反テロに忙殺され、アジアで米国絡みのさらなる紛争が勃発することを非常に警戒しており、北朝鮮問題ですら中国を議長国とする六者協議にほとんどの権限を託した。

台湾問題はアジアにおけるもうひとつの危機の要素であり、独立傾向に拍車をかければ中国が戦争を発動する危険性の高いテーマである。この間、胡錦濤政権は台湾問題の論評を表面では抑えたが、水面下ではブッシュ政権に台湾への牽制を依頼し続けたのではないかと推察される。それが理由かどうかは不明だが、ブッシュ政権は繰り返し台湾の陳水扁政権の独立傾向を抑制し続けた。ここで想像できるのは、米国が台湾の陳水扁を抑える代わりに、中国は六者協議の議長国となって北朝鮮問題の調整を図るといういわばバーター関係である。これに関しては確固たる証拠はないが、結果としてみると、両者が暗黙のうちに連動していたように類推できる。(21)

このような仮説が成り立つとすれば、皮肉なことに陳水扁の独立傾向のおかげで米中関係が安定化しはじめたということになる。六者協議はいうまでもなく北朝鮮の非核化をめぐる対話の場であるが、同時に米国にとっては、中国がこうした多国間協議の場で、その後の米国の対中政策の柱ともなる「責任あるステークホルダー（利害関係者）」の役割を十分に果たしえるかどうかを確かめる場としても機能していたのである。

以上において見てきたように、胡錦濤は陳良宇事件直後の六中全会の開催日に安倍首相を招くことで内政・外交の権力掌握を誇示し、首脳会談においても歴史問題の言及を控え、台湾問題の突出を避け、北朝鮮問題での協力を積極的に申し出ることで江沢民時代との差別化を図り、対日関係の改善に大幅に踏み込んだのであった。そこには党内権力闘争と対外政策との密接なリンケージが存在したと考えられる。

4　日本側の事情

周知の通り、安倍晋三は首相就任前から靖国参拝を含めタカ派的な発言を行っていた。中国に対しても、一貫して強く厳しい立場をとるよう主張してきた。それだけに彼の電撃的な訪中は、非常に大きなインパクトを与えた。彼が首相就任前にタカ派的な発言を行っていたのは、意図的に値段をつり上げてその後の効果を狙ったかどうかは定かでないが、結果としてはそのように理解することも可能である。安倍はいつ中国訪問を決めたのであろうか。おそらくそれは、彼が首相に就任する前の内閣官房長官の最後の段階であったと推察できる。彼は自身の対中政策の指針を首相就任の直前の八月三日、民間の言論ＮＰＯの主催する日中シンポジウムに来賓として出席したさいに、次のように発言していた。

「私は、日中関係を最も重要な二国間関係の一つであると考えています。……日中両国は、強い意志をもって、個別の問題が生じても、日中関係全体の発展に影響させないように、直接の対話を通じて、お互いを正しく認識し、両国の協力のあり方について建設的に議論することが必要です」(22)。

安倍は九月二六日に首相に就任すると、早速、中国訪問のための下準備にとりかかった。従来、日本の首相の多くは就任後まず米国を訪問するが、安倍の場合は中国となった。もちろんこれに関しては、米国との間に事前に協議があり、米国側も了解済みであったといわれる。日中関係の改善と安定は、イラクやテロの問題に忙殺されるブッシュ政権の願いでもあったのである。

安倍は首相に就任してから中国を訪問するまでの間に、それまでのタカ派の発言を取りやめ、つぎつぎと従来の政府の立場に沿った穏当な発言に変えていった。まず、過去のアジアに対する日本の侵略と戦争を明確に否定し反省した一九九五年の村山首相談話を認め、慰安婦の政府関与を認めたいわゆる河野洋平談話についても認め、祖父に当たる岸信介元首相の戦争責任についてすら言及した(23)。そして最後に、過去の個人の発言とまったく異なることをただされた安倍は、「批判は甘んじて受ける」とまで言い切った(24)。

安倍の最大の懸念は、自身の対中外交が中国に大幅に譲歩した一種の叩頭《こうとう》外交に見られることだったと推察される。胡錦濤にとっても安倍にとっても、非常に危険なリスクを冒して首脳会談を行ったことは間違いない。国内の反発を最小限にするために、安倍は前述したように、靖国に関しては、行ったとも、行くとも、行かないとも言わない曖昧戦術に出た。胡錦濤は結局これを飲み込むという危険を冒して安倍訪中を受け入れたわけで、そこには胡の対日関係改善への強い意志がなければ無理であった。安倍にとっても同じで、この訪中が中国に対して譲歩した形に見られれば、彼は首相就任直後から外交上の失敗を犯すことを意味していた。つまりこの二人の指導者が潜在させていた危険なリスクをうまく同時に解消させなければならなかったのであり、その意味で安倍の靖国曖昧戦術というものが、結果としてお互いにとっての利益として働いたと思われる。

皮肉にも、この日中関係の改善を「祝福」してくれたもうひとつ別の国が登場した。それが北朝鮮であった。安倍がソウルに向かう途中で北朝鮮は核実験を強行した。しかしそのことがかえって中国と日本の関係を一挙に固める作用を果たした。つまりこの結果として、北朝鮮問題が日中両国の最初の共通の戦略的課題となったのである。

安倍の政策スタイルは小泉とはかなり異なる。小泉は靖国参拝を「戦争を二度と起こさないよう平和のため」と主張し、それを心の問題、個人の思いに帰すことで、首相個人の立場や個人の信念を外交に投影させたが、安倍は個人の思いや信念よりも、国益あるいは戦略的観点に立ったと思われる。こうした安倍の決断の背後で官邸、外務省、外交ブレーンなどがいかなる動きをしていたのか、そのあたりの仔細なテーマに関しては後世の史家に委ねたい。いずれにせよ、日本版ニクソン・ショックともいわれた安倍訪中は、就任間もない安倍首相の支持率を引き上げる効果をもたらした(25)。つまり国民は安倍の対中関係改善を高く評価したのであった。

まとめ

日中関係の悪化の本質はいったい何であろうか。関係の悪化に関しては、さまざまな分析や視点が登場した。日中の民族的感情・感性の違いを強調するもの、靖国を中心とした歴史問題にその原因があるとして日本の反省と謝罪を求めるもの、あるいは中国による歴史問題の政治利用が根源にあるとしてそれを止めるべきだと主張するもの、中国の台頭に比して存在感の薄まる日本との間のパワーシフトによる感情的軋轢に帰するもの、経済・資源・領土などをめぐる国益的対立と解釈するもの等々、がそれである。

筆者自身は、第6章で論じたように、従来から日中関係における「七二年体制」の変容などのより構造的な側面に着目してきた。相互依存が未形成であったにもかかわらず政治的結びつきが強固であったがゆえに対立を最小限に抑えられた一九八〇年代と、相互依存が形成されたにもかかわらず政治的結びつきが弱体化した現在との違い、あるいは冷戦期に関係を支えていた国際環境、世代、世論、台湾問題などが大きく変わったにもかかわらず、新たな関係の枠組みが形成されていない流動的状況などがそれである。

しかし、本章で明らかにしたように、日中関係の変動にはやはり中国政治、とりわけ国内権力闘争の帰趨が江沢民という個人ファクターもあいまって大きな要素となっていた。本章が取り上げた戦略的互恵関係の形成にあたっては、二〇〇六年九月の陳良宇失脚事件が契機となって江沢民派が退潮し、それに代わって胡錦濤の権力基盤が強化されたことが重要であった。この過程における因果関係を決定的な証拠によって説明することはできないが、インプットとアウトプットから因果関係を並べると、ブラックボックスの中身はおのずと中国政治における権力構造に行きつくのである。

第10章　試練の中の日中関係——二〇一〇年代　尖閣事案の顕在化

世界の目は中国経済の動向にくぎ付けになっている。それが世界経済の今後の動向に大きく影響を与えるからである。つい数年前まで、中国の台頭を高く評価し、今後の世界は「ワシントンコンセンサス（Washington Consensus）」から「北京コンセンサス（Beijing Consensus）」へ、つまり中国中心の世界に移動するなどの議論がさかんであった。(1) ところがこうした議論は今ではほとんど消えている。中国経済の減速傾向が明らかとなり、かつて最低基準と言われた八％（「保八」）どころか、七％成長を下回ることすら日常となっているからである。それに加えて、バブル経済や不良債権、シャドーバンキングなどの裏経済の実態も表面化しつつある。「パナマ文書」を見るまでもなく、高級幹部の政治腐敗は日常化し、国民の稼いだ財貨は彼らの不正蓄財として海外に流出し続けた。

「北京コンセンサス」の議論は、二〇〇八年に北京オリンピックを成功させ、それに酔いしれる間もなく発生したリーマン・ショックに際して、中国が四兆元（約五七〇億ドル）の財政支援を行ったときから登場している。そしてその後、二〇一〇年にはＧＤＰで日本を凌駕し、名実ともにアメリカに次ぐ世界第二位の経済大国にのし上がり、同時に上海万博を成功させることで、国際関係においても自己中心的な言説や態度が目立ち始めた。たしかにこの時期、中国は世界にその経済力を見せつけたかもしれないが、結果的にはこうした放漫経営が土地バブルと汚職を増殖させ、経済基盤の弱体化を招いた。

中国の現状をどう評価したらよいのであろうか。中国評価については、国によって違いがあるわけではなく、チャイナウォッチャーやエコノミストによって異なるというべきだろう。日本でも、成長持続論から崩壊論まで数多くの議論が存在する。たしかに日本では、このところの関係悪化を反映してか、どの世論調査を見ても対中イメージが極端に低下している。とはいえ、必ずしも日中関係が一触即発の危機的状況にあるわけではない。衝突回避へ向けた両国の各方面での理性と努力は一応効いているし、関係改善へ向けた模索は少しずつだが続いている。しかし、大きな前進も期待できない状況にある。

なぜ、このような状況に日中関係は陥ってしまったのであろうか。この点については、日中両国で日本側の政策決定に関する分析や論評が数多くなされている。特に二一世紀に入ってからの小泉政権から安倍、福田、麻生と続く自民党政権、その後の鳩山、菅、野田と続く民主党政権、そうした過程における政権交代や政局混乱などとの関連で日中関係も論じられることが多かった。

このように日本側の対中外交は、政策形成の過程が透明でわかりやすく、関係者の発言も多くあることから関心が持たれやすく、議論の対象にもされやすいが、中国側の政策プロセスは極度に不透明であり、関係者の発言はいつも同じであることから注目されない。こうした状況を反映してか、日中関係の改善については、まず日本側が何を成すべきかを考える傾向に陥りやすい。しばしば中国側も「すべての責任は日本側にある」として、表面を見る限り、自ら主体的に動く様子がまったく見られないこともしばしばである。

しかし、日本側からだけの分析では一面的であり、バランスのとれた日中関係の全体像とはならない。以下の分析においては、日中関係悪化の要因として、日本側の変数だけでなく、中国側にも大きな変数があることを証明する。ただ、そのためには、まず中国の内政と外交の全般的状況から理解しなければならない。中国の対日政策は、それだけで成り立っているものではなく、中国をめぐる内外情勢全般の一部として理解すべきだからである。第Ⅰ部とも重なるところが一部あるが、中国の国内政治の視点から二〇一〇年代以降の日中関係の変動を考察してみたい。

1　胡錦濤時代末期の国内政治

中国政治の本質は権力闘争である。それは文化大革命にせよ天安門事件にせよ、また現在もそうである。同時に権力をめぐる葛藤は中央だけでなく、地方から末端にいたるまで、ありとあらゆる現場で見られる。しかし外部から見ているだけでは、その実態はまったくわからない。しかも一九九〇年代後半以降の権力闘争は、鄧小平の死去(九七年)によってカリスマ的指導者がいなくなったためにリーダー間の妥協の政治となり、そして一党独裁のもとで市場経済を導入したことで熾烈な利権政治となった。つまり権力闘争の本質は、人事と巨大な利益をめぐる争奪戦となっている。ここに、国民の声に耳を傾ける体制へ向けた施策としての政治改革が入り込む余地はない。

二〇一〇年代初頭の胡錦濤時代末期の共産党指導部には、大別すれば、江沢民を中心とした上海派、胡錦濤を中心とした共青団(中国共産主義青年団)派、習近平を中心とした太子党派が存在していたと想定できるが、個別の部分の人間関係は利権政治であるだけに流動的な面もある。国務院の政府官僚などの間にも、派閥といえるかどうかは別として、多くの政策集団が存在するはずである。(2)江沢民時代の後半に首相の地位にあった朱鎔基、そして彼の後を継いだ温家宝首相、さらにそれを継いだ朱鎔基の弟子ともいえる王岐山などは一つの流れでつながった人脈のように見える。

このうち一般に「太子党」と語られる人脈は、党・軍・政府などにおいて確固たる組織基盤をもたない一種のネットワークであり、派閥としての機能と凝集力は比較的弱いように思われる。後述する薄熙来は、かつての最高指導者の一人であった薄一波の息子であるが、スキャンダルの中で失脚しており、しかも同じ太子党といわれる習近平も追い落としに加わっている。

上海派には江沢民と、その側近で父親を高級幹部にもつ太子党でもある曽慶紅がいる。胡錦濤時代の前半、国家副主席であった曽こそが習近平を最高指導者に推挙したことを忘れてはならない。上海派の主たる権力基盤は政法(治安)部門と宣伝・イデオロギー部門であるが、このグループは守旧派の長老たちからも体制維持の点で強く支持されている。彼らは既得権益層擁護のために現体制の温存を強く支持し、そのことから国有企業セクターの支持も厚い。

共青団派は共産党組織に確固たる権力基盤を有するため、地方にいたるまでの広がりを持っている。ただ、彼らは概して改革志向が強く、利権との関わりが比較的薄いところから既得権益層からは支持されない。守旧派の長老からも嫌われるが、反面、江沢民派などの既得権益層に反感をもつ改革志向の長老からは支持されている。

こうした単純化した分類以外にも、人民解放軍や人民武装警察部隊などの国防・治安機構も忘れてはならない。特に、軍は巨大な組織であり、内部の人脈は複雑で、軍上層部は党上層部の派閥とも一定の関係を有していると思われる。

振り返ると、二〇〇二年から二〇一二年までの胡錦濤時代、胡は彼自身の政策を推進する強力な権力基盤を十分に確立していなかった。江沢民時代は成長一辺倒の時代であり、胡錦濤はそこで生まれた格差や差別を是正するために「和諧(調和)社会建設」を打ち出した。この方針自体は政策方向として正しかった。しかし一〇年後、格差や差別は逆に拡大した。具体的な政策はほとんど展開できず、結果として成長偏重路線が続いたからである。

なぜであろうか。胡錦濤時代の中国共産党中央政治局常務委員会九人(胡錦濤、呉邦国、温家宝、賈慶林、李長春、習近平、李克強、賀国強、周永康)のうち、五人(呉、賈、李長春、賀、周)は江沢民派と見られ、二〇〇七年の中国共産党一七全大会でかろうじて腹心の李克強一人を九人の中に配置することができたが、次期最高指導者の筆頭に曾慶紅らが推す習近平が選ばれ、李をトップに据えることができなかった。たしかに前章で論じたように、二〇〇六年の陳良宇事件によって胡錦濤は一時的に優位に立ったが、その後再び江沢民派の権力巻き返しにあっていた。つまり、胡錦濤の一〇年間、あらゆる場面で江沢民・曾慶紅派の胡錦濤に対する牽制が効いていたのである(3)。

しかし、土地・住宅バブルをもたらした巨大な固定資産投資、エネルギーや鉄鋼などの主要基幹産業への過剰投資等、こうした成長偏重路線が社会に大きな歪みをもたらした。そして前述した江沢民時代から続く「三つの代表」路線のもとで、投資依存の成長路線の中で特殊利益集団と呼ばれる既得権益層が形成されるにいたった(権力とカネが癒着した「権貴政治」とも言われた)。その母体はあらゆる主要産業に存在する国有企業であり、そこに共産党の幹部や親族が天下ることで政治と経済が癒着した巨大な利権集団となっていった。彼らは資産を公開せずに税金を逃れて資金を海外に移転させ、子弟や親族を海外に留学もしくは移住させることに奔走した。これを可能にしたのが、実は共産党独裁による社会主義市場経済であった。

そうした既得権益集団の頂点に君臨したのが当時の権力中枢にいた上海派であり、太子党でもあった。こうした政経癒着体制は、経済成長が続く限り問題はなかった。だが、二〇〇八年のリーマン・ショック後、中国も世界経済の不況のあおりを食うようになり、経済減速傾向が徐々に明らかになっていった。投資過多によるバブル一部崩壊や不良債権表面化などの危機、それに加えて投資や輸出の停滞が響き、雇用や賃上げの圧力がじわじわと高まっていった。成長が確保されている間に、税制改革などの所得再配分政策を実施していればと考えるのは、後の祭りである。欲が支配する状況の中で、理性は無用となった。

二〇一二年春先にかけて、重慶副市長・王立軍の米国総領事館への逃げ込みから薄熙来夫人のスキャンダルにいたる重慶事件が発生し、結果として薄熙来が失脚した(4)。彼は毛沢東賛美を繰り返すことで現体制維持を訴えていた。彼の目的は中国共産党一八全大会で中央政治局常務委員に食い込むことであり、そうした守旧的立場を掲げることで江沢民派からの支持を取り付けていた。江沢民と曽慶紅に近い、公安機構とエネルギー界のトップであった周永康や、宣伝機構のトップの李長春などが彼を支持していた。薄の失脚は江沢民派の凋落を招き、その後は胡錦濤派の勝利が予想されていた。しかしこの間、胡錦濤の側近である令計画の息子が交通事故で死去し、その処理をめぐる令の対応が問題視され、それが発端で胡錦濤派も打撃を受けることとなった。

その結果、一二年夏の北戴河会議における人事抗争で逆転現象が起こり、秋の一八全大会において胡錦濤派は一挙に敗退し、江沢民・曽慶紅派が大勝した。二〇一二年一一月に開催された一八全大会において、九人から七人(習近平、李克強、張徳江、兪正声、劉雲山、王岐山、張高麗)となった政治局常務委員のうち、四人(張徳江、兪、劉、張高麗)は明確に江沢民・曽慶紅派に近く、胡錦濤派は李克強ただ一人であり、習近平に最も近いと見られたのは太子党でもある王岐山一人であった(5)。胡錦濤はすべての職位を習近平に移譲し(全退)、江沢民が胡錦濤への権力移譲に際して中央軍事委員会主席のポストをその後も数年維持したことと対照的であった。いずれにせよ、この一八全大会を機に形のうえでは習近平時代が到来した。

2　尖閣事案の先鋭化

この間、中国政治と同様に日中関係も揺れ動き、二〇〇六年以来の戦略的互恵関係は早くも困難に直面した。二〇一〇年に起こった尖閣沖での中国漁船と海上保安庁の巡視船との衝突事故と、一二年の尖閣国有化問題に端を発する中国の強烈な批判キャンペーンという二つの尖閣関連の事案がそれである。

まずは二〇一〇年のケースである。これはこの年の九月、福建省の一艘の漁船が尖閣沖の日本の領海に入り込んで操業していたことから海上保安庁の巡視船が警告したが、漁船が衝突してきたために船長を逮捕した事案であった。日本側の対応に対して中国のネット言論が反発し、中国政府も強硬姿勢を貫いた。その後もさまざまなやりとりがあったが、当時の民主党菅直人政権の仙谷由人官房長官は結局船長を釈放して帰国させた。

この間、日本向けのレアアース輸出が滞り、また日本企業の社員四人が立ち入り制限区域に立ち入ったとの理由で拘束される事件も発生した。一〇月には日本でこれに反発する反中デモが起こり、これに反応して中国でも四川省を中心に数千人規模での反日デモが生起した。しかし、東アジア首脳会議やＡＰＥＣ首脳会議などの国際会議の場を使って菅直人・温家宝、菅・胡錦濤の首脳会談が開かれ、戦略的互恵関係への回帰で合意し、事態は落ち着いた。

二〇一二年の事案はより複雑なものとなった。四月、東京都知事の石原慎太郎が突然に尖閣諸島の魚釣島、北小島、南小島の三島を都が購入すると宣言し、実際に募金活動を開始したのであった。日本国内では大変な騒ぎとなり、中国側はこれを一方的な措置として批判したが、それ以上の拡大を見せなかった。七月には事態の収拾をはかるために、民主党の野田佳彦政権はそれらの島々を国で購入する方針を固めた（いわゆる「国有化」[6]）。米国国務省報道官もこれに対して、尖閣は日米安保の適用範囲であるとの声明を出した。

この前後、ロシアのメドベージェフ首相が国後島を訪れ、韓国の李明博大統領も竹島（韓国名独島）を訪れるなどの牽制行動が見られたが、中国政府は過敏な反応を見せなかった。この段階では日本側が尖閣の「国有化」が事態の安定に寄与すると説明しており、中国側も厳しい対応に出ることはなかった。しかし八月一二日香港の保釣行動委員会のメンバーたちを乗せた船が尖閣に向けて出航し、一五日には現地に到着、海上保安庁の警告を無視して島に上陸したために拘束され、その直後に強制送還させられると、中国側の反発が一挙に勢いづいた。ネットでの激しい対日攻撃だけでなく、中国各地で反日デモが発生し、一部が暴徒となって日系のスーパーや料理店を荒らしまくった。しかしこれに公安は過激な行動を抑えるだけで、暴動そのものを止めることはしなかった。

野田首相は胡錦濤に親書を送り、事態の打開を訴えた。そして九月九日、ウラジオストックでのＡＰＥＣ首脳会議の場で野田と胡錦濤は短時間の首脳会談を行い、翌一〇日に日本側は尖閣三島の購入を正式決定した。これ以後から満州事変記念日の九月一八日まで、中国国内の反日デモは拡大の一途を辿り、各地で暴徒が日本関連の商店を破壊し、日本製品のボイコットを訴えた。一九日以後、デモは一挙に鎮静化したが、尖閣領域における中国公船の威圧行動は活発化する一方となった。

一二年の事案の場合、中国側の反応が特に厳しくなるのは、八月中旬に香港の活動家が尖閣に上陸して逮捕された直後からである。それまでは、すでに尖閣の「国有化」の議論がかなり出ていたにもかかわらず、中国公船の数も少なかったし、スクランブルの数も少なかった。なぜ、八月後半以降から急激に中国の態度が硬化したのであろうか。この段階で符合するのは、前述の中国における権力闘争の帰趨である。一二年夏の北戴河会議以降、それまで胡錦濤派が優位を占めていた党内権力が一挙に江沢民派優位に逆転した瞬間であった。それ以後、胡錦濤が推進した「戦略的互恵関係」への言及が減ると同時に、歴史問題への言及が急増していった。

最近になり、二〇一二年九月の反日デモに関して党内闘争が存在したことが次々と明らかになってきている。デモの首謀者は当時の公安系統の権力を掌握していた政治局常務委員の周永康であったとの情報が香港を中心に多く出ている。周は胡錦濤指導部を混乱に陥れる目的で裏組織などを動員して反日デモを拡散させたという(7)。

当時はメディアも反日言論に満ち溢れており、このときの宣伝系統主管の李長春政治局常務委員や劉雲山宣伝部長もこの陰謀に加担していたことが想像できる。いうまでもなく彼らは江沢民派の中心的存在であった。ちなみに二〇一〇年の反日デモはほとんど四川省の各都市で起こっているが、周永康はかつて四川省党委員会書記の地位にあり、同省の実力者としても知られていた。この事実は四川省で多く反日デモが発生したことと無縁ではなかったように思われる。

翌一三年五月には、尖閣を中国の領土と主張するためか、沖縄がもともと中国(清)の属国であったかのような言説が中国社会科学院の研究者らによって『人民日報』に掲載されたが、これは江沢民個人の直接の指示であったと伝えられる(8)。

3　習近平政治の展開

振り返ると、習近平はその当初から反腐敗闘争を中心課題に据えていた。その最大の協力者は党中央紀律検査委員会主任に就任した王岐山であった。一八全大会で総書記に就任した習近平は、二〇一三年一月に開催された党中央紀律検査委員会において、「『虎』(大物)も『ハエ』(小物)も一緒にたたき、指導幹部の紀律違反・法律違反案件を断固として厳しく取り締まるだけでなく、大衆の身の回りの不正の風潮や腐敗行為も着実に取り除かねばならない」と述べ、断固たる姿勢を示した(9)。

習近平はこの反腐敗闘争の対象が党そのものである事実を踏まえてか、同時に「依法治国」（法によって国を治める）という概念を提起した。

この概念は、一九九〇年代に全人代委員長であった喬石が中心となって提起したものであった。喬石と江沢民はライバルであり、この二人が天安門事件後の最高指導者の候補であったといわれる。結果的に学生運動の弾圧に積極的でなかった喬石は落ち、江沢民が引き上げられ、その後喬石は全国人民代表大会（全人代）常務委員長に就任した。全人代はいうまでもなく立法機関であり、喬石は「依法治国」を掲げて法制の整備を進め、改革・開放まもない中国の法治確立に尽力した。しかし、九七年の中国共産党一五全大会で江沢民によって引退を余儀なくされ、その後次第に「依法治国」の概念も消えていったのであった。

習近平の反腐敗闘争は、腐敗を生み出す利権の根源にもメスを入れなければならなかった。それが国有企業改革であった。政治と経済の癒着は、共産党指導下の市場経済たる社会主義市場経済にもともと内在する問題であり、江沢民の提起した「三つの代表」などの前に、胡錦濤の掲げる「和諧社会建設」は後退を余儀なくされた。その結果、国有企業に天下った党官僚やその親族がビジネスを利用して裏で蓄財を重ね、海外にそれを流出させ続けた。しかし国有企業改革は、江沢民派だけでなく、多くの引退幹部や現役の幹部たちも含めた巨大な既得権益層の抵抗に遭遇した。

反腐敗闘争にせよ、「依法治国」にせよ、それは習近平にとっては権力獲得のための闘争の一環であった。このあたりは、第5章でも詳しく論じた通りである。胡錦濤は集団指導制を敷いたが、結局のところ江沢民派に多数を牛耳られ、身動きがとれず自身の提起した「和諧（調和）社会建設」

なども既得権益層に妨害されて何もできなかった。こうした教訓のうえに立って、習近平は毛沢東を称えるなど左派的な言論を繰り返すことで中央指導部入りを目指した薄熙来を切り、さらに大きな「虎」退治に向かった。それが公安部門(政法系統)、四川省、それにエネルギー・セクターをはじめ多くの国有企業を掌握していた周永康であり、また胡錦濤時代の党中央軍事委員会副主席であった二人の軍人、徐才厚と郭伯雄であった。彼らはいうまでもなく江沢民の側近であり、要するに習近平の権力獲得の最終目標は、江沢民派の権力剥奪であった。

この権力闘争が決着したのは二〇一四年春から六—七月にかけてであった。まず徐才厚が六月三〇日開催の政治局会議において、軍の地位を利用した巨額の賄賂の受領と蓄財、女性問題などの理由で党籍剝奪の処分を受けた。徐はこの年の三月には拘束され審査を受けていたという[10]。ちなみに徐は翌一五年三月にガンで死去しており、末期ガンが発覚した瞬間に拘束・逮捕された。

続いて拘束されたのは、胡錦濤時代の影の実力者と言われ、薄熙来を公に称賛していた周永康であった。周永康問題については二〇一三年から調査が開始されていたといわれ、一四年前半までに周に近い四川省幹部やエネルギー・セクター幹部が次々と逮捕されていた。そして巨額の収賄と女性問題などを理由に一四年七月二九日、党中央紀律検査委員会が周永康事案を立件することに決定し、一二月五日の党政治局会議において党籍の剝奪と司法機関への移送を決定した[11]。

郭伯雄に関しては、翌一五年になってからまずは息子、続いて郭本人が身柄を拘束され、七月三〇日の政治局会議において党籍が剝奪された。

このようにして習近平体制は権力闘争の中で江沢民派の中枢を破壊したが、客観状況を見ると、この前後からさまざまな社会不安が発生していた。まず経済面では、過剰投資、過剰生産、輸出縮小などによる成長の減速傾向が明らかとなり、裏金融ともいうべきシャドーバンキングが危険視されるなど、経済問題がかなり先鋭化しつつあった。

また習近平政権は台湾との統合推進を狙っていたものの、一四年三月には台湾でそれに反対して立法院を占拠したひまわり学生運動が起こり、馬英九政権も大陸とのそれ以上の統合を止めざるをえなくなった。さらに八月三一日、全人代常務委員会が次期の香港の行政長官選出について中央政府の監視を強める決定を行うと、これに反発した香港の学生たちがいわゆる雨傘運動を起こして各地で反政府デモを繰り返した。加えてこの時期、新疆ウイグル自治区でウイグル族による反乱が何度か発生し、多数が死傷するような不穏な事態も発生していた。

以上のような結果として、一四年八月頃から既得権益層を中心とする守旧派層から党中央指導強化の必要性が宣伝部などを通じて力説されるようになった。一〇月に開催された党一八期四中全会では法治に関する決定が出されたものの、「党指導」を大前提とした「依法治国」となるなど[12]、いたるところで党指導強化が強調され、その後になると国有企業改革に関しても曖昧な姿勢に変わっていった。こうして習近平政権は、目標の「虎」を退治し、江沢民派を形骸化したことで反腐敗闘争の所期の目的を達成し、巨大な既得権益層との妥協を図りつつ、体制の安定を目指してあらゆる側面で強権的な体質を強めていくのであった。

4　習近平政権の対日政策

この間、習近平政権の対日政策の振り子は大きく揺れた。それはあたかも内政に振り回されているかのようであった。習政権発足から間もない二〇一三年一月三〇日、中国海軍のフリゲート艦が海上自衛隊の護衛艦搭載の哨戒ヘリに対して射撃管制用レーダーを照射する事件が発生した。七月には各官庁にバラバラに存在していた海上法執行(保安)機関を中国海警局一つに統合するとともに、これ以後尖閣の領海内、排他的経済水域に侵入するなどの行動をさらに活発化させるようになった。また中国海軍の活動も拡大し、西太平洋での軍事演習などを実施するにいたった。

そして一一月、中国は尖閣を含む相当に広範囲にわたる東シナ海の空域を「防空識別区」(ADIZ)として宣言した。いうまでもなく、それに応じて自衛隊機のスクランブル発進回数も急増していった。これらの措置は基本的に習近平政権になってからの動きであり、最高指導者の意思の表れでもあったと思われる。当時の権力闘争を考慮に入れれば、軍や治安系統の支持を取り付けるための新指導者の妥協であったのかもしれない。

二〇一二年一二月に政権に返り咲いた自民党の安倍晋三首相と習近平主席は二〇一三年九月五日、ロシアのサンクトペテルブルクで開催されたG20首脳会議の直前に短時間の会話を交わし、戦略的互恵関係の推進で合意した。これが両者の初めての接触であったが、正式の首脳会談ではなかった。しかしその後も両国関係にそれ以上の進展は見られなかったことで、安倍は首相就任から一年後の一二月二六日、靖国神社を突然に参拝した。もちろん中国側はこれを公式に批判したが、反日デモもなければ、批判が長引くこともなかった。しかし世界の外交舞台では、中国は外交部を中心に日本の歴史問題に対する姿勢を強く批判し続けた。

二〇一四年に入ると、日中間では一一月の北京APECにおいて日中首脳会談が実現するかどうかに話題が集中した。その実現へ向けて積極姿勢を示したのは日本側で、五月には高村正彦自民党副総裁や中国との太いパイプを持つ自民党の野田毅、公明党の太田昭宏国交相らが訪中して中国の指導陣と会見したが、実はそれに先立つ四月には中国から習近平の密使と思われる胡徳平が来日している。胡徳平は親日派であった胡耀邦の息子で、胡耀邦と習近平の父・習仲勲とが非常に親しかった関係もあって、習近平と胡徳平も近い関係にあるといわれる。胡徳平は来日すると安倍首相とも会見したと見られ、習との間のコミュニケーション確立の一つの役割を果たした。

七月二七日から二九日にかけて、中国側が関係改善を求めているとの感触を得ていた福田元首相は、安倍首相の信任の厚い谷内正太郎国家安全保障局長とともに極秘に訪中した。二八日、習近平と会見した福田は安倍首相からの親書を手渡し、ここから先は一一月のAPECへ向けて谷内・楊潔篪国務委員の間での詰めの折衝が始まった[13]。二〇〇六年の戦略的互恵関係を作り出した立役者は谷内と戴秉国であったが、今回も日本側を代表したのは中国側からも信頼の厚かった谷内であった。

一四年一〇月には、習近平と親しい李先念の実娘である李小林中国人民対外友好協会会長が来日して安倍首相とも会見するなど、首脳会談へ向けた動きは活発化した。北京APECの直前には谷内が訪中して楊との間で最終調整を行った。その結果、日中関係の改善に向けて、①戦略的互恵関係の発展、②歴史問題等、政治的困難の克服、③東シナ海における危機管理メカニズムの構築と不測事態の発生回避、④政治・外交・安保対話の再開と政治的信頼関係の構築、という四項目において合意が成立した[14]。

以上のような経緯を経て、二〇一四年一一月一〇日、北京ＡＰＥＣ開幕に先立って安倍・習近平首脳会談が実現した。この会談は二五分間であり、しかも習近平はカメラを気にしてか安倍と目を合せなかったために憶測を呼んだが、何はともあれこの首脳会談は日中改善の貴重な突破口となったことは間違いない。翌一五年四月二二日、バンドン会議六〇周年記念行事に参列した安倍・習近平の両首脳はＡＰＥＣ以来の会談を行った[15]。このときは終始和やかな雰囲気で、戦略的互恵関係の推進を相互に確認したという。

二〇一五年は戦後七〇周年であり、日中間では三つの重要な出来事があった。第一は八月の安倍首相の戦後七〇周年談話であり、第二は集団的自衛権を容認した一連の平和安保法制の成立であり、第三は九月三日の抗日戦争勝利七〇周年の記念式典と軍事パレードであった。前者二つに関していえば、いずれも中国の公式の反応は日本国内の反響の大きさに比べてもむしろ穏やかであったとさえいえる。抗日戦争勝利七〇周年も、過去の話はもちろんあったが、現在の日本を直接敵視するような内容は特に含まれていなかった。

日中関係の最近の動きを見ると、習近平政権になってからの対日関係改善の傾向性を読み取ることができる。特に二〇一四年に入ってからの動きには顕著なものがある。その中でも、とりわけ六—七月段階の福田元首相を通しての対日改善の動きには明確なものがあった。なぜであろうか。これに対する回答は、経済的必要性や日米分断策などが必ず指摘されるが、これらの要因はいずれも従来から一貫して存在するのに、なぜこの段階に変化が起こったのかを説明することはできない。そこでここでは再び中国国内の政治状況から考えてみたい。

結論からいえば、中国の対日接近は習近平体制の確立とともに進んできたことがわかる。習近平は一三年九月のサンクトペテルブルクのG20において安倍と会話を交わすことを承諾しているし、年末の靖国参拝に関しても中国側の批判を長引かせず、翌年に入ると日本側のアプローチにも応じ、親しい胡徳平を密使として使っている。

習近平の対日政策に大きな進展があったのは、福田元首相と谷内局長を中国に迎え、四項目合意を確認した一四年七月末のことであった。これは中国側の権力闘争の決着の時期とまったく符合する。六月末に徐才厚の審査が終了し党籍が剝奪され、七月末には周永康の収賄事件が立件された。この瞬間こそが、習近平が江沢民派に対して決定的な勝利を遂げた瞬間であるが、まさにその前後に対日アプローチを積極化させている。このような時間的一致は二〇〇六年の陳良宇事件のときとまったく同様であり、こうした権力をめぐる葛藤、すなわち江沢民派の退潮が対日政策の変化と偶然の一致であったとは思えない。つまり、権力闘争が一定の決着を見せた瞬間に対日政策の転換も見られたのである。

習近平時代に入り、たしかに対日改善傾向が見られたが、その真逆の現象も同時に起こっている。対日改善に動き出した時期である二〇一四年二月二七日、中国は突然に九月三日を抗日戦争勝利記念日、一二月一三日を南京事件の国家追悼日と決定した(16)。前述したように、これにもとづいて一五年九月三日、抗日戦争勝利七〇周年記念式典と軍事パレードが繰り広げられた。これは習近平の意思を反映した決定と考えるのが普通だが、彼は同時並行で対日改善を進めており、これまでこのような記念日の議論すらなかったにもかかわらず、なぜ突然に二つの国家記念日を決定したのであろうか。

すでに第5章で論じた一つの仮説であるが、この決定には習近平が直接に関わっていなかった可能性もある。二つの国家記念日が決められたのは、約二〇〇人で構成される全人代常務委員会においてであった。ここに全人代に役職のない習近平は参加していなかった。全人代常務委員長は党内序列第三位の張徳江であり、彼を中心に決定されたはずである。張は北朝鮮の金日成総合大学の卒業生という変わり種であり、一貫して江沢民とのつながりが深い。二〇〇二年から〇三年にかけて広東省で新型肺炎ＳＡＲＳが発生したが、そのときの広東省党委員会書記が張であり、対応の遅れが問題視されたにもかかわらず、江沢民によって保護され責任を問われなかった。また習近平が推進した「依法治国」にしても、立法機関である全人代の常務委員長である張徳江こそが本来主導すべき立場にあるが、彼は演説や発言の中でこれに言及することが比較的少なく、推進者というにはあまりに消極的であった。

要するに、張徳江が江沢民と密接な関係にあることが、二つの国家記念日の突然の制定と無縁ではないように思えるのである。ちなみに、香港の次期行政長官選出に関して統制的措置の導入を決定し、雨傘運動の原因を作ったのも一四年八月三一日、張徳江を議長とする全人代常務委員会においてであった。

まとめ

本章においては、胡錦濤時代末期から習近平時代へと移行する中で生起した党内の複雑な権力政治を跡づけ、それが対日政策にいかに影響を与えたかを論じた。

胡錦濤時代末期においては、北京オリンピック、リーマン・ショック、上海万博、GDP世界第二位と続く中で、中国の存在感が高まっていった。そうした状況下で、ポスト胡錦濤をにらんで党内闘争も激化し、周永康ら江沢民派が胡錦濤主流派に対する攻撃の一環として、尖閣事案を契機に過激な反日デモを仕掛けることで対日政策の混乱を企んだ。

しかしその後、習近平時代が始まると、徐々に彼の権力基盤が整備され、江沢民派の頭目ともいうべき周永康、徐才厚、郭伯雄などが次々と拘束、党籍剝奪されていった。それにともなって対日政策も改善の方向へと動き出し、二〇一四年の北京APECにおいて日中の首脳会談が実現し、ひよわながらも戦略的互恵関係は復活した。

とはいえ、依然として指導層の中にも江沢民系と思われる人脈も多く、しかもそれ以外の旧幹部や現役幹部もすでに多くが一定の利益を享受する既得権益層となっている。であるがゆえに、中国の最高指導者である習近平が直線的に対日改善を推進するであろうと考えるのは早計であるし、誤りでもある。彼は最高指導者として絶えず党内のバランスを図らねばならず、しかも中国共産党の権力の歴史的正統性としての抗日戦争ナショナリズムを手放すことはありえないからである。

終章　中国政治と日中関係

最後に、これまでの分析で得られた結果を総括して結びとしたい。まずは以下の三つの時期に分けて日中関係を再整理し、次にこれまでの分析を踏まえて、その変動要因を中国政治との関連でまとめてみたい。

結論からいえば、冒頭に提起した仮説の通り、中国政治における党内権力バランスが日中関係の変動要因として大きいということである。とりわけ、既存体制の強力な守旧派でもあった江沢民派と江沢民という個人の存在が対日関係悪化の主たる要因であった。つまり江沢民という個人と、彼に代表される既得権益層の打算と私的利益が対日外交を振り回してきた面が大きい。

1　第一期「一九七二年体制」(一九七二―一九九五)

まず第一期は、一九七二年の国交正常化から一九九五年の戦後五〇年を迎えるまでの二〇年以上にわたる時期で、この段階は基本的に「日中友好」の時代であった。国交正常化時、中国はまだ文化大革命の後半であり、徐々に周恩来を中心に経済重視の穏健な政策が展開されはじめた時期であった。文革が終結したのは毛沢東が死去し、その側近であった四人組が失脚した七六年で、その後七八年には鄧小平を中心にそれまでの革命路線から現代化路線に移行した。

この年、日中間では早くも平和友好条約が締結され、中国では日本の現代化を発展モデルとし、両国間の経済交流もそれにともなって拡大した。日本の対中国円借款（ODA）が始まったのもこの時期であった。一九八〇年代に入ると、中国では胡耀邦が最高指導者となり、彼は日本との関係を最重視し、中曽根康弘首相との友情関係を強めた。しかし、八五年に中曽根が靖国神社を公式参拝すると、中国を含む内外で批判の声が高まった。胡耀邦がこの件で保守派から攻撃されていることを知った中曽根は、それ以後参拝を取りやめた。しかしその後八七年、胡耀邦は民主化問題に寛容な態度をとって解任された。

一九八九年、胡耀邦の死去を契機に名誉回復を求める民主化運動が起こったが、やがて運動は弾圧される運命をたどった（天安門事件）。これにより西側各国は中国に対する経済制裁に踏み込み、日本も中国への円借款を凍結した。しかし日本政府は中国を孤立させないとの方針で早めに円借款の凍結を解除し、中国の国際社会への復帰を促した。そして九一年にソ連の崩壊を目撃した鄧小平は、九二年に市場経済路線の全面採用を決断し、ここから海外企業を大胆に呼び込む成長路線に着手した。

この同じ年に天皇が公式に訪中し、日本国内では歴史問題は基本的に終焉したとの認識が広がった。しかし、この頃から日本経済はバブル崩壊により停滞状況に陥っていった。その後、九三年には自民党が政権の座から落ち、翌年に復活したが、政敵であった社会党との連立政権を組むまでにいたった。九五年には社会党の村山首相が、戦後五〇年にあたってアジア諸国に向けていわゆる村山談話を発し、歴史問題に対して明確な姿勢を示した。

この段階については、「一九七二年体制」と呼ぶことができる。それは基本的に「日中友好」の時代であり、そこには歴史と台湾という二つの基本問題について一定の合意が存在していた。歴史に関しては、日本側は過去の中国侵略を認め反省することで一定のおわびの気持ちを表明し、中国側は戦争指導者と人民を区別することで賠償を放棄し和解するということで一定の合意があった。台湾問題に関しては、日本側が中華民国との外交関係を断って、中華人民共和国を唯一の正統政府として認めることで合意が成り立った。

「七二年体制」の成立にはいくつかの条件が必要であった。まず国際状況では、ソ連を共通の脅威とすることで米中が接近し、そのことで中国が日米安保条約を脅威と認識しなくなった。また国内状況では、日本では自民党政権が長く続き、政策的一貫性を保つことができ、中国でも毛沢東、周恩来、鄧小平、胡耀邦などの指導者が一貫して日中友好を優先した。

しかしその後、日中を取り巻くこのような国際・国内状況は大きく変わっていった。にもかかわらず、日中関係は「友好」といういわば過去に目を向けた、二国間以上に広がりを持たない関係の枠組みのままその形を変えることはなかった。そうしたアンバランスなままで日中のパワーバランスが変化し、その後両国間には数多くの摩擦が生まれ、この枠組みだけでは収まらないような複雑な関係に変容していった。

2　第二期　摩擦の顕在化(一九九五―二〇〇六)

第二期は一九九五年から二〇〇六年にいたる約一〇年で、中国の台頭が明確となる一方で、日本が経済停滞から抜け出せず、日中のパワーバランスが大きく変化する中で、両国間の確執が歴史問題を中心に強まった段階である。

村山談話に先立つ一九九五年五月、中国の江沢民主席はロシアのエリツィン大統領の招待で、戦勝国五〇周年の国際会議に参加するためモスクワを訪問した。戦争の終結した一九四五年に中華人民共和国は存在せず、中華民国の時代であったが、会議で江沢民は中華人民共和国が戦勝国であることを訴えた。ちなみに当時はソ連で、ロシアも存在しなかった。江沢民は戦勝国であったことの理由として、抗日戦争の主体が中国共産党であったと主張した。そのためか、帰国後に彼はそれまでテレビなどで多く放映されていた日本の番組を止めさせ、共産党の歴史教育学習のために抗日戦争関連の番組を増やさせた。

そこにはもう一つの理由があった。台湾問題がそれである。一九九〇年代半ば、日米間では冷戦後の日米防衛協力のための指針(ガイドライン)をめぐって、協力強化の方向で議論を進めていた。中国はこれを日米による台湾の共同防衛の企みだとして強く反発した。九六年三月に台湾で初めて総統選挙が実施され、李登輝が再選されると、彼はさらに台湾の自立傾向を強め、しかも過去の日本の台湾統治時代を賛美し続けた。その結果、中国にとって台湾問題は日本との間のもう一つの歴史問題に発展することとなった。

一九九六年総統選挙の際、中国が軍事演習を行うなどで台湾海峡危機が起こり、米中関係は緊張した。しかし、逆にこれを契機に米中は衝突回避のために九七年から対話路線に入った。それがクリントン大統領と江沢民主席との間で成立した戦略的パートナーシップであった。これに対して日中は、抗日戦争と台湾という二重の歴史問題で難しい局面に入ることとなった。それが表面化したのが九八年の江沢民訪日で、彼は天皇主催の宮中晩餐会を含めて過去の日本の軍国主義を強く批判し続けた。これにより日本では江沢民に対する評価が極度に低下し、その点で江沢民訪日は明らかに失敗として両国民に記憶された。その後の江沢民の行動から推測すると、この経験は彼にとっては巨大なトラウマとなった。

二一世紀に入り、アメリカでジョージ・W・ブッシュ政権が誕生すると、米国も中国との関係が難しくなった。しかし九・一一同時多発テロが発生すると、米中は再び反テロのもとで協力関係を復活させた。この間、日本は経済が低迷したままであったが、政治面で少し活性化を取り戻した。二〇〇一年に誕生した小泉純一郎政権がそれである。彼は自民党の派閥解体を訴え、政治腐敗の摘発や郵政改革を断行した。彼は総裁選の前に靖国神社への公式参拝を公約に掲げ、当選した小泉はそれから退陣の〇六年まで毎年計六回靖国神社を参拝した。それ以外の日中関係は経済も含めて基本的に良好であったが、ただその一点において日中関係は悪化の一途を辿った。「政冷経熱」これがこの時代の特徴であった。

二〇〇二年、江沢民に代わって最高指導者となった胡錦濤は日本との関係回復を模索したが、〇五年には日本の国連常任理事国入りに反対する反日デモが起こった。胡錦濤は反日行動を抑えようとし、小泉とは国際会議の場で会見を続けた。小泉も靖国参拝が日中友好を否定するものでないと主張し続けたが、結果として両国の国民感情は悪化の一途を辿った。

3　第三期　戦略的互恵関係の模索(二〇〇六—現在)

第三期は戦略的互恵関係が結ばれたにもかかわらず、尖閣諸島をめぐって不安定な両国関係が続き、二〇一四年一一月のＡＰＥＣ首脳会議(北京)でようやく歩み寄りが見られるようになったが、関係そのものは東シナ海や南シナ海の安全保障を中心に不安定さが依然として増大している現在までの時期である。

日中が歩み寄りを見せたのは、結局、小泉政権から安倍政権に代わった二〇〇六年一〇月であった。安倍首相はもともとタカ派と見られていたが、靖国参拝をやめ、胡錦濤主席との間で「戦略的互恵関係」を結んだ。それは「一九七二年体制」の転換ともいえる内容であった。「七二年体制」が歴史・台湾問題の合意にもとづく「日中友好」を基本にしていたのに対して、「戦略的互恵」は日中関係をより大局的かつ未来志向の枠組みに組み替えたものであった。歴史問題に関しては、戦前・戦中とは異なり戦後の日本が平和と発展に基づいて今日の繁栄を築いたことを中国側が評価するという、より前向きな内容となった。そして「七二年体制」の二国間関係の枠組みを脱して、環境、資源、犯罪、自然災害等の地域の共通課題にともに協力しあうというように、日中関係を世界の中で位置づけたものであった。

翌二〇〇七年、日本を訪れた温家宝首相は国会で演説し、「中日国交正常化以来、日本政府と日本の指導者は何回も歴史問題について態度を表明し、侵略を公に認め、そして被害国に対して深い反省とおわびを表明しました。これを、中国政府と人民は積極的に評価しています」と語ったのであった。そして二〇〇八年に日本を国賓として訪れた胡錦濤主席は、戦略的互恵関係の強化を確認するとともに、東シナ海の共同開発についても合意した。ただ、こうした胡錦濤指導部の方針に既得権益にこだわる保守派は厳しく反発した。

改善傾向を見せた日中関係が再び悪化したのは二〇一〇年であった。日本では自民党から民主党政権に代わった直後で、中国も国力増強に合わせて自己主張を強め、あからさまに海洋進出を進めたときであった。日本との関係では、中国の漁船が尖閣付近で日本の海上保安庁の巡視船と衝突し、船長たちが逮捕された事件が象徴的であった。この時、中国では反日暴動が起こり、最終的に日本政府が譲歩して船長を釈放することで鎮静化した。

二〇一二年、再び尖閣をめぐって日中は対立した。東京都の石原都知事が個人所有の尖閣諸島を都が購入すると表明したのに対して、この動きを抑えるために野田政権が「国有化」を進めたのであった。当初、尖閣問題の安定化のために国有化が望ましいと日本側が説明したこと対して、中国側は反発しなかったが、その後しばらく経ってから現状変更だとして強く反発するようになった。これ以後、中国側は尖閣付近でのさまざまな活動を強め、結局これを契機に尖閣諸島に対する領有権を強く主張するようになった。

その後も二〇一三年一二月に安倍首相が靖国神社を参拝すると、日中関係はさらに厳しくなった。しかし一四年一一月、北京でAPEC首脳会議が開催された際に、安倍首相と習近平主席との首脳会談がようやく実現し、両国間の雰囲気は大きく変わった。ここで四項目の合意が発表され、「戦略的互恵関係」が復活したのであった。尖閣に関しても、意見の相違を語っただけで、領有権問題の存在を明記することもなかった。習近平政権は明らかに対日融和策を取ったといえる。これ以後、東シナ海における安全確保のための連絡メカニズムの協議が始まり、それ以外のさまざまな交流も急速に再開されるようになった。このようにして、日中関係は少しずつ改善の方向に動き出したが、それは表面的な動きであって、相互信頼にもとづく本質的な関係の改善ではない。

4 日中関係の変動要因——過去の言説

これまで述べてきたように、日中関係は一九七〇年代から九〇年代半ばにかけての「友好」を前提にした「一九七二年体制」が、九〇年代半ばから歴史問題をめぐって摩擦を繰り返すようになった。その後の二〇〇六年、「戦略的互恵関係」の形成によっていったん合意点を見出したものの、尖閣問題の先鋭化によりその確立に苦労しているのがその後の状況であった。なぜ、日中関係は一九九〇年代半ばから摩擦を繰り返すようになったのであろうか。

一般には、それが中国の台頭と日本の凋落というパワーシフトやパワートランジションの観点から捉える傾向がある。たしかに、市場経済化と世界企業の参入により中国はテイクオフを始める一方で、日本はバブル崩壊とその後の政治変動により低迷を余儀なくされた。それにより、両国民が心理面で競争心を抱くようになったことについては否定できない。しかしそれでは状況を説明しただけであって、説得力のある議論ではない。

かつて筆者はこれを説明する際、「一九七二年体制」の構造変容と、「戦略的互恵」の未確立を指摘した。つまり、「七二年体制」を支えていた冷戦構造が崩壊し、戦争世代が政治の表舞台を去り過去にのみ目を向けた枠組みでは関係を支えられなくなり、台湾の民主化が急進展し、「台湾問題」の性格が一部変化した。このように「七二年体制」が構造変容したにもかかわらず、新たな枠組みとしての「戦略的互恵関係」の具体的な目標と政策が不明確なままであること、これが関係を不安定にさせていると説明してきた。

しかしこの説明でもまだ不十分である。別の研究者は歴史問題が重要であり、靖国問題などで中国を刺激するから関係が悪化するのだと日本政府の姿勢に責任を問う。たしかに、日本では閣僚などが時折歴史問題に関して刺激的な発言をすることで物議をかもすことがあり、過去には閣僚が辞任するケースもあった。しかしこうした閣僚の発言問題は、最近よりむしろ七〇年代から八〇年代にかけて多くあった。当時は、それにもかかわらず友好関係が崩れることはなかった。

5　日中関係の変動要因——中国政治の視点

筆者は、日中関係における悪化と改善の主たる要因が日本側よりむしろ中国側にあるのではないかと考える。それは、中国政治における権力闘争や派閥抗争が、そのまま対日政策に反映される傾向が特に九〇年代半ば以降目立ってきたということである。言い方を変えると、市場化の進展にともなって社会が多様化し、共産党や社会主義体制に対する不信も高まる中で、党中央はナショナリズムに頼る傾向があった。その結果、共産党の歴史的正統性としての抗日学習が強化された。かつてそうした傾向は比較的少なかった。なぜなら毛沢東、周恩来、鄧小平などの圧倒的な指導者がいて、日中関係にさまざまで複雑な問題が発生しても、最終的に「友好」という大局のために、問題の拡大化を上から最小限に抑えたからである。

たとえば一九七八年、日本と中国は平和友好条約の締結交渉を行っていたが、突然に尖閣諸島周辺に一〇〇隻を超える武装した漁船が集結し、緊張したことがある。鄧小平がこの事態を知ると、すべての漁船が直ちに引き返した。この事件の背景として、最近では、海軍トップが鄧小平とある別の事件をめぐって対立しており、平和友好条約交渉の紛糾に合わせて主流派を混乱させるべく漁船を動員したとの説が有力である。

また一九八七年、胡耀邦の失脚に際して、保守派は八四年に日本の若者を三〇〇〇人招待したことなど、胡耀邦が中曽根首相との個人的関係を使って日本に傾斜したことを批判した。ただこのことは当時明らかにされず、鄧小平も大局的な見地から対日関係を見直すことはなかった。

ところが、こうした巨星たちが去り、江沢民、胡錦濤の時代になると、一挙に日中関係は揺れ始めた。江沢民時代は彼の命令で抗日戦争教育を徹底させ、台湾問題を日本との歴史問題に組み替えた。九八年の訪日では、過去の日本軍国主義を批判し続け、日本では嫌われ者となった。

江沢民に関しては、第8章で論じたように、中国で有名な裏話がある。彼は公式の経歴上では叔父の江上青の養子に入ったことになっているが、それは共産党員になるために偽装した経歴だと言われている。彼の本当の父親は日本の「傀儡」とも言われた南京汪兆銘政権の情報機関の幹部、つまり共産党から見れば「漢奸」で、江沢民自身も当時の南京中央大学で日本語を学んだといわれる。「漢奸」の息子では共産党に入党できないため、共産党員であった叔父の養子に入ったことに経歴を修正したと伝えられる。こうした複雑な経歴を隠す目的で「反日」の色を強めてきたのであろうか。この裏話を暴露して逮捕された評論家(呂加平)が、江沢民派が凋落したこととの関連か、二〇一五年二月になって突然に釈放された。

そうした裏話以上に興味深い事実がある。それは二〇〇六年の戦略的互恵関係の形成過程、および二〇一四年の北京APECでの首脳会談の準備段階においては、いずれも中国側が積極的にアプローチしており、またそれがいずれも国内政治で胡錦濤そして習近平が江沢民の権力を削いだ瞬間であった。当時の政策関係者に対する筆者個人の聞き取りによると、この二つの交渉段階において、中国側は日本側に何等の条件も提示しなかったと伝えられる。一般に〇六年では靖国参拝の中止を条件に、また一四年のケースでは、尖閣に関する領有権問題の存在と靖国参拝の取りやめを条件にしたと伝えられたが、実際にそのような条件はなかったという。

権力闘争との関連を説明すると、以下の通りになる。まず二〇〇六年の事例だが、胡錦濤はそれまで徹頭徹尾、党内の多数派である江沢民派に妨害されていた。九人の党中央政治局常務委員のうち五―六人が江沢民派で、その中でも江派のリーダー曽慶紅が圧倒的な発言力をもっていた。最近の情報によると、二〇〇五年の反日デモにしても、公安や宣伝機構を掌握していた江沢民派の周永康や劉雲山らが動員・組織したと言われている。

当時、江沢民が最も可愛がっていたのが上海の党書記であった陳良宇で、次のトップリーダーの一人と目されていたが、〇六年九月、陳は胡錦濤派により腐敗問題を理由に逮捕された。その後このポストに就いたのが習近平で、それは胡錦濤と曽慶紅の妥協で決まったと伝えられる。これにより習近平は次のリーダーとして名乗りを上げることになった。上海の陳事件の直後、胡錦濤の外交ブレーンであった戴秉国が日本の谷内外務次官に連絡を入れ、小泉首相から代わったばかりの安倍首相に対して無条件での訪中を要請したといわれる。そして〇六年一〇月、安倍首相は最初の海外訪問国として中国を訪れ、靖国問題で膠着した日中関係の氷を融かした。

つまり、江沢民の側近が打倒された瞬間に、胡錦濤の主導により対日政策が変化した。胡錦濤や李克強は日本との縁が深い指導者である。一九八〇年代半ば、胡耀邦のもとで胡錦濤は共青団のリーダーとして日中青年交流の責任者であった。またさらに胡錦濤のもとで秘書的役割を担っていたのが現在の李克強首相や李源潮国家副主席であり、彼等は当時たびたび来日していた知日派でもある。

二〇一四年の北京APEC首脳会議における日中首脳会談も前後の状況は非常に似ていた。二〇一〇年、尖閣沖で中国漁船の衝突事件があり、一二年には日本政府の尖閣「国有化」をめぐって中国国内で激しい反日デモが発生し、日中関係は暗礁に乗り上げていた。

これらの事件のあとの一二年一一月、中国で習近平政権が誕生し、一二月には日本で自民党が復活し、第二次安倍政権が誕生した。その後、安倍政権は中国側との対話を呼びかけたが、中国側の反応がほとんどなかったため、一年後の一三年一二月、安倍首相は靖国神社を参拝した。しかしながら、中国ではデモもなく、批判も短期で終わった。今振り返ると、この間は習近平が権力確立のために激しい闘争を繰り返しているときであった。一二年三月、習近平の最大のライバルであった薄熙来が失脚し、その直後に彼の復権のために公安トップの周永康や、軍トップの徐才厚がクーデターを計画したと言われている。彼らはいずれも江沢民派の中心的存在であった。

二〇一四年、世界の関心は秋の北京ＡＰＥＣ首脳会議に参加する安倍首相と習近平主席の会談が実現するかどうかとなった。水面下の動きは春から始まった。四月、胡耀邦の息子で習近平とも親しい胡徳平、そして六月には李先念の娘で習近平と親しい李小林が訪日し、安倍首相と秘密に会見した。彼等は習近平の密使だったように思われる。この六月、中国側は中国との関係が良い福田元首相に近づいた。福田は中国との交渉役を引き受け、安倍首相とも何度か相談したようである。その結果、福田は七月末に中国を秘密に訪問し、習近平と会談した。これに同行したのは、二〇〇六年外務次官として中国側との間で戦略的互恵を成立させた谷内国家安全保障局長であった。

この間、中国政治は大きく変化した。結論からいうと、習近平体制が急激に確立しつつあった。二〇一二年の薄熙来事件以来、主流派と江沢民派との暗闘が続いていたが、習近平サイドは六月末に徐才厚を、そして七月末に周永康を完全に拘束することができた。これにより習近平は警察と軍のトップを押さえたことになり、権力状況が逆転したのであった。対日政策の緩和の動きは、こうした動きと完全に重なっていた。

まとめ

最後に、以上を簡潔にまとめてみたい。

第一に、中国の対日政策における近年の変化は江沢民という個人の存在が大きな要因であった。毛沢東、周恩来、鄧小平、胡錦濤、そして習近平と、いずれのリーダーも大局的観点から「反日」を前面に出すことを控えたが、江沢民だけが特異であった。彼は出自を覆い隠すために、逆に反日の色彩を強めたのかもしれない。それに拍車をかけたのは九〇年代後半以降で、歴史と台湾の問題を契機に抗日戦争学習を強化した。胡錦濤時代になってからも彼の政治権力は絶大で、公安、宣伝機構、軍などを中心に彼の側近たちが権勢をふるっていた。薄熙来、周永康、徐才厚、郭伯雄などがその典型である。

第二に、「反日」は江沢民個人の思いを晴らすだけでなく、江沢民派らが主流派に対して攻撃する材料としても使われていた。特に、二一世紀に入ってからは、胡錦濤が進める対日融和とその枠組みである戦略的互恵関係に対して攻撃を加え続けた。日本の国連常任理事国入りを阻止する目的での二〇〇五年の反日デモは、胡錦濤が党・国家・軍のすべての権力を握った瞬間に起こった。また、二〇一〇年と一二年の尖閣諸島をターゲットにした反日デモは、胡錦濤から習近平へと権力が移譲する過程で起こった。

第三に、そうしたこととの関連で、「反日」は江沢民という個人の存在を超えて、党と国有企業が癒着した既得権益層全体の体制維持のイデオロギーとなったということである。現体制のこれ以上の改革を否定し、中国共産党の独裁体制を強化する。そのために党の歴史的正統性である抗日戦争学習を強め、ナショナリズムを鼓舞する。しかしその本質は、それによって指導者の個々の既得権益を守ろうとすることに他ならない。歴史からしても日本が最も叩きやすく、しかも日本を叩いても誰も失うものがないと考えていたふしがある。そうした方法を主導したのは、いうまでもなく江沢民とそのグループであった。

習近平指導部が激しく進める反腐敗闘争の真の打倒目標が、既得権益層の象徴である江沢民派にあったことが明確となった。その意味で、中国の対日政策は大きく緩和してもおかしくない。しかし、特に一九九〇年代半ばから二〇年以上にわたって日本だけを集中的に犠牲にして社会に浸透させてきた歴史の重みを取り除くのは、いくら戦略的互恵関係に転換したとしても簡単ではない。

同時に、習近平がたとえこの権力闘争に全面勝利したとしても、共産党指導という大前提を否定するわけにはいかない。むしろ、共産党指導を強化するために反腐敗闘争を行っているのであり、しかもいくら江沢民派が崩れたとしても最大の抵抗勢力である党内の巨大な既得権益層が党指導を否定するはずがない。したがって、今後も状況によっては、中国のナショナリズム強化の格好の対象として、たとえそれが有効に社会に浸透しないとわかっていたとしても、必要以上に「日本」が国内の凝集力獲得へのひとつの手立てとして使われることは十分にありえる。

最も注意しなければならないのは、東シナ海の海と空である。現状を見るかぎり、中国が海上と航空における軍事的な勢力拡大を止めることはなさそうである。これは別に習近平政権になって新たに決めた方針というより、おそらく鄧小平時代から長年にわたって中国が少しずつ進めてきた長期的な軍事戦略路線に沿ったものであろう。中国の大国への夢の中で、軍事力増強も重要な柱として含まれているからである。

したがって、中国が習近平政権のもとで、外交的に日本に柔軟な姿勢を今後とり続けたとしても、そうした軍事・安全保障の上昇傾向が止まることはなさそうである。となれば、偶発的事故も含めて、東シナ海で万が一でも日中間で不測の事態が発生する危険があるような場合それを抑制する、もしくは発生した不測の事態を最小限に抑える、そうしたことのためのルールとメカニズムを両国間で事前に作りあげなければならない。

もちろん、中国が少しでも軍事・安全保障に関わる情報を開示してくれたとしたら、それだけでも緊張状況はかなり改善されるはずである。しかし、中国のそうした面での閉鎖性と情報不開示は世界でも有数である。われわれはそれを前提に中国と付き合うことに馴れっこになっているが、そのこと自体がもともと異常である。特に、中国のように巨大で影響力のある国家がそうした状況では世界は戸惑わざるをえない。しかし、中国における情報の透明性、それは現状をみる限り見果てぬ夢である。それが実現するのは、中国の政治体制そのものが民主化されるときだからである。

中国の政治体制、それが最大でかつ最も重要な問題である。

注

序章

（1） 国分良成「地域研究と国際政治のあいだ」国分良成・酒井啓子・遠藤貢編『日本の国際政治学3　地域から見た国際政治』有斐閣、二〇〇九年。

（2） Lucian W. Pye (ed.), *Political Science and Area Studies: Rivals or Partners*, Indiana University Press, 1975.

（3） W. W. Rostow, *The Stages of Economic Growth: A Non-Communist Manifesto*, Cambridge University Press, 1960（木村健康・久保まち子・村上泰亮訳『経済成長の諸段階——一つの非共産主義宣言』ダイヤモンド社、一九六一年）.

（4） Francis Fukuyama, *The End of History and the Last Man*, Free Press, 1992（渡部昇一訳『歴史の終わり』上・下巻、三笠書房、一九九二年）.

（5） Douglas R. Reynolds, "Chinese Area Studies in Prewar China: Japan's Toa Dobun Shoin in Shanghai, 1900-1945," *Journal of Asian Studies*, Vol. 45, No. 5, 1986, pp. 945-970.

（6） Ezra F. Vogel, *Japan as Number One: Lessons for America*, Harvard University Press, 1979（広中和歌子・木本彰子訳『ジャパン・アズ・ナンバーワン——アメリカへの教訓』ティービーエス・ブリタニカ、一九七九年）.

（7） 国分良成「アメリカの中国研究」『岩波講座現代中国　別巻2　現代中国研究案内』岩波書店、一九九〇年。

（8） Benjamin Schwartz, "The Legend of the 'Legend of "Maoism",'" *The China Quarterly*, April-June 1960; Karl Wittfogel, "The Legend of 'Maoism'," Part 1 and Part 2, The *China Quarterly*, January-March and April-June 1960; Karl Wittfogel and Benjamin Schwartz, "Controversy," *The China Quarterly*, October-December 1960.

(9) Chalmers Johnson, *Peasant Nationalism and Communist Power: The Emergence of Revolutionary China, 1937-1945*, Stanford University Press, 1962(田中文蔵訳『中国革命の源流』弘文堂、一九六七年).

(10) Mark Selden, *The Yenan Way in Revolutionary China*, Harvard University Press, 1970(小林弘二・加々美光行訳『延安革命』筑摩書房、一九七六年).

(11) Edgar Snow, *Red Star over China*, Victor Gollancz, 1937(宇佐美誠次郎訳『中国の赤い星』筑摩書房、一九五二年[新版一九六四年]).

(12) このあたりの分析に関しては、馬場公彦『戦後日本人の中国像——日本敗戦から文化大革命・日中復交まで』新曜社、二〇一〇年、を参照のこと。

第I部

第1章

(1)「中国共産党第一一期中央委員会第三回総会コミュニケ」『北京周報』一九七八年第五二号、一〇頁。

(2) 鄧小平「党と国家の指導制度の改革について」『鄧小平文選 一九七五—一九八二』東方書店、一九八三年、四二七—四五七頁。

(3) 鄧小平「四つの基本原則を堅持しよう」、同右、二三四頁。

(4) 廖蓋隆「歴史的経験和我們的発展道路」『中共研究』(台湾)第一五巻第九期、一九八一年九月。

(5)「討論我国政治制度和経済体制改革的問題」『光明日報』一九八〇年一〇月一六、一七、一九日。

(6) 遅福林他編『政治体制改革基本問題探討論』春秋出版社、一九八八年、一一—一二頁。

(7) 趙紫陽(パオ・プー他編)、河野純治訳『趙紫陽極秘回想録——天安門事件「大弾圧」の舞台裏』光文社、二〇一〇年、第四部第一章。

(8) 鄧小平「経済状況の報告を聴取したさいの談話」鄧小平『現代中国の基本問題について』外文出版社、一九八七年、二四五頁、「政治体制の改革と法意識の強化」、同、二五二頁。

(9) 鄧小平「政治体制を改革しなければ、生産力の発展が妨げられる」、同右、二五五頁。

(10) 鄧小平「経済状況の報告を聴取したさいの談

話」、同右、二四六頁。

(11)「我国的政治体制改革与政治学的発展――中国社会科学雑誌社召開的『政治体制改革』学術座談会総述」『中国社会科学』一九八六年第四期。

(12)「中央党校召開『政治体制改革理論研討会』」『光明日報』一九八六年七月一九日。

(13) 蘇紹智「政治体制改革趨議」矢吹晋編『中国のペレストロイカ――民主改革の旗手たち』蒼蒼社、一九八八年、一五四頁。

(14) 方励之著、末吉作訳『中国よ変われ』学生社、一九八九年、二〇八―二七四頁。

(15) 鄧小平「旗幟鮮明にブルジョア自由化に反対しよう」、前掲、鄧小平『現代中国の基本問題について』二七一―二七八頁。

(16) 趙紫陽「中国の特色をもつ社会主義の道に沿って前進しよう」『中国共産党第一三回全国代表大会文献集』外文出版社、一九八八年。

(17) 呉稼祥「新権威主義述評」『世界経済導報』一九八九年一月一六日(復印報刊資料『中国政治』一九八九年第一期、中国人民大学書報資料中心、一八―一九頁)。

(18)「反対『新権威主義』呼喚政治体制改革――関于『新権威主義』的系列訪問録」『未定稿』一九八九年五月一―一九日(復印報刊資料『中国政治』一九八九年第五期、四一頁)。

(19) 王逸舟「為什麼不能賛同新権威主義」劉軍・李林編『新権威主義――対改革理論綱領的論争』北京経済学院出版社、一九八九年。

(20)「中国改革出路在?――厳家其与温元凱的対話」『海南開発報』一九八九年二月三日(復印報刊資料『中国政治』一九八九年第二期、一〇頁〔矢吹晋編訳『チャイナ・クライシス重要文献』第一巻、蒼蒼社、一九八九年、六二頁〕)。

(21)「方励之の鄧小平宛て書簡」「北京文化界三三人の公開状」「北京科学界四二人の公開状」「文化界四三人の公開状」、同右『チャイナ・クライシス重要文献』第一巻、七九―八四頁。

(22)「鄧小平の趙紫陽への指示」、同右、八五―八六頁。

第2章

(1) 前掲、趙紫陽『趙紫陽極秘回想録』、特に第一部参照。

(2) ミハイル・ゴルバチョフ、工藤精一朗・鈴木康雄訳『ゴルバチョフ回想録』下巻、新潮社、一九九六年、五〇九頁。

(3) この点は、矢吹晋編著『天安門事件の真相』上・下巻、蒼蒼社、一九九〇年、に詳しい。

(4) 小竹一彰「中国政治の錯綜――過去一年間の動向」『国際問題』一九九二年一月号、三七頁。

(5) 劉洪潮主編『西方和平演変社会主義国家的戦略・策略・手法』湖北人民出版社、一九八九年、参照。

(6) 『鄧小平文選　一九八二―一九九二』テン・ブックス、一九九五年、三七四頁。

(7) 同右、三七四―三七五頁。

(8) 同右、三七六頁。

第3章

(1) 「中華人民共和国憲法」全国人民代表大会常務委員会法制工作委員会編『中華人民共和国憲法』法律出版社、二〇〇二年、三頁。なお、「領導」は「指導」とはニュアンスが若干異なり、「中核となって率いる」といった意味が含まれる。「主宰」と訳している場合もある(樋口陽一・吉田善明編『解説世界憲法集』第四版、三省堂、二〇〇一年、二九一頁)。また「党指導」に関して、一九五四年の憲法ではその規定が幾分か弱かったとも言われる。

(2) 「四つの基本原則」を含め、この時期の鄧小平の発言については、前掲『鄧小平文選　一九七五―一九八二』参照。

(3) 毛沢東「人民民主主義独裁について」『毛沢東著作選』外文出版社、一九六七年、四六一頁。

(4) 「最高人民法院院長肖揚在十届人大一次会議上的報告」「最高人民検察院検察長韓杼浜在十届人大一次会議上的報告」『人民日報』二〇〇三年三月一二日。

(5) 江沢民「在新的歴史条件下、我們党如何做到〝三个代表〟」江沢民『論〝三个代表〟』中央文献出版社、二〇〇一年、一―六頁。

(6) 「中国共産党章程」『中国共産党第十六次全国代表大会文件匯編』人民出版社、二〇〇二年、五七頁。

(7) 江沢民「在中国共産党第十六次全国代表大会上的報告」、同右、五四頁。

(8) 毛里和子「中国とASEAN――猜疑から協力へ」岡部達味編『ASEANの二〇年――その持続と発展』日本国際問題研究所、一九八七年、一四九頁、小林弘二編『中国の世界認識と開発戦略　関係資料集』アジア経済研究所、一九八九年、二二頁。

(9) 鄧小平「武昌、深圳、珠海、上海などでの談話」、前掲『鄧小平文選 一九八二―一九九二』三七四頁。

(10) 三菱総合研究所編『中国情報ハンドブック』二〇〇二年版、蒼蒼社、二〇〇二年、二七五、四四四、四八八頁。

(11) 同右。

(12) Yasheng Huang, *Selling China: Foreign Direct Investment During the Reform Era*, Cambridge University Press, 2003, 大橋英夫『現代中国経済 第五巻 経済の国際化』名古屋大学出版会、二〇〇三年、など参照。

(13) 前掲『中国情報ハンドブック』二〇〇二年版、四二四頁。

(14) みずほ総合研究所アジア調査部中国室作成「輸出、生産、税収、固定資産投資、雇用に占める外資比率の推移」(二〇〇三年)、関志雄編『中国ビジネスと商社』東洋経済新報社、二〇〇三年、一三六頁、など参照。

(15) 前掲『中国情報ハンドブック』二〇〇二年版、二七五、四四四頁、など。

(16) 杜平等『西部大開発戦略決策若干問題』中央文献出版社、二〇〇〇年、加藤弘之『現代中国経済 第六巻 地域の発展』名古屋大学出版会、二〇〇三年、など参照。

(17) 「温家宝総理答中外記者問」『人民日報』二〇〇三年三月一九日。

(18) 「戦争可避論」については、鄧小平「当面の情勢と任務」(一九八〇年一月一六日)、前掲『鄧小平文選 一九七五―一九八二』三一五―三一六頁、「平和と発展」については、前掲、鄧小平『現代中国の基本問題について』一七三―一七九頁。

(19) 鐘暁「江澤民楊尚昆同批人民日報 鄧提出十四大人事變動意向」『鏡報』一九九一年一〇月号、三三―三六頁。

(20) この議論については、James Shinn (ed.), *Weaving The Net: Conditional Engagement with China*, Council on Foreign Relations Press, 1996, が有用である。

第4章

(1) たとえば、Michel Oksenberg and Richard Bush, "China's Political Evolution: 1972–1982," *Problems of Communism*, September-October

1982. Elizabeth J. Perry, "China in 1992: An Experiment in Neo-Authoritarianism," *Asian Survey*, Vol. 33, No. 1, January 1993; Jie Chen and Peng Deng, *China since the Cultural Revolution: From Totalitarianism to Authoritarianism*, Praeger, 1995, など参照。経済成長を目的とした一党独裁という点から見れば、これを「開発独裁体制」と呼ぶこともできよう。

（2） Juan J. Linz, "Totalitarian and Authoritarian Regimes," in F. Greenstein and N. Polsby (eds.), *Handbook of Political Science*, Vol. 3, Addison-Wesley, 1975, pp. 175-411（高橋進監訳『全体主義体制と権威主義体制』法律文化社、一九九五年）．

（3） 劉軍・李林『新権威主義――対改革理論綱領的論争』北京経済学院出版社、一九八九年。

（4） たとえば、Laurence Sullivan, "The Emergence of Civil Society in China: Spring 1989," in Tony Saich (ed.), *The Chinese People's Movement: Perspectives on Spring 1989*, M. E. Sharpe, 1990; David Strand, "Protest in Beijing: Civil Society and Public Sphere in China," *Problems of Communism*, May-June 1990; Thomas Gold, "Resurgence of Civil Society in China," *Journal of Democracy*, Winter 1990; Martin K. Whyte, "Urban China: A Civil Society in the Making?" Arthur Lewis Rosenbaum (ed.), *State and Society in China: The Consequences of Reform*, Westview Press, 1992, など参照。

（5） Philippe C. Schmitter, "Still a Century of Corporatism," in Philippe C. Shumitter and Gerhard Lehmbruch (eds.), *Trends toward Corporatist Intermediation*, Sage Publications, 1979（山口定監訳、高橋進・辻中豊・坪郷実共訳、『現代コーポラティズム』I、木鐸社、三四頁）．

（6） 毛里和子「中国の政治体制の変容――鄧小平時代の意味」岡部達味・毛里和子編『現代中国論2　改革・開放時代の中国』日本国際問題研究所、一九九一年、二六―三二頁。

（7） 中国の政治体制とコーポラティズム議論については、小嶋華津子「国家と社会のあいだ」、国分良成編『中国政治と東アジア』慶應義塾大学出版会、二〇〇四年、一二九―一四七頁。

（8） Jean Oi, "Fiscal Reform and the Economic

Foundations of Local State Corporatism in China," *World Politics*, Vol. 45, No. 1, October 1992; Jean Oi, *Rural China Takes Off: Institutional Foundations of Economic Reform*, Berkeley: University of California Press, 1999; Anita Chan, "Revolution or Corporatism? Workers and Trade Unions in Post-Mao China," *The Australian Journal of Chinese Affairs*, No. 29, January 1993; Jonathan Unger and Anita Chan, "Corporatism in China: A Developmental State in an East Asian Context," in Barrett McCormick and Jonathan Unger (eds.), *China after Socialism: In the Footsteps to Eastern Europe or East Asia?* M. E. Sharpe, 1995; Kristen Parris, "Private Entrepreneurs as Citizens: From Leninism to Corporatism," *China Information*, No. 10, Winter 1995–Spring 1996; Edward X. Gu, "State Corporatism and Civil Society," in Wang Gungwu and Zheng Yongnian (eds.), *Reform, Legitimacy and Dilemmas: China's Politics and Society*, Singapore University Press, 2000.

(9) 若林正丈『台湾——分裂国家と民主化』、東京大学出版会、一九九二年、序章、第五章、第六章。Bruce J. Dickson, *Democratization in China and Taiwan: The Adaptability of Leninist Parties*, Oxford University Press, 1997.

(10) 三菱総合研究所編『中国情報ハンドブック』二〇〇〇年版、第七—八章、蒼蒼社、二〇〇〇年。

(11) 同右、二〇〇一年版、成長率については三四三頁、直接投資については五〇六頁。

(12) 細川美穂子「WTOに加盟した中国経済の現状」『国際金融』一〇七八号、二〇〇二年一月一日、六八—六九頁。

(13) Bruce J. Dickson, "Cooptation and Corporatism in China: The Logic of Party Adaptation," *Political Science Quarterly*, Vol. 115, No. 4, Winter 2000–2001.

(14) 江沢民「在慶祝中国共産党成立八〇周年大会上的講話」、前掲、江沢民『論〝三个代表〟』一六九頁。

(15) 江沢民「在新的歴史条件下、我們党如何做到〝三个代表〟」同右、二頁。

(16) 西村成雄・国分良成『叢書 中国的問題群1 党と国家——政治体制の軌跡』岩波書店、二〇〇九年、一九八―一九九頁。

(17) このあたりの事情に関しては、大江志伸「江沢民総書記、最後の闘争――『三つの代表』論と中国共産党大会」『調研クォータリー』第三号、二〇〇二年三月、読売新聞調査研究本部、一六頁。

(18) 「江沢民在中央党校省部級幹部進修班卒業典礼上的講話」『人民日報』二〇〇二年六月一日。

(19) 江沢民「全面建設小康社会、開創中国特色社会主義事業新局面――在中国共産党第一六次全国代表大会上的報告」『人民日報』二〇〇二年一一月一八日、二頁。

(20) 「中国共産党章程」『人民日報』二〇〇二年一一月一九日、二頁。

(21) 同右、一頁。

(22) たとえば党内民主についての必要を論じた、林尚立『党内民主――中国共産党的理論与実践』上海社会科学院出版社、二〇〇二年、参照。

(23) 陸学芸主編『当代中国社会階層研究報告』社会科学文献出版社、二〇〇二年。

(24) 中国共産党のコーポラティズム化と性格変容に関しては、二つの優れた研究が公刊された。分析の手法は異なるが、両者ともに中国共産党一党体制を転換させることの難しさについて論じている。Bruce J. Dickson, *Wealth into Power: The Communist Party's Embrace of China's Private Sector*, Cambridge University Press, 2008; David Shambaugh, *China's Communist Party: Atrophy and Adaptation*, Woodrow Wilson Center Press and University of California Press, 2008.

第5章

(1) 『北京周報』一九八一年、第二七号。

(2) 村松暎『毛沢東の焦慮と孤独』中央公論社、一九六七年。

(3) 樊天順・趙博主編『中国共産党組織工作大事記』中国国際広播出版社、一九九一年、一八二頁。

(4) 「関于陸定一同志和楊尚昆同志錯誤問題説明」『〝文化大革命〟研究資料』上冊、二四―二五頁。

(5) 瀬戸宏「呉晗と『海瑞罷官』――『海瑞罷官』の執筆意図」石川禎浩編『現代中国文化の深層構造』京都大学人文科学研究所、二〇一五年。筆者所有の『毛澤東思想万歳』四(一九六七年一一月、内部資料)には、呉晗の「海瑞免

官」が彭徳懐事件の揶揄であると認識した毛沢東の直接の指示が掲載されている(二五二頁)。

(6) 毛里和子・国分良成編『原典中国現代史　第一巻 政治〈上〉』岩波書店、一九九四年、二五六―二五七頁。

(7) 毛沢東「軍事工作が地につくこと、および革命の後継者の養成についての講話」(一九六四年六月一六日)『毛澤東思想万歳(下)』三一書房、一九七五年、一四八頁。

(8) 習近平「関于『関于新形勢下党内政治生活的若干准則』和『中国共産党党内監督条例』的説明」『人民日報』二〇一六年一一月三日(邦訳、共同通信社国際情報センター『チャイナ・ウォッチ』二〇一六年一一月七日、二三頁)。

(9) 金鐘「最新版文革死者人数」『開放』(香港)二〇一二年一〇月号。

(10) 朱佳木「新中国両个30年与中国特色社会主義道路」『中国共産党新聞網』二〇〇九年一〇月二三日(http://theory.people.com.cn/GB/10242108.html)。

(11) 王海光「試論〝文化大革命〟的発生与中国改革的縁起」『党史研究与教学』二〇〇九年第二期(中国人民大学書報資料中心『復印報刊資料・中国現代史』二〇〇九年第九期)。

(12) 国分良成「中国の社会主義と文化大革命」和田春樹他編『岩波講座 東アジア近現代通史8 ベトナム戦争の時代――一九六〇―一九七五年』二〇一一年。

第Ⅱ部

第6章

(1) 内閣府大臣官房政府広報室『外交に関する世論調査』平成一三年一〇月、四―五、一三―一四頁。

(2) 同右、一三―一四頁。

(3) 『中国青年報』一九九七年二月一五日。

(4) 霞山会『日中関係基本資料集 一九七二年―二〇〇八年』霞山会、二〇〇八年、三七七頁。

(5) 銭其琛『外交十記』世界知識出版社、二〇〇三年(濱本良一訳『銭其琛回顧録――中国外交20年の証言』東洋書院、二〇〇六年、一八五頁)。

(6) 国分良成「〝一九七二年体制〟的変化与発展協調関係之路」『日本学刊』中国社会科学院日本研究所、一九九七年第五期(九月)。

(7) William Burr (ed.), *The Kissinger Transcripts:*

The Top-Secret Talks with Beijing and Moscow, The New Press, 1999(鈴木主税・浅岡政子訳『キッシンジャー最高機密会話録』毎日新聞社、一九九九年、一二四—一二五頁).

(8) 国分良成「東アジア安全保障と日米中」『国際問題』第四七八号(二〇〇〇年一月)、二八—三〇頁、参照。

(9) 国務院新聞弁公室「二〇〇〇年中国的国防」(二〇〇〇年一〇月一六日)『人民日報』二〇〇〇年一〇月一七日。

(10) 二〇〇〇年六月二四日、夕刊各紙。

(11) 防衛庁編『防衛白書』平成一二年版、平成一二年七月、五三頁。

(12) Shigeru Ishikawa, "Sino-Japanese Economic Co-operation," *The China Quarterly,* No. 109, March 1987.

(13) 統計については、前掲、三菱総合研究所編『中国情報ハンドブック』二〇〇〇年版、五一〇—五一四頁、参照。

(14) 同右、五六四頁。

(15) 『日中関係基本資料集　一九四九年—一九九七年』霞山会、一九九八年、四二頁。

(16) 伊藤武雄・岡崎嘉平太・松本重治『われらの生涯のなかの中国』みすず書房、一九八三年、二八〇頁。

(17) 教科書問題の背景については、両国の国内事情から綿密に分析した以下の研究が参考になる。Caroline Rose, *Interpreting History in Sino-Japanese Relations: A case study in political decision-making,* Routledge, 1998.

(18) 李登輝と日本との関わりについては、李登輝『台湾の主張』ＰＨＰ研究所、一九九九年。

第7章

(1) 近年、光華寮問題に関しては以下の優れた研究が出された。小嶋華津子「光華寮問題　一九八七—八八年」高原明生・服部龍二編『日中関係史　一九七二—二〇一二　Ⅰ政治』東京大学出版会、二〇一二年。

(2) 裁判の経緯については、四回の判決文に詳しい。すべての判決文は、『中国研究月報』一九八七年九月号(特集「光華寮問題を考える」)、中国研究所、に掲載されている。また同じ特集に掲載された、伊藤一彦「光華寮問題——その経緯と背景」も詳しく事実関係を描いている。

(3) 「京都地裁判決(昭和五二年九月一六日)」、同右、二二一―二五頁。
(4)「大阪高裁判決(昭和五七年四月一四日)」、同右、二五―三一頁。
(5)「差戻後京都地裁判決(昭和六一年二月四日)」、同右、三一―三六頁。
(6)「差戻後大阪高裁判決(昭和六二年二月二六日)」、同右、三七―四七頁。
(7)『人民日報』一九八七年二月二七日、『読売新聞』『朝日新聞』一九八七年二月二七日。
(8) 趙理海「日本法院対光華寮案的審判厳重違反国際法」『人民日報』一九八七年三月六日、『朝日新聞』一九八七年三月七日。
(9)「中国政法大学国際法教授朱奇武就光華寮問題答本報記者問」『人民日報』一九八七年三月一六日。
(10)『朝日新聞』『毎日新聞』『日本経済新聞』一九八七年五月六日夕刊。鄧小平と宇都宮の会談は『鄧小平文選』第三巻、人民出版社、一九九三年、二三〇―二三一頁にも掲載されているが、光華寮についての発言は削られている。
(11) 鄧小平発言については、『毎日新聞』一九八七年六月五日が詳しい。
(12)『日本経済新聞』一九八七年六月五日。
(13)『朝日新聞』一九八七年六月一六日。
(14)『毎日新聞』『読売新聞』一九八七年六月二九日。
(15)『読売新聞』『東京新聞』一九八七年七月八日、『読売新聞』一九八七年七月一七日。
(16) 一九八七年九月五日夕刊各紙と九月一二日各紙。
(17)『朝日新聞』一九八八年五月五日。
(18) 問題の論点を整理したものに、広部和也「光華寮問題の法的論点」(『中国研究月報』一九八九年九月号(特集「光華寮問題を考える」)、中国研究所)、広部和也「光華寮事件の法理と課題」『ジュリスト』第八九〇号、一九八七年七月一五日号、関野昭一「光華寮問題の争点と考え方」『法律時報』六〇巻二号、一九八八年二月、本間浩「光華寮判決をめぐる法的問題点」『駿河台法学』第二号、一九八八年、などがある。
(19) 胡耀邦「中日友好関係発展についての四点の意見」、外務省アジア局中国課監修『日中関係基本資料集　一九七〇年―一九九二年』霞山会、一九九三年、三六三―三六四頁。
(20) 宇都宮徳馬「日中友好を妨げる二つの事件

——光華寮とズダン号」『軍縮問題資料』一九八七年七月号。また『人民日報』一九八七年六月八日参照。
(21) 横山宏章「中国への『負い目』と中曽根外交」『東亜』第三〇四号、一九九二年一〇月。また、Laura Newby, *Sino-Japanese Relations: China's Perspective*, Routledge, 1988, pp. 64-66参照。
(22) 『読売新聞』一九八六年一一月九日。
(23) 『読売新聞』一九八七年一月二三日、『朝日新聞』一九八七年一月二六日。また、小島朋之「対日硬化の底流には党内葛藤」『東亜』第二四三号、一九八七年九月参照。
(24) 『読売新聞』一九八七年二月一五日。
(25) 前掲『鄧小平文選』第三巻、二二〇、二四〇—二四一頁。前掲、鄧小平『現代中国の基本問題について』三二三—三二四頁、も参照。
(26) 『読売新聞』一九八七年六月八日、『朝日新聞』一九八七年六月二八日。
(27) 『北京週報』一九八七年第二一号、六頁。
(28) 鄧小平「用中国的歴史教育青年」、前掲『鄧小平文選』第三巻、二〇四—二〇六頁。
(29) 『毎日新聞』『サンケイ新聞』一九八七年九月五日夕刊。
(30) 『東京新聞』一九八七年九月一二日。
(31) 『サンケイ新聞』一九八七年五月二五日、『毎日新聞』一九八七年五月二九日、『日本経済新聞』一九八七年五月三一日。
(32) 『朝日新聞』一九八七年三月二日、一九八七年九月二七日。
(33) 『読売新聞』一九八七年五月一〇日、『毎日新聞』一九八七年五月一三日。
(34) 『朝日新聞』『サンケイ新聞』一九八七年九月三日。

第8章

(1) 「高瞻遠矚　面向未来——熱烈祝賀江沢民主席訪問俄羅斯和日本圓満成功」『人民日報』一九九八年一二月一日。
(2) 田久保忠衛「それにつけても無礼千万、江沢民」『諸君』一九九九年二月号、「結局江沢民に三九〇〇億円を献上しただけだった外務省の『無能』」『週刊ポスト』一九九八年一二月一八日、など。
(3) 近年、江沢民訪日に関しても以下のような優れた研究が発表された。江口伸吾「橋本首相のユーラシア外交と江沢民主席の来日　一九九七—九八年」、前掲、高原明生・服部龍二編『日中関係史　一九七二—二〇一二　I政治』。

（4）日韓共同宣言は一九九八年一〇月八日夕刊各紙に掲載されている。

（5）『朝日新聞』一九九八年一〇月九日。

（6）このあたりの事情については、『読売新聞』一九九八年一一月二七日解説面記事、『朝日新聞』一九九八年一一月二九日記事、など参照。

（7）『朝日新聞』一九九八年一一月二五日朝刊。

（8）『朝日新聞』一九九八年一一月二九日朝刊。

（9）中国の関係者へのインタビュー（一九九八年一二月）。

（10）一九九八年一一月二七日朝刊各紙。

（11）『朝日新聞』一九九八年一一月二七日朝刊。

（12）『産経新聞』一九九八年一一月二六日夕刊。

（13）「小渕恵三首相主催の歓迎宴における挨拶」、総理府資料。

（14）『朝日新聞』一九九八年一一月二八日夕刊。

（15）たとえば以下参照。「実名挙報江沢民被収監学者獲保外就医」『多維新聞』二〇一五年二月一九日。http://china.dwnews.com/news/2015-02-19/59636722.html

（16）国際問題参考訳叢、[日]歴史研究委員会編『大東亜戦争的総結』新華出版社、内部発行、一九九七年。

（17）「日本国政府と中華人民共和国政府の共同声明」、前掲『日中関係基本資料集　一九四九年—一九九七年』四二八頁。

（18）「天皇陛下の楊尚昆国家主席主催晩餐会における答辞」、同右、七九四頁。

（19）「村山内閣総理大臣談話」、同右、八二〇頁。

（20）一九九九年七月一〇日朝刊各紙、及び『産経新聞』一九九九年七月一一日、主張欄。

第9章

（1）たとえば、二〇〇六年一月二三日のゼーリック国務長官発言参照（二四日新聞各紙）。

（2）http://www.mofa.go.jp/mofaj/area/china/visit/0704_kh.html

（3）『人民日報』二〇〇七年四月一三日。

（4）http://www.mofa.go.jp/mofaj/kaidan/s_fukuda/china_07/gh.html

（5）http://www.kunaicho.go.jp/okotoba/okotoba-h20-kokuhin-1.pdf

（6）前掲、銭其琛『外交十記』（濱本良一訳『銭其琛回顧録――中国外交20年の証言』一八五頁)。
(7) http://www.mofa.go.jp/mofaj/area/china/visit/0805_ks.html
(8) http://www.kantei.go.jp/jp/abespeech/2006/10/08chinapress.html
(9) 読売新聞政治部『外交を喧嘩にした男――小泉外交二〇〇〇日の真実』読売新聞社、二〇〇六年、二二三頁。
(10) 同右、二三五頁。
(11)『中国組織別人名簿』二〇〇六年版、ラヂオプレス、二〇〇五年、三一頁。
(12) http://www.mofa.go.jp/mofaj/kaidan/s_abe/cn_kr_06/china_gaiyo.html
(13) http://www.mofa.go.jp/mofaj/kaidan/s_abe/cn_kr_06/china_kpress.html
(14)『人民日報』二〇〇六年一〇月九日。
(15) http://www.mofa.go.jp/mofaj/area/china/visit/0704_kh.html. またこのあたりの事情については、外務省高官からの聞き取りも行った。
(16) 安倍首相訪中直後の中国の高級官僚に対する中国各地での聞き取り(二〇〇六年一〇月)。
(17) 同様の見方をとるものに、清水美和『「中国問題」の内幕』ちくま新書、二〇〇八年、がある(第二、三章参照)。
(18) 陳良宇事件に関しては、鄭義『上海大風暴――陳良宇倒台與上海幫的末日』文化藝術出版社、二〇〇六年、子平主編『撃潰上海幫』環球出版有限公司、二〇〇六年、施維鑒『上海幫末日悍將――陳良宇傳奇』文化藝術出版社、二〇〇七年、曉沖主編『上海幫後伝』夏菲爾国際出版公司、二〇〇八年、など参照のこと。本章ではこれらの出版物から事件の全貌を推測している。
(19)『産経新聞』二〇〇七年九月二六日、一〇月五日。
(20) 谷内前外務次官発言、『日本経済新聞』二〇〇八年三月二四日。
(21) 当時こうした情報の噂があり、筆者もアメリカの政府高官たちにこの可能性を何度も質問したが、答えはいずれもノーであった。ただ、彼らからは、陳水扁の独立傾向を抑えるよう中国側がしばしばアメリカ政府に働きかけていたことについては確認できた。
(22) 言論ブログ・ブックレット001『日中対話』言論NPO、八頁。
(23)『日本経済新聞』二〇〇六年一〇月三、四、

六、七日。他紙も同様。
(24)『日本経済新聞』二〇〇六年一〇月一一日。
(25)『日本経済新聞』二〇〇六年一〇月三〇日、『朝日新聞』二〇〇六年一〇月一一日。

第10章

(1) たとえば、ステファン・ハルパー著、園田茂人・加茂具樹訳『北京コンセンサス――中国流が世界を動かす?』岩波書店、二〇一一年、参照。
(2) 中国における派閥や人脈に関しては多くの分析や研究があるが、包括的に網羅したものに蒼蒼社から刊行された楊中美・高橋博著『中国指導者相関図』二〇〇八年、高橋博・21世紀中国総研編著『中国重要人物事典』二〇〇九年、高橋博・21世紀中国総研編著『中国最高指導者WHO'S WHO[2013-2018年版]』などがある。
(3) このあたりの党内権力分析に関しては数多くのものがあるが、清水美和の一連の著作、『「中国問題」の内幕』ちくま新書、二〇〇八年、『「中国問題」の核心』ちくま新書、二〇〇九年、が明快である。
(4) 薄熙来事件に関しては、前掲『中国最高指導者WHO'S WHO[2013-2018年版]』第1部、参照。
(5) 同右。
(6) このときの実情に関しては、春原剛『暗闘尖閣国有化』新潮社、二〇一三年、が詳しい。
(7) これに関しては香港を中心にさまざまな報道があるが、最初の報道は「周永康借反日倒習」『東方日報』二〇一三年一二月九日であり、『東網』http://orientaldaily.on.cc/cnt/news/20131209/00174_001.html に転載されている。
(8) 張海鵬・李国強「論『馬関条約』与釣魚島問題」『人民日報』二〇一三年五月八日。江沢民の指示については、当時北京において広く共有された情報である。
(9)『習近平　国政運営を語る』外文出版社、二〇一四年、四三二頁。
(10)「中共中央決定給予徐才厚開除党籍処分」『人民日報』二〇一四年七月一日。
(11)「中共中央決定給予周永康開除党籍処分」『人民日報』二〇一四年一二月六日。
(12) 習近平「関于『中共中央関于全面推進依法治国若干重大問題的決定』的説明」『人民日報』二〇一四年一〇月二九日。

(13)『日本経済新聞』二〇一四年一一月一八日。
(14) 外務省「日中関係の改善に向けた話合い」(二〇一四年一一月七日)。http://www.mofa.go.jp/mofaj/a_o/c_m1/cn/page4_000789.html
(15) 外務省「日中首脳会談」(二〇一五年四月二三日)。http://www.mofa.go.jp/mofaj/a_o/c_m1/cn/page4_001136.html
(16)「確定中国人民抗日戦争勝利記念日、設立南京大屠殺死難者国家公祭日」『人民日報』二〇一四年二月二八日。

あとがき

私にとって、本書は『現代中国の政治と官僚制』（慶應義塾大学出版会）以来、実に一三年ぶりの単著である。二〇一二年四月、大学教員として三一年間勤めた慶應義塾大学を離れ、防衛大学校長に就任してから五年が経過しようとしている。その間、編著をいくつか出版させていただいたが、そのいずれもが慶應時代から持ち越した仕事であり、しかも単著ではなかった。

防衛大学校長の仕事は忙しい。防衛大学校長に期待されるのは、研究ではなく教育である。二〇年、三〇年後の国と国民を守り、世界平和に貢献する学生たちをどう育てるか、生半可な気持ちでこの仕事は務まらない。慶應時代はかなり自由に研究に重点を置くことができたが、防大に移ってからそれは無理であり、そうすべきでもない。学生たちが、将来、人々の安心と安全の最後の砦である自衛隊の幹部として一生を捧げることを考えると、自然と身が引き締まる。

とはいえ、私自身、大学院に入学したときから研究に一生を捧げる決意をした一人の学者として、防衛大学校長となってからも、細々と研究を続けさせていただいた。幸い、現在の日本の外交・安全保障にとって決定的な意味をもつ中国の政治外交が専門であるため、内外からの要請と需要は引き続き多くあった。仕事の空いた時間に、中国関係の図書や資料に目を通すことは、心が落ち着く瞬間でもあった。

一昨年の秋だったか、岩波書店の馬場公彦さんから連絡をいただき、二〇一六年の文化大革命開始五〇周年に際して『思想』に特集を組みたいのだが、一本論文を寄せていただけないかとの相談を受けた。研究の時間が確保できるかどうか悩んだが、文革は私の若い時からのライフワークでもあり、意地でも書きたいと思い、お引き受けした。どうにか時間をやりくりして原稿を完成させ、昨年の『思想』一月号に掲載されたとき、久しぶりに研究者としての感覚が呼び覚まされた。それはとても幸せな瞬間であった。

そのとき、馬場さんから改めて、「これまでのものをまとめて、本として出版されませんか」とのお話をいただいた。正直、とても嬉しかった。執筆のための時間確保は大変だが、時間がかかってもやってみたい。そう思って、喜んでお引き受けした。ただ、時間的制約から全面的な書き下ろしは無理であり、そこで過去に書いた論考を引っ張り出して読み直し、「中国政治からみた日中関係」というテーマのもとで、一つにまとめ直すことに決めた。最も古い論文は二〇年から二五年も前に書いたものだが、読み返してみると、これらもまだ十分に通用すると確信した。中国の政治体制の本質部分は変わっていないからである。

ということで、この約一年をかけて、全面的に改訂した各論文を一つのテーマに収斂させたのが、本書である。こうした経緯を説明すればおわかりのように、まずお礼を申し上げなければならないのは、やや湿りかけていた私の学者魂に火をつけてくださった岩波書店の馬場公彦編集部長である。馬場さんには心から感謝している。

前述したように、本書の各章は、過去にさまざまな場において発表した論考を、本書の主題に沿って全面的に改訂したものである。以下に、初出を記しておきたい。

序　章「地域研究としての中国政治研究――歴史・現状・課題」慶應義塾大学東アジア研究所『アジア・アフリカ研究――現在と過去の対話』慶應義塾大学出版会、二〇一五年。

第1章「政治体制改革と民主化運動」野村浩一他編『岩波講座　現代中国　別巻1　民主化運動と中国社会主義』岩波書店、一九九〇年。国分良成著『中国政治と民主化』サイマル出版会、一九九二年にも改訂版を転載。

第2章「天安門事件とソ連解体」樺山紘一他編『岩波講座　世界歴史27　ポスト冷戦から21世紀へ』岩波書店、二〇〇〇年。

第3章「中国共産党の政策構想――政治・経済・外交の相互連関」国分良成編『中国政治と東アジア』慶應義塾大学出版会、二〇〇四年。

第4章「中国における過渡期の政治体制――『三つの代表』と『党国コーポラティズム』」慶應義塾大学法学部編『慶應義塾創立一五〇年記念法学部論文集　慶應の政治学・地域研究』慶應義塾大学出版会、二〇〇八年。

第5章「歴史以前としての文化大革命」『思想』二〇一六年一月、岩波書店、および書き下ろし。

第6章「冷戦終結後の日中関係――『72年体制』の転換」『国際問題』二〇〇一年一月、日本国際問題研究所。

第7章「対日政策決定のメカニズム――光華寮問題の場合」小島朋之編『アジア時代の日中関係

――過去と未来』サイマル出版会、一九九五年。

第8章「試練の時代の日中関係――江沢民訪日記実」『法学研究』(慶應義塾大学法学研究会)二〇〇〇年一月。

第9章「日中関係と国内政治の相互連関――近年の関係改善をめぐって」『法学研究』(慶應義塾大学法学研究会)二〇〇八年六月。

第10章　二〇一三年九月サザンメソジスト大学タワーセンター、同年一〇月シンガポール外務省の招待講演の原稿を改訂。

終　章　二〇一五年五月ワシントン大学ジャクソン・スクール、二〇一六年四月ハーバード大学日米関係プログラムの招待講演の原稿を改訂。


外部から見ていると、防衛大学校はガチガチのところのように誤解されがちである。もちろん学生の日常生活における規律と指導は厳格であり、将来は幹部自衛官となることが期待されている。しかしいったん中に入ると、ひとつの目的に向かう温かい仲間同士の人間空間がそこにある。学生たちは実にさわやかである。自衛隊幹部とのお付き合いも多いが、接していると、制服の下は個性豊かで人間味あふれる人たちが多い。自身の人生を、国と人々の平和と安全のために捧げた人たちは誠実で裏がない。

防衛大学校において、私は多くの心優しい人たちに支えられている。歴代の副校長、幹事(自衛官の副校長)をはじめとした執行部の方々と、秘書担当の皆さんの日常的な支えと配慮に深く感謝している。こうした方々は、私の学校長としての仕事環境を絶えず気にかけ、同時に私の研究者としての一面も非常に尊重してくれている。

私事になるが、本年三月三一日、学生時代から防大に移るまでの四〇年間、言い尽くせないほどにお世話になった慶應義塾大学法学部を定年まで二年残して早期退職する。本書の論考はほとんど慶應時代に書いたものである。退職にあたり、本書を、私を育ててくれた母校・慶應義塾に対する卒業論文として捧げたい。

二〇一七年三月

国分良成

国分良成

1953年生. 1981年慶應義塾大学大学院博士課程修了後, 同大学法学部専任講師, 85年助教授, 92年教授, 99年から2007年まで同大学東アジア研究所長, 07年から11年まで法学部長. 法学博士. 12年から現在まで防衛大学校長. この間, ハーバード大, ミシガン大, 復旦大, 北京大, 台湾大の客員研究員を歴任. 専門は中国政治・外交, 東アジア国際関係. 元日本国際政治学会理事長, 元アジア政経学会理事長.

岩波現代全書 101
中国政治からみた日中関係

2017年4月18日 第1刷発行
2017年11月6日 第3刷発行

著 者 国分良成《こくぶんりょうせい》

発行者 岡本 厚

発行所 株式会社 岩波書店
〒101-8002 東京都千代田区一ツ橋2-5-5
電話案内 03-5210-4000
http://www.iwanami.co.jp/

印刷・三秀舎 カバー・半七印刷 製本・中永製本

ISBN 978-4-00-029201-6 Printed in Japan

岩波現代全書発刊に際して

いまここに到来しつつあるのはいかなる時代なのか。新しい世界への転換が実感されながらも、情況は錯綜し多様化している。先人たちは、山積する同時代の難題に直面しつつ、解を求めて学術を頼りに知的格闘を続けてきた。その学術は、いま既存の制度や細分化した学界に安住し、社会との接点を見失ってはいないだろうか。メディアは、事実を探求し真実を伝えることよりも、時流にとらわれ通念に迎合する傾向を強めてはいないだろうか。

現在に立ち向かい、未来を生きぬくために、求められる学術の条件が三つある。第一に、現代社会の裾野と標高を見極めようとする真摯な探究心である。第二に、今日的課題に向き合い、人類が営々と蓄積してきた知的公共財を汲みとる構想力である。第三に、学術とメディアと社会の間を往還するしなやかな感性である。様々な分野で研究の最前線を行く知性を見出し、諸科学の構造解析力を出版活動に活かしていくことは、必ずや「知」の基盤強化に寄与することだろう。

岩波書店創業者の岩波茂雄は、創業二〇年目の一九三三年、「現代学術の普及」を旨に「岩波全書」を発刊した。学術は同時代の人々が投げかける生々しい問題群に向き合い、公論を交わし、積極的な提言をおこなうという任務を負っていた。人々もまた学術の成果を思考と行動の糧としていた。「岩波全書」の理念を継承し、学術の初志に立ちかえり、現代の諸問題を受けとめ、全分野の最新最良の成果を、好学の読書子に送り続けていきたい。その願いを込めて、創業百年の今年、ここに「岩波現代全書」を創刊する。

（二〇一三年六月）